Erwin Küchle

Menschenkenntnis für Manager

Erwin Küchle

Menschenkenntnis für Manager

Der Schlüssel zum anderen

Wirtschaftsverlag
Langen-Müller/Herbig

3. Auflage
Albert Langen, Georg Müller Verlag GmbH, München

Schutzumschlag: Charlotte Oltmanns, München
Satz: VerlagsSatz Kort GmbH, München
Druck und buchbinderische Verarbeitung:
Jos. C. Huber KG, Dießen
Printed in Germany
ISBN 3-7844-7041-6
Bestell-Nr. 208-7041/6

Inhalt

TEIL II

Vorwort

Menschenkenntnis verbessern heißt, den Menschen im Betrieb gerechter werden – im persönlichen und auch im politischen Sinne der sozialen Gerechtigkeit.
Bessere Menschenkenntnis bedeutet auch Konfliktstrategie.
Bessere Menschenkenntnis baut außerdem Spannungen ab.
Ein noch ungewohnter Gedanke: Bessere Menschenkenntnis wird nicht nur den Menschen gerechter und führt deshalb zu besseren Verhältnissen im Betrieb, sondern geht unmittelbar in die Kostenrechnung ein. Denn bessere Menschenkenntnis heißt auch: bei der Suche neuer Mitarbeiter urteilsfähiger zu werden; die Feinplanung des Aufgabengebietes für den Mitarbeiter treffsicherer zu vollziehen (den richtigen Mann an den richtigen Platz); Fehler bei der Beurteilung von Mitarbeitern vermeiden können; bei der Frage der Beförderung von Mitarbeitern denjenigen herausfinden, der dies am meisten verdient hat; bei der Entgeltbemessung gerechter vorgehen können; und es heißt nicht zuletzt Entscheidungen schneller und besser vorbereiten, weil dafür gesorgt wird, daß immer derjenige Informationsträger spricht, der im Moment am meisten beizutragen hat.
Durch das Bewußtmachen der psychischen Dynamik zwischen dem Betrachter und dem Menschen, den es zu erkennen gilt, möchte dieses Buch dem Manager helfen, die fatale Objekthaftigkeit der Menschenbetrachtung zu überwinden. Hier ich, der Beobachter – dort du, der Beurteilte: diese Betrachtung führt in die Irre. Beobachter und Beurteilter sind nur zu verstehen als Bildteile innerhalb des gleichen Rahmens. Sie sind eine polar-koexistentielle Einheit.
Menschenkenntnis ist die Krone der Psychologie. Und sie ist gleichzeitig deren schwierigstes Geschäft. Ein Beispiel möge nur einige Schwierigkeiten verdeutlichen: Ein Manager lernt einen Menschen kennen und findet ihn nach einem längeren Gespräch »umgänglich«. Die Frage ist aber nun: Ist er umgänglich, weil er gütig

und menschenfreundlich ist – oder aufgrund glatter Parkettsicherheit? Ist er umgänglich durch spontane, unbekümmerte Kontaktfähigkeit – oder aus raffinierter Berechnung? Ist er umgänglich aus willfähriger Schwäche – oder als Ausdruck der jovialen Selbstsicherheit des Starken? Umgänglich aus natürlich-angeborener Offenheit gegenüber der Umwelt – oder getrimmt durch die Eltern? Erst von der Beantwortung solcher Fragen jedoch hängt es ab, ob und für welche Aufgaben dieser Mann geeignet ist.

Dieses Buch setzt in ziemlich radikaler Weise Lernoffenheit und selbstkritischen Humor voraus.

Wem dies schwerfällt, weil er ein »Sowieso-schon-Menschenkenner« ist, sollte es ruhig wieder weglegen. Denn es könnte ihm zum Ärgernis werden, ohne daß sein Lernpotential sich vergrößert hat. Das Erkennen von Menschen gleicht der Szene, in der jemand mit willkürlichen oder unwillkürlichen Schritten in einem unbekannten, verdunkelten Gebiet umhertappt und auf einigen sich anbietenden Trittstellen verharrt, um sich mit Hilfe einer Lampe, die höchstens 2 m im Umkreis beleuchten kann und sich meist nach kurzer Zeit von selbst wieder abschaltet, ein »Bild« zu machen. Dabei ist er auch noch auf seine eigenen Deutungskategorien und auf seine eigene Deutungssprache angewiesen. Um die Metapher weiterzuzeichnen: Kennt er z.B. aus eigener Erfahrung nur weiße Margeriten und sieht plötzlich bei seiner Suche eine Chrysantheme, diagnostiziert er unter Umständen: »Hier steht eine besonders üppige Margerite!« Dies wäre z.B. der Fall, wenn ein kraftvoll-temperamentgeladener Mann einen ruhig-konzentrierten Typ als lahm und ineffizient »erkennen« würde. Einige wenige angeleuchtete Mosaikstein-Teilfelder veranlassen uns dann, über das Gesamtbild ein Urteil abzugeben. Wobei noch eine zusätzliche Erschwerung darin liegt, daß es in diesem unbekannten Gebiet Zonen gibt, für die der Zugang normalerweise gesperrt ist (die Zone des sogenannten Unbewußten).

Indessen ist es aber auch möglich, von *einem* angeleuchteten Teil des Gesamtbildes auf andere Teile zu schließen, die dann mit Sicherheit vorhanden sein *müssen*.

Wir können »Wenn« ... »Dann«-Verbindungen finden. Aber Vorsicht ist am Platze.

Vergleichen Sie folgende Behauptungen miteinander:

1. Wenn er bei der Übersetzung dieses Artikels weniger als fünf Fehler macht, beherrscht er die französische Sprache auf dem Niveau eines Diplomdolmetschers.

2. Wenn Herr A. sich in der Verhandlung mit mir clever zeigt, ist er es auch in der Verhandlung mit Geschäftspartnern.

3. Wenn Herr A. im Segelflug-Club als Sportsfreund gilt, auf den man sich immer und bedingungslos verlassen kann, dann ist er auch an seinem Arbeitsplatz verläßlich.

4. Wenn mein Verlobter mich jetzt liebt, wird er mich immer lieben.

5. Er ist alt, folglich unbeweglich und konservativ.

6. Wenn er einen großen Kopf hat, muß er intelligent sein.

7. Wenn er unleserlich schreibt, will er etwas verdecken und neigt zu Betrug.

Sie erkennen die abnehmende Schlüssigkeit der Aussagen. –
Man sieht: die Konjunktoren »Wenn«...»Dann« haben ihre Tükken...
Vor der Tatsache, daß der Menschenkenner und der zu Erkennende als polar-existentielle Einheit zu verstehen sind, die in einem psychodynamischen Feld wechselweise agieren und reagieren, kommen wir bei der Verbesserung der Menschenkenntnis auf zwei Wegen zum Ziel: Einmal, indem wir die Chancen und Gefahren des Beobachters untersuchen, und zum anderen, indem wir die Wege zum Kennenlernen des Beobachteten aufhellen.
Nach diesen beiden grundsätzlichen Wegen teilt sich auch unser Buch auf.
Im ersten Teil gehen wir der Frage nach, welche Fehlerquellen der Beurteiler selbst in sich trägt und wie sie beseitigt oder zumindest abgeschwächt werden können. Dazu gehört oft nur das Bewußtmachen dieser Fehlerquellen.
Im zweiten Teil des Buches versuchen wir dann, die Instrumente

und Objektive zum Erkennen des anderen Menschen zu schärfen. Der zweite Teil befaßt sich also mit der Verbesserung des Instrumentes selbst, der erste Teil mit der Verbesserung der Anwendung, insbesondere durch das Weglassen von Fehlern. Das ist für den psychologischen Laien der leichtere und zugänglichere Weg. Wir werden ihm deshalb bevorzugten Raum geben.

Ein Vergleich möge diese Verteilung rechtfertigen: Wer eine geheimnisvolle antike Vase, die – fingerdick von Ablagerungen überwachsen und deformiert – aus dem Meer geborgen wurde, erkennen und bestimmen will, muß zuerst die Ablagerungen und Verkrustungen vorsichtig beseitigen. Nur so hat er die Chance, die Vase zu erkennen und zu bestimmen, selbst wenn er dann das eine oder andere Zeichen auf der Vase doch nicht deuten kann.

Deshalb wird auch für unser Vorgehen die Beseitigung von Deformationen im Erkenntnisvorgang bei der Betrachtung anderer Menschen vorrangig sein.

Wir werden uns dabei bewußt nicht nur Beispiele aus dem Betriebsleben suchen. Sonst wäre vielleicht die Gefahr einer zu eng begrenzten Nabelschau zu groß. Wir versuchen durch die Mischung betrieblicher und außerbetrieblicher Beispiele sichtbar zu machen, daß und wie der Betrieb verflochten ist in das Geschehen der gesamten Gesellschaft. Damit wollen wir das Verständnis für die menschlichen Verhaltensweisen erhöhen, die ja immer eingebettet sind in den Gesamtzusammenhang menschlichen Verhaltens in dieser unserer Zeit.

Schließlich soll die Frage der besseren Menschenkenntnis um eine Dimension erweitert werden, die normalerweise in diesem Thema nicht berührt wird: Wir meinen den pädagogischen Aspekt des Menschenkenntnis-Problems.

Die Grundfrage dabei ist (in Abwandlung eines Goethe-Wortes): »Ist der andere wirklich so, wie er sich mir zeigt – oder könnte ich etwas dazu tun, damit er so werden kann, wie ich ihn gerne hätte ›erkennen‹ wollen?«

Der Entwicklungsaspekt soll uns also in ganz besonderem Maße beschäftigen.

Bessere Menschenkenntnis also nicht zur Aburteilung des anderen, sondern zur Entdeckung und Entwicklung seiner Möglichkeiten:

das wollen wir als vornehmste und zugleich zukunftsträchtige Aufgabe eines modernen Managements verstehen.
Insofern enthält dieses Buch auch einen wirtschaftsethischen und sozialpolitischen Aspekt.
Zur Kommunikation zwischen Autor und Leser: Wir streben eine Entlastung des Praktikers an. Die Rubrik »Menschenkenntnis« im Bücherschrank ist vorwiegend besetzt mit gutgemeinten, aber meist recht vordergründigen und teilweise naiven »Rezeptsammlungen für die Praxis« oder durch wissenschaftliche Bücher, deren Sprache dem Praktiker wenig Zugang öffnet und ihn großteils auch verärgert durch Verwirrungen, die der Methodenstreit der verschiedenen psychologischen Schulen hinterläßt.
Dieser überall in der wissenschaftlichen Literatur über Menschenkenntnis zu findende Methodenstreit ist nicht einer skurrilen Eigenart des Psychologen zuzuschreiben, sondern zwangsläufige Folge der Tatsache, daß die moderne Psychologie noch eine verhältnismäßig junge Wissenschaft ist, sich einem unerhört schwer zugänglichen Forschungsgegenstand gegenübersieht und sich gegenwärtig in einem Zustand befinden dürfte, den die Physik etwa kurz nach Galilei erreicht hatte.
Wir werden also versuchen, dem Praktiker das gesicherte Wissen so aufzubereiten, daß er es – bereinigt von unnötigen Fremdworten – auch nach dem ermüdenden Streß eines Manager-Arbeitstages noch aufnehmen kann. Es sollen nur solche Fremdworte erscheinen, die in der Umgangssprache Allgemeingültigkeit und Eindeutigkeit besitzen. Dieses Bestreben möge – in Erinnerung an die eigene Managerzeit des Autors – ein Rationalisierungsbeitrag besonderer Art sein zur Schonung der Zeit des Managers.

I. Teil
Warum Menschenkenntnis so schwierig ist oder: die Grenzen der sogenannten Objektivität

A. Im Hinblick auf den Beobachter

1. Die »Eigen-Art« des Beobachters

Die jedem Menschen »eigene Art« – also »eigen«tlich seine Einmaligkeit, die ihn aus-zeichnet, erweist sich zugleich als Hemmnis von erheblicher Bedeutung bei der Erfassung fremden Seelenlebens. »Jeder steckt halt in seiner Haut« ... – so weiß das der Volksmund plastisch darzustellen.

Wenn wir »aus der Haut fahren« könnten – aber nicht wie üblich in Wut (die ja bekanntlich erst recht blind macht), sondern in der Form, daß wir uns bewußt aus der personalen Eigenart-Gebundenheit befreien, um offener zu sein für den anderen und am besten gleich »in seine Haut« zu schlüpfen – dann wäre viel gewonnen. Denn Menschenkenntnis setzt Menschenverständnis voraus.

Damit ist aber schon die Grenze des Möglichen sichtbar: Da jeder Mensch auf dieser Welt seine unverwechselbare individuelle Eigenart besitzt (es ist nicht von ungefähr, daß z. B. kein Daumenabdruck einem anderen auf's Haar gleicht), muß das volle Verstehen des anderen im Prinzip eine theoretische Fiktion bleiben.

Die den Blick bindende Eigen-Art ist geprägt durch unsere Erbanlagen und Umwelterfahrungen.

Differenzierter ausgedrückt: durch unsere Interessen, Bedürfnisse, Triebrichtungen, Grund- und Aktualstimmungen; durch Gefühlsregungen, spontane Sympathie oder Antipathie, durch unsere charakterologische Struktur. Weiterhin durch unsere Ausbildung und Berufs-Zucht, unser Elternhaus, das Familien-Erleben, die Geschwister-Reihenfolge, die Stammeszugehörigkeit, Religionszugehörigkeit; durch Parteiinteressen, erworbene Philosophien; durch die Ehe und die Kinder; unser Glück- und Noterleben, Erfolge und Mißerfolge, gesellschaftliche Verhaltensformen, »Rollen«, usw.

usw. Jeder Begriff bedeutet ein Stück Einengung unserer Fähigkeit zur Objektivität. Wieviel bleibt übrig?

Wenig genug.

Jedoch schon das Wissen um diese psychologische Hypothek macht vorsichtiger beim Urteilen, und damit bessert sich auch schon die Situation.

> Der Direktor des Entwicklungsbereiches einer großen Firma kam eines Tages zu mir mit der Klage, er stehe kurz vor dem Zusammenbruch. Er verlöre regelmäßig seine besten Ingenieure. Seine Kosten stiegen gewaltig, die Anzeigenkosten für die Beschaffung neuer Ingenieure seien nicht mehr vertretbar, in seiner Umgebung sammelten sich nur noch mittelmäßige Mitarbeiter; alle Arbeit falle letztlich auf ihn zurück und er wisse nicht mehr aus noch ein...
>
> Eine Analyse ergab sehr schnell: Auslöser dieser Situation war er selbst. Denn er gehörte zu jenen Vorgesetzten, deren Führungsstil in Reinkultur dem sogenannten »autoritären« entsprach. Unter anderem schrieb er auch seinen begabten jungen Ingenieuren, die zum Teil schon als Hochschulassistenten gearbeitet hatten, bis ins kleinste vor, was sie zu tun und zu lassen hatten. Ergebnis: Sie ertrugen das Gefühl der »gebundenen Flügel« nur kurz und suchten sich bald einen anderen Wirkungskreis. Um den Direktor darauf vorzubereiten, daß seine Misere vorwiegend durch sein eigenes Verhalten ausgelöst wurde, gab ich ihm ein Buch in die Hand, das über Führungsstile und ihre Auswirkungen informiert und insbesondere den sogenannten »kooperativen« bzw. »partizipativen« Stil empfiehlt und begründet.
>
> Nach wenigen Tagen brachte er den Band strahlend zurück und erklärte: »Das Buch ist großartig! Nur: an dem kann es nicht liegen, denn das mache ich immer schon...«
>
> Er trug das Selbstbild eines weitgehend kooperativ führenden Chefs in sich. Objektivität?
>
> Interessant übrigens, daß auch er schon unter einem knöchernstrengen Vater mit sehr autoritären Zügen aufgewachsen war.

Diese psychologische Grundtatsache des »Eingesperrtseins« in die Subjektivität der individuellen Eigenart möge durch folgende »Visualisierung« verdeutlicht sein:

Abbildung 1

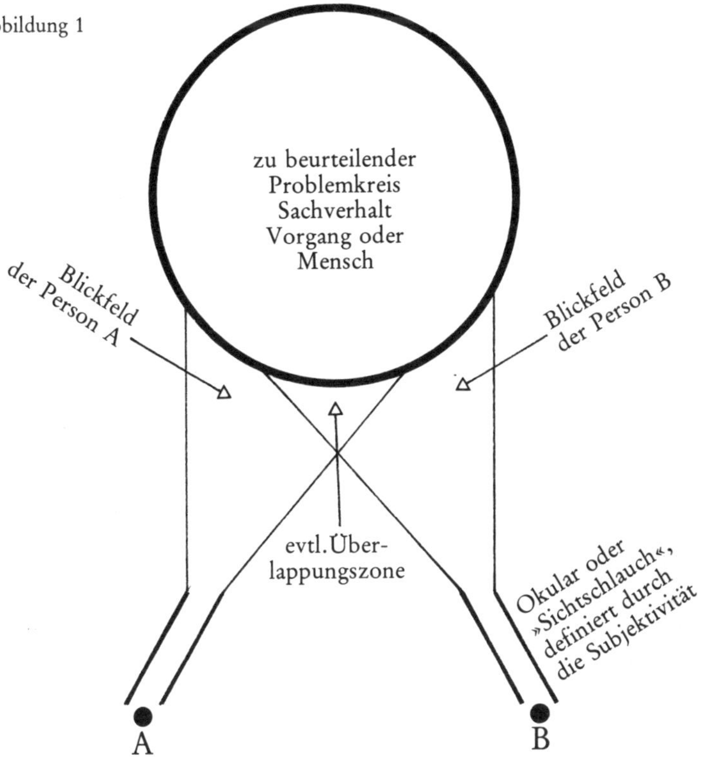

Stehen zwei Menschen (A und B) vor einer Sache, einem Vorgang, einem Problem, oder auch einem anderen Menschen, so sieht jeder aus seinem Blickwinkel. Es ist, als ob jeder ein »Okular« vor dem Auge trüge, dessen Gläser durch die persönliche Eigenart, die Subjektivität des Individuums geschliffen seien. Damit »erkennt« jeder im Prinzip etwas anderes. In manchem überlappen sich die Blickwinkel. Vieles wird jedoch anders aufgenommen.

Die Graphik läßt deutlich werden, welcher Konflikt droht, wenn die beiden Personen A + B nun in eine Diskussion geraten. Jeder will den anderen vom »Richtigen« überzeugen. »Richtig« ist jeweils die eigene Sichtweise.

Ist der eine z. B. jung, glücklich verheiratet, katholisch, der Jüngste aus kinderreicher Familie, Ingenieur, Hockeyspieler, Rheinpfälzer, politisch interessiert – der andere jedoch älter, verwitwet, evangelisch, Einzelkind, Jurist, Franke, politisch uninteressiert usw., dann kann sich ein Dritter vielleicht eine Vorstellung davon machen, wie unterschiedlich die beiden das vor ihnen liegende Problem betrachten werden. Wie unterschiedlich sich auch das Potential arrangiert haben wird, das sie jeweils mit großer Sicherheit »ihre Erfahrung« nennen.

Erfahrung – das zeigt sich hier deutlich – kann nur *ein* Ausschnitt aus der vielschichtigen Wirklichkeit sein. Erfahrung kann wichtig und wertvoll werden, wenn man gelernt hat, die eigene Erfahrung in ihrer Eigenart zu erkennen und sie mit anderer Menschenerfahrung vergleicht, addiert, konglomeriert, prüft. Erfahrung kann zur Crux werden, wenn einer – über Macht verfügend – seine urpersönliche Erfahrung als alleingültige Erkenntnis durchzusetzen berechtigt ist (es sei denn, er wäre Experte).

Etwas boshaft ausgedrückt, könnte man auch sagen: Mancher nennt das Erfahrung, was er 25 Jahre lang falsch gemacht hat...

Um diese Szenerie deutlich zu machen, empfiehlt sich eine interessante Übung aus der Kommunikationspsychologie, die sich zur Durchführung im Mitarbeiterkreis, im Freundeskreis oder in der Familie eignet. Zwei Diskutanten setzen sich gegenüber und debattieren über ein Pro-Kontra-Thema. Also z. B. »Für oder gegen die Geschwindigkeitsbegrenzung auf der Autobahn«. In diese Diskussion wird nun ein Ritual eingebaut: Jeder darf auf die Äußerungen seines Partners erst antworten, nachdem er diese möglichst sinngetreu wiederholt hat; und zwar zu dessen Zufriedenheit. Er beginnt seine Wiederholung am besten mit den Worten: »Wenn ich Sie richtig verstanden habe, meinten Sie also, ...« Danach folgt die sinngemäße Wiederholung – und erst dann sein Gegenargument. Dieses wird dann wieder vom anderen Partner wiederholt, bevor dessen nächste Argumentation abgegeben wird usw. Ein dritter Teilnehmer setzt sich als Schiedsrichter an die Seite und wacht darüber, daß dieses Ritual eingehalten wird. Notfalls fordert er die nochmalige Wiederholung und hilft den Diskutanten, mit dieser Aufgabe fertig zu werden.

Man wird erstaunt sein, wie schwer es vielen Menschen fällt, die »Sendungen« des Partners wiederzugeben. Es kommt unter Um-

ständen nur ein Teil zurück. Vielleicht sogar eingefärbt durch Eigeninterpretationen des Gehörten. Unterstellungen werden eingeflochten. Der Inhalt kommt verzerrt zurück. Es wird viel zu lange gesprochen, so daß der Partner unmöglich den Inhalt der Sendung wiedergeben kann.
Die Übung wird umso interessanter, je engagierter die Diskutanten bei dem jeweiligen Thema sind und je stärker die emotionale Beteiligung wirkt. Man erlebt an sich, daß man nicht zuhört, weil die eigene Konzentration während der Argumentation des Partners auf die Vorbereitung der nächsten eigenen Argumente gerichtet ist.
Diese Übung – »kontrollierter Dialog« – kann unter Umständen ein heilsames Training sein. Sie bewirkt z. B., daß jeder Beteiligte durch die rituelle Wiederholung der Partneräußerung gelinde gezwungen wird, den eigenen Standort zu verlassen (also in unserer Graphik z. B. von A nach B zu gehen und umgekehrt) und sich die Sache einmal durch die Brille des Partners anzusehen.
Dieser Effekt kommt durch das Wiederholenmüssen zustande, das ein stärkeres Öffnen des eigenen »Empfangsgerätes« erzwingt und das Verstehen des anderen fördert.

Verbesserte Menschenkenntnis hängt also ab von der Fähigkeit, die eigene Subjektivität, das Urteilen aus der Eigen-Art, zumindest teilweise zu überwinden durch die Einsicht in diese Zusammenhänge und durch Einübung einer fragenden, offenen Haltung.
Für die typische und erfolgreiche Managerpersönlichkeit liegt hier jedoch ein charakterologisches Handicap: Gerade dem aktiven, zupackenden, gestaltenden Menschentyp fällt oft diese Haltung des lernoffenen Fragens im Gegensatz zur Haltung des Sagens schwer. Zu beobachten z. B. bei den Bewerbungsgesprächen, in denen der einstellende Manager spricht und agiert, der Bewerber jedoch kaum zu Wort kommt und somit auch wenig »Diagnosemöglichkeiten« liefert zur Beurteilung der Frage, ob er der richtige Mann am richtigen Platze sei.
Wenn der Manager, von dem wir hier sprechen, jedoch trotz dieser naturgegebenen Schwierigkeit sich bewußt bemüht und die Empfangsfähigkeit für die Sichtweise des anderen einübt, bekommt er doppelten Vorteil: zur Aktivität noch die verstehende Sonde.

2. Wahrnehmungsverzerrung oder Antennenprobleme

Das Grundphänomen der Subjektivität des Menschen führt zu einer Reihe von Erschwernissen beim Kennenlernen anderer Menschen. Haben wir zu den anderen eine Antenne? Wenn ja, ist es die richtige? Und was heißt »richtige«? Als ersten Akt des Prozesses müssen wir die Wahrnehmung des anderen verstehen. Die Auswirkungen der Subjektivität sorgen dafür, daß dieser Vorgang oft nur »Nehmung« wird. Ob auch »wahr« – das ist erst noch die Frage.

Wir müssen in diesem Zusammenhang den Begriff Wahrnehmung sehr umfassend und komplex verstehen. In der Psychologie gilt der Wahrnehmungsvorgang als eigenes Forschungsgebiet, das sich vorwiegend mit den physiologischen Grundlagen des Wahrnehmungsvorganges befaßt. Wir nehmen hier den Begriff komplexer. Wie nimmt z.B. der überzeugte CDU-Mann den überzeugten SPD-Mann »wahr«?

Wie der leidenschaftliche Techniker den Kaufmann?

Wie der Pionierunternehmer und Selfmademan eines Mittelbetriebes den akademischen Organisator aus einem Großunternehmen? – und jeweils umgekehrt?

Wie nimmt der unverheiratete Hagestolz eine Bewerberin wahr – wie der Filou?

Wir fragen hier also nicht nur nach dem physiologischen Wahrnehmungsvorgang (welche Vorgänge sich auf der Netzhaut abspielen mit welchen Auswirkungen), auch nicht in erster Linie nach den Details der psychologischen Beteiligung bei der Aufnahme der Umwelt, sondern nach dem Gesamtbild, das sich vom anderen in uns formt. Ein Gesamtbild, das über die Sinnesorgane hereingenommen wird und während der Passage, also auf dem Weg nach innen, der Gestaltung durch uns selbst unterliegt; durch unsere Erwartungshaltungen, Erfahrungen, Vor-Urteile, kurz: durch das ganze Potential der Subjektivität.

Insofern könnte man von einem Mitbestimmungsrecht unseres eigenen psychischen Potentials bei der Hereinnahme der Umwelteindrücke sprechen. Wir müssen uns verabschieden von der Vorstel-

lung, die Wahrnehmung des anderen Menschen ginge über unsere Sinnesorgane weitgehend »registrierend« vor sich im naturwissenschaftlich-messenden und damit objektiven Sinne.
Wenn wir einander immer wieder – gerade bei Meinungsverschiedenheiten (Wahrnehmungsverschiedenheiten) auffordern: »nun sei doch einmal sachlich!« – dann entpuppt sich aus der Sicht der Wahrnehmungspsychologie dieser Appell als beinahe tragikomisch. Er bedeutet oft nichts anderes als die Aufforderung: »Nun sehen Sie es doch einmal endlich so wie ich, und schließen Sie sich meiner Meinung an!« (Dann ist der andere »sachlich«).

Zu dieser Wahrnehmungsverzerrung zwei Beispiele: Man ließ Kinder von begüterten und von armen Eltern die Größe einiger Geldmünzen schätzen. Kinder aus finanziell engem Milieu neigen zu deutlich größeren Schätzungen als die anderen. Sie nehmen die Größe anders wahr: sie deuten die Größe anders, weil Geld für sie eine andere Be-Deutung besitzt.

Eine Gruppe von Personen hörte bei einer gesellschaftspolitischen Diskussion einer anderen Gruppe zu, die sich aus gegensätzlichen politischen Richtungen zusammensetzte. Die Beobachtungsgruppe mußte anschließend Urteile abgeben über das Aussehen der Diskussionsteilnehmer. Dabei zeigte sich, daß deutlich die Neigung bestand, bei den Vertretern der eigenen Denkrichtung edlere, schönere Gesichtszüge zu erkennen.

Die Einstellung des Wahrnehmenden zum Objekt oder zum anderen Menschen spielt also eine wesentliche Rolle, das heißt: eine einfärbende Rolle bei der Urteilbildung. An optischen Täuschungen und sogenannten Kipp-Figuren zeigt der Psychologe gerne die Abhängigkeit der Wahrnehmung vom Wahrnehmenden selbst und vom Umfeld. (Siehe Abbildungen auf den Seiten 24 – 26).

Solche Kippfiguren geben einen Hinweis darauf, daß die Verarbeitung von Informationen in Form optischer Reize nicht in klaren, vorgezeichneten Bahnen verläuft. Sie sind modellhaft zu verstehen auf der Linie, die unsere subjektiv-mitbestimmende Wahrnehmung von der objektiven, naturwissenschaftlich registrierenden Wahrnehmung trennt. Das Wahrgenommene springt während der Betrachtung zu einem anderen Bedeutungsgehalt um.

a) Optische Täuschung der Größenverhältnisse

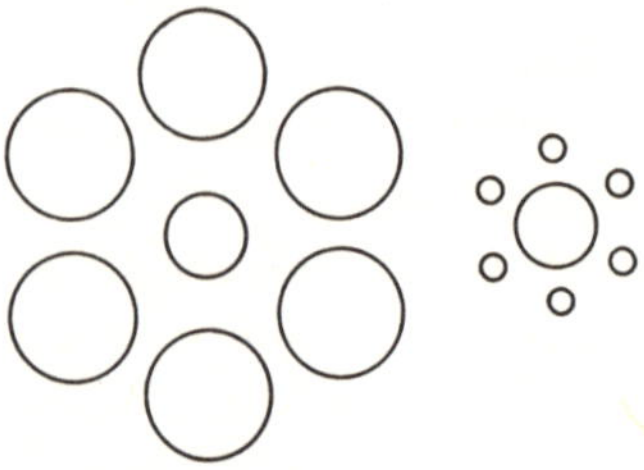

die mittleren Kreise
sind gleichgroß

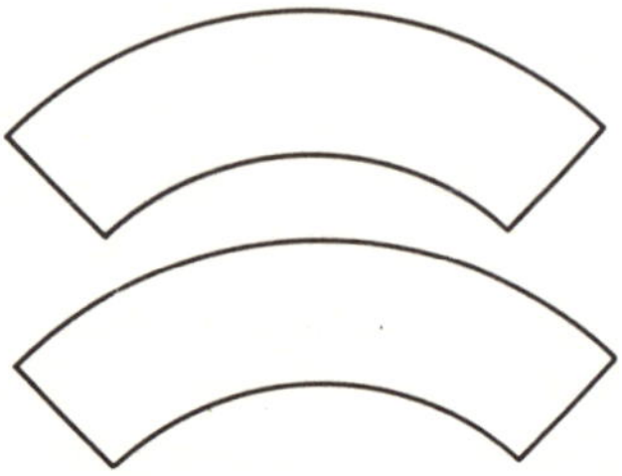

die untere Figur erscheint größer
als die obere

Das jeweils wahrgenommene Umfeld verändert die Größenwahrnehmung in Details

b) Optische Täuschung bei geometrischen Formen

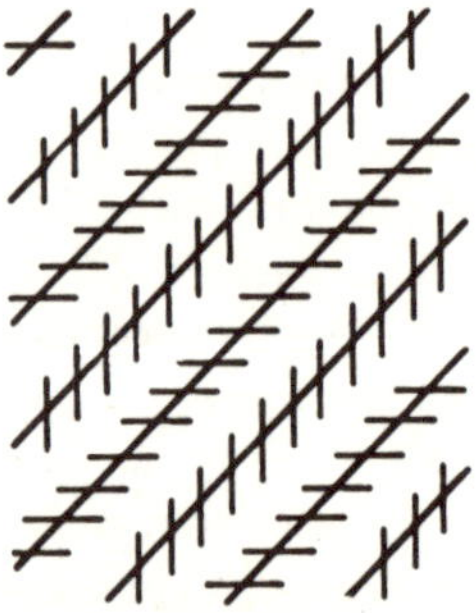

Sind die Linien parallel?

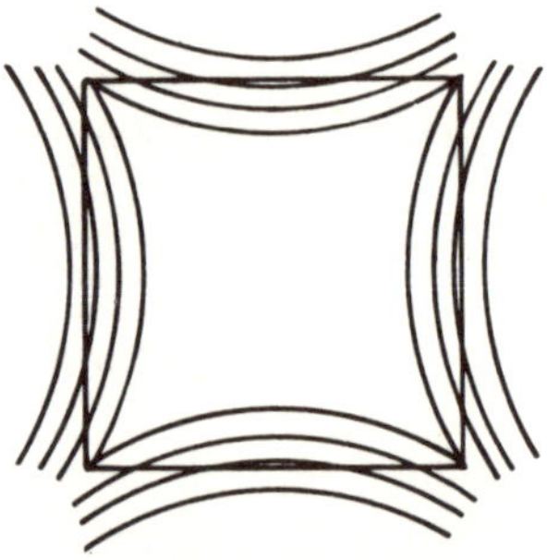

Hat das Viereck gekrümmte Seiten?

c) Kontrasttäuschungen

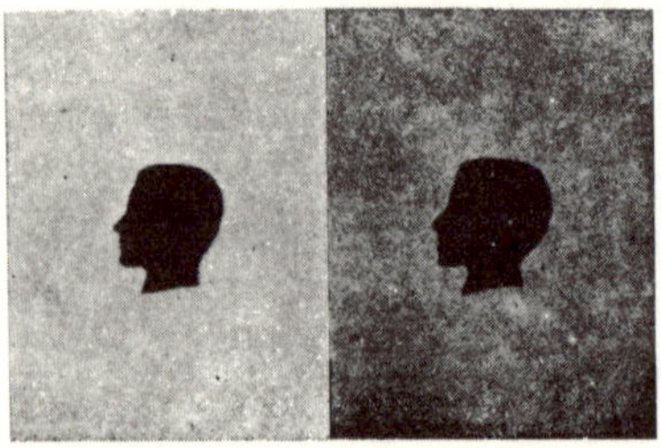

Die Silhouetten haben denselben Grauton

Das Grau des Ringes ist überall gleich; Legen Sie einen Bleistift auf die linke Kante des schwarzen Rechtecks.

Reizunterschiede werden durch das Umfeld stärker kontrastiert als »in Wahrheit«

d) Kippfiguren

Rubin'scher Becher
(Becher oder 2 Profile)

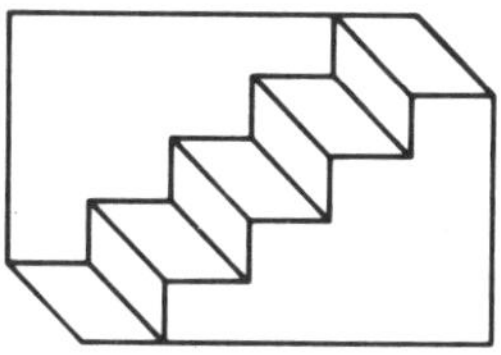

Schröder'sche Treppe
(Treppe oder hängendes Gesims)

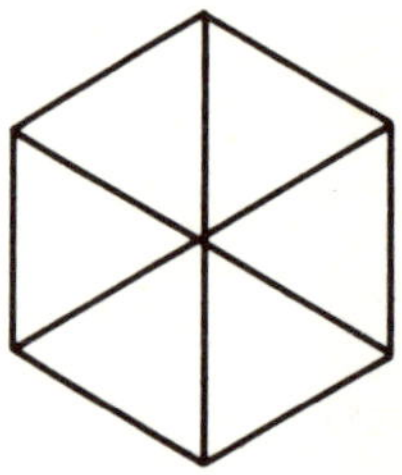

Necker'scher Würfel 1
(Fläche oder ein auf
der Spitze stehender Würfel)

Mach'sches Buch
(Buch-Innen oder
Buch von außen gesehen)

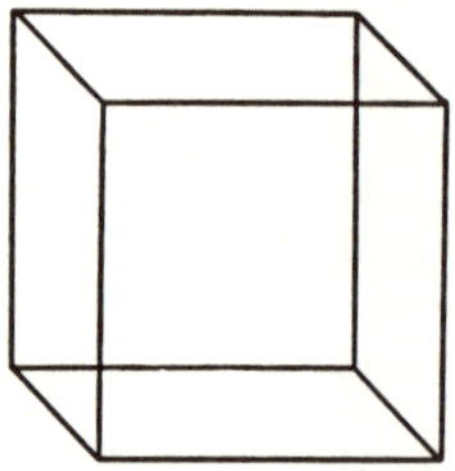

Necker'scher Würfel 2
(steht auf Grundfläche
oder hängt als
Guckkasten an der Wand)

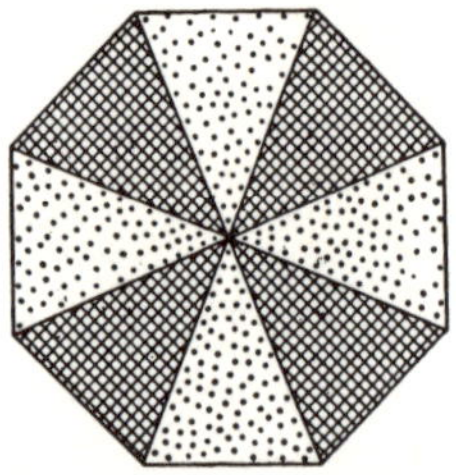

Propeller nach
Boring/Langfeld/Weld
(Propeller oder
Malteserkreuz)

Entscheidend dabei ist, daß dieser Kippeffekt *im Betrachter* stattfindet, nicht im wahrgenommenen Gegenüber oder Gegenstand. Dieser bleibt unverändert. Im Betrachter jedoch vollzieht sich ein plötzlicher Wechsel der Figur-Hintergrund-Relation: Was eben noch Figur war, wird plötzlich zum Hintergrund und umgekehrt. Im Alltag vollzieht sich die subjektive Selektion und Deutung des Wahrgenommenen weitgehend nach unserer Einstellung, unseren Motiven, unseren Interessen, Bedürfnissen und unseren Aufgaben.

Zu diesen Begriffen:
Unter *»Motivation«* versteht der Psychologe gemeinhin eine Antriebsfunktion als psychische Instanz, die verschiedene aktive Einzelmotive bündelt und in dieser Bündelung zu jener sichtbaren Aktivität führt, die wir »Verhalten« nennen.

Mit *»Bedürfnis«* hingegen bezeichnen wir persönlich ausgeformte Erwartungen in Richtung auf Vorgänge, die zur Befriedigung des Bedürfnisses führen. Z.B. Macht, Anerkennung, Belohnung, Erfolg, Zuwendung etc.
Der Begriff *»Einstellung«* will erworbene Bereitschaften bezeichnen, sich gegenüber Reizen aus der Umwelt in bestimmter Weise zu verhalten.

Abbildung 2

Motivation:

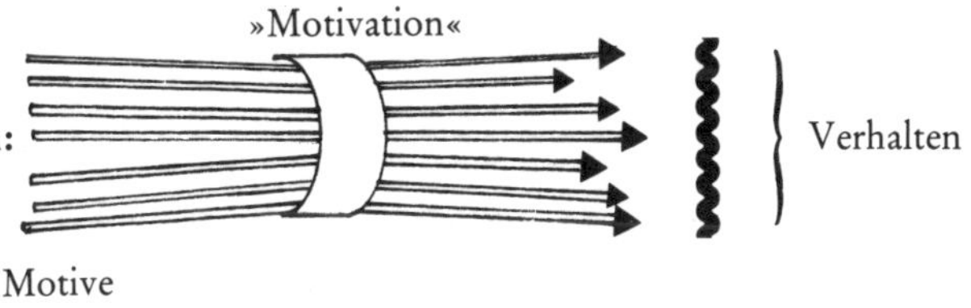

Abbildung 3

Bedürfnis:

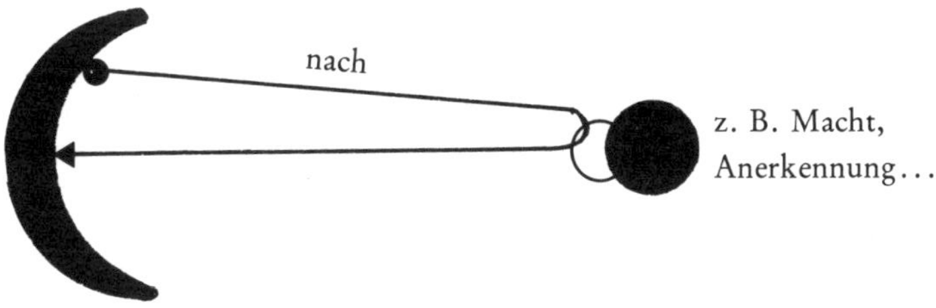

Abbildung 4

Einstellung:

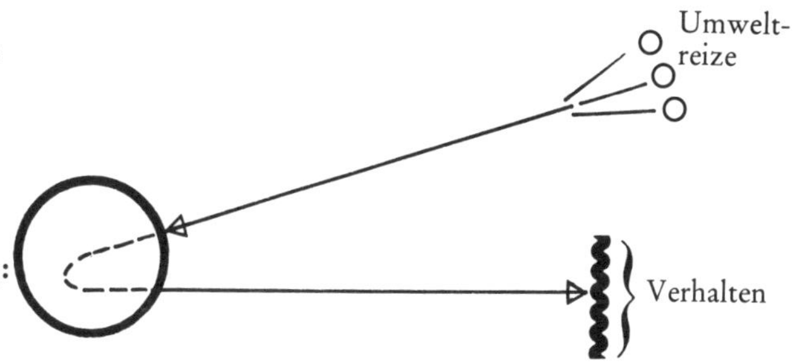

Wie können nun solche psychischen Instanzen die Wahrnehmung beeinflussen oder verquetschen im Bereich unseres Themas?

a) Ein karrierebewußter Manager ärgert sich darüber, daß ihm ein (durchaus intelligenter) Mitarbeiter häufig unangenehm auffällt durch sein – wie der Manager es sieht – schlaubergerndes Profilierungsbedürfnis. Anstatt seine Aufträge korrekt auszuführen, hört der das Gras wachsen und will alles immer wieder neu zum Problem erheben.
Nun stellt sich ein neuer Mitarbeiter vor.
Was ist das für einer?
Das »Wahrnehmungsfilter« unseres Managers ist jetzt vermutlich definiert durch die Einstellung (also die erworbene Eigenschaft), sich vor solchen Leuten zu hüten. Alles am Bewerber, was auch nur ungefähr in diese Richtung deutet, wird wahrscheinlich übersensibel registriert, evtl. verstärkt. Das kann zu einer erheblichen Fehlbeurteilung führen. Der Kontext des Eigenschaftenprofils dieses Bewerbers geht verloren. Der Beurteiler bestreicht gewissermaßen einige bestimmte Fäden im Gewebe des charakterologischen Gefüges beim Bewerber mit greller (unsympathischer) Leuchtfarbe. Die Struktur dieser wenigen Fäden ergibt dann für den Manager das Gesamtbild vom Bewerber.
Und dieses wird falsch.

b) Ein aufstrebender Manager arbeitet unter einem Chef, der aus der Pionierzeit des Unternehmens stammt und das rasche Zupacken liebt. Dafür reagiert er auch nicht böse, wenn man mal daneben greift. Sein Motto: »Besser eine rasche, wenn auch falsche Entscheidung, als gar keine...« Dem »Lob-Profil« des Chefs entspricht ein draufgängerischer Haudegen-Stil.
Nun meldet sich ein Bewerber.
Der hat seine Erfahrungen vorwiegend in der Organisationsabteilung eines Großbetriebes gesammelt. Das dortige Lob-Profil hatte ihm vor allem Anerkennung gegeben für präzise, logisch-diskursive, geduldig-einbohrende Planungsarbeit.

Das Wahrnehmungsfilter des Managers – geformt durch die Einstellung »Haudegen sind richtig« – verarbeitet nun mit einiger Wahrscheinlichkeit die im Bewerbungsgespräch aufgefangenen Signale mit Hilfe der Deutung: »Langweiliger, farbloser, theoretisierender Planungs- und Schemafetischist; bürokratischer Typ; kein Praktiker.«
(Daß vielleicht gerade dieser Betrieb an die Grenze der Improvisationstoleranz gestoßen ist und einen präzisen Planungstyp dringend benötigt hätte, der gerade deshalb für diesen Betrieb der denkbar »praktischste« Mitarbeiter geworden wäre usw. usw. – all das steht auf einem anderen Blatt).
Die »Menschenkenntnis« des Managers, die in ihren Urteilskategorien geformt durch »Einstellung, Motivation und Bedürfnis«, färbt den Bewerber aufgrund einer oder einiger wahrgenommener Eigenschaften in subjektiv gedeuteter Weise ein. Denn: mit diesem Mann ist kein Staat zu machen –.
(»Wie können Sie sich mit solchen Leuten umgeben?!...«)

Mit diesem Beispiel wird noch eine weitere Fehlerquelle sichtbar: der oft zitierte sogenannte »Halo-Effekt« (Halo: griechisch = Hof, Aura, Umgebung). Ein beobachtetes Merkmal oder eine Eigenschaft bei einem Menschen wird als zentrales Phänomen überbewertet und überstrahlt dann aus dem Blickwinkel des Beobachters alle anderen Merkmale. (Das zentrale Merkmal bildet um sich eine Aura, einen Hof, der auf die ganze Umgebung abstrahlt – wie z. B. der Hof des Mondes bei gewissen Wetterlagen). Solche »Unarten« oder Wahrnehmungsverzerrungen hören sich harmlos an, können aber in der Praxis verheerende Folgen haben.

c) In einem Unternehmen war die Position eines Vertriebsdirektors zu besetzen. Ausgewählt wurde der Leiter einer kleineren, aber überdurchschnittlich erfolgreichen Filiale, die im direkten Kundenkontakt stand.
Der Unternehmensleiter – ein eher zurückgezogen lebender Mann, der die Firma vorwiegend von der Schaltzentrale seines Chefbüros heraus steuerte – schätzte an dem neuen Mann besonders dessen Kontaktfähigkeit den Kunden gegenüber.

Er bedachte nicht, daß das Anforderungsprofil eines Vertriebsdirektors anders aussieht als das eines Filialleiters, der gleichzeitig sein eigener bester Mann als Vertriebsingenieur ist. Aber die so sehr geschätzte Kontaktfähigkeit strahlte im Sinne des Halo-Effektes auf den ganzen Mann aus: »Das ist mein bester Vertriebsmann; der kennt die Praxis und die Kunden; er muß den Vertrieb ganz übernehmen.«
Ergebnis war, daß man einen hervorragenden Vertriebsingenieur verlor und einen schlechten Vertriebsdirektor gewann. Er fand keinen rechten Zugang zur Planung und Strategie, sondern besuchte vorwiegend Kunden. Die Mitarbeiter wurden dadurch beim Abnehmer deklassiert.
Dafür fehlte es an der Steuerung. Klagen wurden laut. Der Firmenchef ließ ihn kommen, sprach über die »negativen Meldungen« und ermahnte ihn. Der Mann war äußerst betroffen, denn er fürchtete nichts mehr, als das Wohlwollen des Chefs zu verlieren. Er reagierte mit einem »Rund-um-die-Uhr-Fleiß«. Sein Zigarettenkonsum stieg an, er wurde überreizt. Er begann spät abends große Mengen Bier zu trinken, um schlafen zu können; er wurde immer übergewichtiger. Der Arzt warnte. Urlaub? Geht nicht... usw.
Es kam zum totalen Zusammenbruch.

Selbstverständlich läßt das Beispiel auch andere Deutungsmöglichkeiten zu. Die Wahrscheinlichkeit ist jedoch sehr hoch, daß die Ursachenkette durch einen Halo-Effekt ausgelöst wurde.

3. Die Verallgemeinerung von Einzelbeobachtungen

Auf das gleiche psychische Konto geht das Verallgemeinern. Oder: Im psychologischen Bereich macht eine Schwalbe oft einen Sommer!
Die Tendenz zum Vereinfachen durch Verallgemeinern von nicht repräsentativen Einzelbeobachtungen ist wohl eine Art Naturereignis. Auch der wissenschaftlich ausgebildete und zum kritischen Rationalismus erzogene Mensch kann sich dieser Faszination oft nicht entziehen. Verständlich, denn die Dinge wirken dadurch ein-

facher, überschaubarer, erklärlich. Man erleichtert den Differenzierungsballast, entflieht der Not des Ausbalancierenmüssens vieler und zum Teil widersprechender Informationen.

- Der technische Direktor einer Firma – dem kaufmännischen Bereich sowieso mit Mißtrauen begegnend – beobachtet einen Mitarbeiter der Revisionsabteilung, als dieser (das einzige Mal in diesem Jahre) unpünktlich ist. Welches Urteil wird sich bilden im Direktor? (Solche und andere Beispiele sind immer darauf angewiesen, daß der Leser den selbstkritischen Humor und die innere Freiheit hat, Szenen dieser Art, auch wenn sie ihn nicht genau treffen, anzunehmen und in die eigene Erlebniswelt zu übertragen. Es erscheint mir eine wichtige »Vereinbarung«, die Konfrontation mit dem Menschlich-allzu-Menschlichen sich und anderen schmunzelnd zu verzeihen.)

- Auf der Rückreise vom Urlaub im Süden wird man von einem italienischen (oder spanischen oder jugoslawischen oder... oder...) Aushilfstankwart um einen Betrag im Wert von DM 20.– bemogelt. Zu Hause erzählt man: »Ich war heuer in X-Land. Also in diesem X-Land sind doch alle Schlawiner, hat man mich doch um 20.– DM bemogelt usw. usw.«
  Im Land X gibt es *nur* Schlawiner...

4. Ausstrahlungseffekte bei zu kleinen Stichproben

- Ein Wissenschaftler startete vor Jahren in einer Tages-Zeitung eine Umfrage. Die Zeitung erreicht über eine Million Leser. Davon antworteten ca. 600. Diese 600 Leserzuschriften wurden allen Ernstes und mit dem Anspruch »Wissenschaft« einer statistischen Analyse und Auswertung unterworfen...
- Eine Zeitung (200000 Leser) erhält zu einem Artikel 38 zustimmende und 45 ablehnende Zuschriften. Sie veröf-

fentlicht in der nächsten Nummer fünf zustimmende und 6 ablehnende; die ablehnenden sind schlecht geschrieben und verletzend im Ton. Welche Meinung wird sich bilden?

Sieben zufällig eingefangene Meinungen zu Tagesfragen, in der Tagespresse veröffentlicht,
einige Interviews auf der Straße zu einer Frage – vom Fernsehen in die Nachrichten eingeblendet: Immer wieder derselbe Effekt. Bewußt oder unbewußt können einige Schwalben einen Sommer machen...
Für die Fragen der Menschenkenntnis bedeutet diese allgemeine »Unart« wiederum:
Einzelmerkmale dürfen nie als repräsentativ für die Gesamtperson genommen werden. Vielrednerei bedeutet noch keine Intelligenz – aber auch nicht das Gegenteil. Schweigen ist noch kein Indiz für tiefgründige stille Wasser – aber auch nicht für das Gegenteil. Einzelmerkmale können also zur »lautstarken Splittergruppe« werden. Das Geschrei der Wenigen formt das Urteil über das Ganze. Das Reizspektrum schrumpft zusammen.

5. Bedeutung der Reihenfolge von aufgenommenen Informationen

Es gibt Manager, von denen der betriebliche Volksmund sagt: »Bei dem hat immer recht, wer zuletzt die Türklinke in der Hand hatte«. Dem Menschenkenner liefert hier der sogenannte *»primacy-regency-effect«* eine Erklärung: in vielen psychologischen Versuchen zeigt es sich, daß die ersten (oder auch die letzten) Eindrücke in einer Kette von Informationen (z.B. während eines Bewerbungsgespräches oder eine Werbeargumentation) stärker sind als die in der Mitte der Kette angesiedelten. Erst- und Letzteindrücke gehen also stärker in die Urteilsbildung über einen Menschen ein. Dieser Effekt spielt auch eine beträchtliche Rolle in allen Szenen der Problemlösung – oder bei Personengruppen in Entwicklungs-, Konstruktions- und Forschungsabteilungen. Wenn bei einer Frage in

unbekannter Problemlandschaft die *ersten* Sachinformationen zu einer Idee auf »schwierig«, »unangenehm«, »geht nicht« oder ähnliches hinauslaufen, werden positive, angenehme Nachinformationen mit geringerer Bereitschaft aufgenommen. Alle noch nachfolgenden »Schwierig«-Informationen werden hingegen eher verstärkt.
Das kann dazu führen, daß die Beteiligten an diese Ersteindrücke fixiert bleiben und – fasziniert vom Negativen – Mut und Lust verlieren, auf der positiven Seite der Idee auch nur mit annähernder Intensität zu suchen. Die Idee stirbt.

- In einer Konstruktionsabteilung erscheint eines Morgens einer der Mitarbeiter und berichtet seinen Kollegen voll Entdeckerfreude, was ihm in der vorigen Nacht plötzlich eingefallen war: »Schaut mal her, man könnte doch bei diesem Teil folgende Verbesserung anbringen: (und es folgt eine Idee). Die anderen kommen nacheinander herbei und beschäftigen sich mit der Frage. Ein aufmerksamer Beobachter wird dann feststellen können – und man kann es beinahe an den Gesichtern ablesen –, wie sich nun jeder darauf konzentriert, warum diese Idee nicht gehen kann. Das ist ziemliche Willkür. Man könnte auch die Bedenken in der Reihenfolge an zweiter Stelle setzen, und sich erst einmal darauf konzentrieren, was unter Umständen aus der Sache zu machen wäre.
  Die Folge dieser spontanen Bereitschaft, sofort darüber nachzudenken, weshalb das nicht gehen kann, ist beim Ideengeber in der Regel Trotz oder Resignation. Das gemeinsame Weiterdenken funktioniert oft nicht.

Man kann dieses Ritual, wenn es einmal in seiner psychologischen Stringenz erkannt ist, auch willkürlich ändern, z.B. durch die Regel: »Das Positive zuerst!« Dabei kommt eventuell so viel Faszinierend-Positives auf den Tisch, daß das wachsende Interesse an der Realisierung den Beteiligten die Bereitschaft und die Fähigkeit verleiht, die noch zu entdeckenden Hemmnisse auf der Negativseite zu bewältigen.

In diesem Zusammenhang ist für den Manager ein Phänomen interessant, das zwar weniger mit dem primacy-Effekt korrespondiert, aber in der Praxis bedeutsam sein kann: der sogenannte »Türschwelleneffekt«, den die Psychotherapeuten in der klinischen Psychologie kennen.

- Ein Patient kann unter Umständen in der therapeutischen Sitzung eine Stunde lang spiralenförmig um das eigentliche Problem herumreden, um dann beim Verlassen des Raumes am Ende der Stunde – auf der Türschwelle also – plötzlich und wie nebenbei auf das Kernproblem zu kommen. »Ach übrigens, was ich da noch sagen wollte...«
- Man achte als Menschenkenner auf Äußerungen, die zum Ende einer Aussprache »so ganz nebenbei« kommen. Sie können wichtige Informationen enthalten über das wirkliche Anliegen des Gesprächspartners.

6. Das Faszinans der subjektiven Nähe

Ein Fakt, der subjektiv naheliegt oder sich spektakulär herandrängt, kann das Urteil aus dem Bereich der Objektivität treiben.

- Wenn während des Skiurlaubes irgendwo in den Bergen eine Bergbahn abstürzt, kann man sich hundertmal vorsagen, daß die statistische Sicherheit der Bergbahn, die man nun selbst besteigt, ungleich höher liegt, als die statistische Sicherheit in dem Auto, das man für die Anfahrt zur Talstation benützt hat. Die »psychische Nähe«, die leichte Erfaßbarkeit dieses spektakulären Absturzes der Bergbahn und deren Einmaligkeit (gerade die!) – im Gegensatz zu den oft gesehenen Autounfällen – lassen paradoxerweise eine nicht unterdrückbare Angst aufkommen, die eigentlich im Auto viel berechtigter gewesen wäre.

- Ein Organisationsberater macht nach einer Analyse den Vorschlag, ein zielorientiertes Personalentwicklungsprogramm einzurichten, das bei dem personalintensiven und vor allem begabungsabhängigen Unternehmen von existentieller Bedeutung sein kann. Der Personalleiter erhebt Einspruch: »Unmöglich! Wer soll das denn machen? Dazu würde ich ja mindestens zwei Leute mehr brauchen.« Daß diese zwei zusätzlichen Planstellen als wertschaffende Investition für die Existenz des Gesamtunternehmens von ausschlaggebender Bedeutung sein können, ist ihm zunächst nicht bewußt. Er sieht nur *sein nahes* Problem. Er reagiert etwa wie der mit stumpfer Säge schuftende Holzfäller, der auf die Aufforderung, doch die Säge zu schärfen, atemlos erklärt: »Dazu habe ich keine Zeit, ich muß arbeiten!«

Bessere Menschenkenntnis würde bedeuten, solche Reaktionen bewußt zu machen, sie in ihrem »naturhaften« Auftreten einzukalkulieren und dadurch solche Stolperdrähte vor dem Erreichen objektiver Urteile vermeiden zu lernen.
Gerade dies letztere Beispiel vom Personalchef, der auf Kosten der Gesamtwirtschaftlichkeit nur seine Teilwirtschaftlichkeit (Suboptimum) sieht, läßt sich noch instruktiv abrunden durch die Frage, wie es jetzt »psychologisch« weitergehen könnte: Angenommen, der initiierende Chef – dem Rat des Organisationsberaters folgend – würde nun dem Personalleiter in der entscheidenden Sitzung im Kreise der anderen Abteilungsleiter die kurzsichtige Vordergründigkeit seiner Denkweise klarmachen und ihm den Auftrag geben, sich zwei hervorragende Mitarbeiter zu suchen (für ein Gebiet also, zu dem der Personalchef als bisheriger »Personalverwalter« noch wenig Zugang hatte); dann wird durch diese Aktion des Chefs mit hohem Wahrscheinlichkeitsgrad eine ganze Kombination psychologischer Re-Aktionen beim Personalleiter provoziert. Wir sprechen dann von einer »Verhaltenskette«:

a) Der Personalleiter fühlt sich wahrscheinlich gedemütigt, vielleicht auch blamiert, vor aller Augen als zu eng denkend entlarvt; der indirekte Tadel für solche etwas antiquierte Kurzsichtigkeit steht im Raum.

b) Das neue Aufgabengebiet ist ihm nicht geheuer, macht vielleicht sogar Angst: schaff' ich das?

c) Weiterhin bewegt ihn vermutlich die Frage, ob er vor den zwei neuen Mitarbeitern, die er suchen soll, wird bestehen können.
Damit ist – wiederum mit hoher Wahrscheinlichkeit – der Mißerfolg der neuen Idee bzw. Organisation psychologisch programmiert:

Die eleganteste Lösung für den Personalchef, aus dem a)-b)-c)-Streß herauszukommen, wäre gegeben, wenn sich die Idee des Organisationsberaters als unsinnig und theoretisch erweisen würde.
Der Teufelskreis einer »self-fulfilling prophecy«, also eines sich selbst erfüllenden Vorher-Wunsches setzt ein: Weil man sich ja durch ein Gelingen des Ganzen das eigene Schiefliegen zu Beginn der Sache selbst beweisen würde, *darf* es nicht gelingen. Das bedeutet halbherziges Angehen des Problems. Das Wahrnehmungsfilter ist definiert durch die Aufmerksamkeit auf alle Phänomene, die beweisen könnten, daß die Idee doch ein Wind-Ei sei. Alles Negative wird zuerst und evtl. verstärkt gesehen.
Die beiden neuen Mitarbeiter wählt der Personalleiter eventuell von vorneherein so »klein«, daß sie ihn nicht erreichen und im Niveau nicht konkurrierend nahe kommen.
Damit ist ein zweiter Garant für das Nichtgelingen installiert.
Ende: Der Personalleiter kann nach bestimmter Zeit »mit Bedauern« nachweisen, daß sich die Idee des Organisationsberaters trotz intensivster (!) Bemühung als nicht tragfähig und doch recht praxisfremd erwiesen hat (»... wie ich ja von Anfang an schon vorausgesagt habe!»).

Die gesamte Aktion des Personalleiters, die Kombination und Kette seiner psychischen Re-Aktionen geht wohl weitgehend unbewußt vor sich:
Demütigung mit »Rache-Konsequenzen«,
Angst vor dem Nachweis des Versagens,

Angst vor dem unbekannten, neuen Aufgabengebiet,
Angst vor den neuen Mitarbeitern und deren Konkurrenz,
Definition des Wahrnehmungsfilters,
die self-fulfilling prophecy,
der Drang, die Ideen des »Quälgeistes Organisationsberater« als graue Theorie zu deklarieren, um letztlich wieder beweisen zu können, wie man doch zu Unrecht gedemütigt worden ist usw.

Diese psycho-logische Sequenz sollte auch nicht mißverstanden werden als »böse«, hinterlistig, töricht oder was auch immer. Es handelt sich dabei lediglich um weitgehend unbewußt ablaufende Verhaltensmuster von hoher Wahrscheinlichkeit. Am besten paßt wohl dafür das Wort »psychologisches Naturereignis«; im Sinne einer »Wenn-Dann-Relation«. Das Vormotiv dieses Verhaltens ist vorwiegend Angst.
Mehr Menschenkenntnis kann auch hier eine ganz entscheidende Verbesserung bringen: Der Ansatz dazu liegt am Anfang der psychologischen Kette, also in der Aktion des Chefs. Wie muß er wann vor wem mit welchen Worten und in welcher Atmosphäre seine Aktion vollziehen und gestalten, damit der Personalleiter voll einsteigen kann? Damit es seine – des Personalleiters – Sache auch wird, die er unter vollem Einsatz zum Erfolg bringen will? So, daß die Rechtfertigungsrituale nicht not-wendig sind (buchstäblich der Abwendung psychischer Not dienend). Der Chef kann durch ein anderes »Wenn« ein anderes »Dann« provozieren.
Es läßt sich leicht vorstellen, zu welchen Ergebnissen der Chef kommt, wenn er den Personalleiter mit Hilfe seiner Menschenkenntnisfähigkeiten erkennen und beurteilen will. Wie wird er ihn »erkennen« bzw. beurteilen im Falle des Scheiterns der Organisationsänderung? Und wie im Falle des Gelingens, das er selbst durch die Art seiner Anweisung provoziert hat? Hier zeigt sich wiederum das Relative der Menschenkenntnis, nämlich das faszinierend schillernde, jedoch ebenso faszinierend gestaltbare Prinzip: etwas tun zu können, damit Menschen so oder so *werden*.
Somit führt die Kenntnis des menschlichen Verhaltens zu einer pädagogisch-gestaltenden Aktivität, die ihrerseits den anderen erst in Verhaltensweisen führt, deren positive Auswirkungen dann wie-

derum rückkoppelnd ein positives Urteil über diesen Menschen bewirken. Psycho-logische Ketten: einmal Minus, einmal Plus... Und man sieht: Menschenkenntnis kann auch verstanden werden als Chance, nachträglich das Positive im anderen registrieren zu können, welches durch das Verhalten des Beurteilers erst ausgelöst worden ist.

7. Falsche Analogieschlüsse

Wir neigen dazu, vor allem wenn es in unsere Wunschbilder paßt, Kausalitäten miteinander zu verknüpfen, die wahrhaftig nichts miteinander zu tun haben. Oder wir ordnen Wirkungen nicht der richtigen Ursache zu.

Treffend zeichnet diesen Vorgang ein Kalauer, den man sich unter Psychologen gerne erzählt:

Ein Floh wurde abgerichtet, von einer Hand auf die andere springen zu können. Der »Dompteur« schneidet ihm dann mit der Schere die Hinterbeine ab. Der Floh kommt nun dem Befehl »hüpf« nicht mehr nach. Man zieht aus dieser Beobachtung den Analogieschluß: »Aha, ein Floh, dem man die Hinterbeine abgeschnitten hat, hört nichts mehr!«...

Ebenso kolportiert man unter Statistikern, daß die Abnahmekurve der Störche in Schweden exakt mit der Abnahmekurve der Geburtenzahl korreliert.

Menschenkenntnis in diesem Zusammenhang:

- Man lernt einen blitzgescheiten Mann kennen, dunkelhaarig, Hornbrille, schwäbischer Akzent. Einem später hinzukommenden Menschen, der ebenfalls dunkelhaarig ist, Hornbrille trägt und schwäbischen Akzent besitzt, wird mit einiger Wahrscheinlichkeit ein von-vornherein-Bonus entgegengebracht.*

---

* U.a. hat ein Versuch von Argyle gezeigt, daß man (bei kurzfristiger Betrachtung von Portrait-Fotos) dazu neigt, Personen für intelligenter zu halten, wenn sie eine Brille tragen. Ist dies Urteil einmal fixiert, läßt es sich schwer revidieren. Argyle, M. und McHenry, R.: »Do Spectacles Really Affect Judgements of Intelligence?« Br. Journ. soc. clin. Psychol. 10/1971, S. 27–29.

8. Die Neigung, sich Vor-Schriften machen zu lassen

Geschriebene Beurteilungen besitzen eine gewisse Unwidersprechbarkeit und festigen sich selbst durch Scheinkorrektheit. Was frühere Beurteiler schriftlich hinterlassen haben, beeinflußt das heutige Urteil unter Umständen erheblich. Das durch diese Vor-Schriften geschaffene Bild kann unter Umständen unsere Wahrnehmungsleistung bestimmen: Was Bestätigung signalisiert, wird verstärkt wahrgenommen, anderes weniger oder gar nicht. Man versuche also immer, das Urteil auf eigene Beine zu stellen und es *nicht vorformen zu lassen* durch irgendwelche Vor-Schriften. Sonst kann ein Beobachtungssystem entstehen, das sich fortwährend in sich selbst bestätigt (»Der Vor-Beurteiler hatte völlig recht, ich stelle genau dasselbe fest...!«).

9. Falscher Umgang mit Wahrscheinlichkeiten

Wie die Wahrscheinlichkeitstheorie die Grundsäule aller Wissenschaften darstellt, die mit Planungen zu tun haben, so muß auch jeder Manager, der plant und von Mitarbeit und Leistung eines Menschen in erheblichem Maße abhängig ist, höchst interessiert sein an der Frage, mit welcher Wahrscheinlichkeit ein Bewerber bzw. Mitarbeiter auf welche Situation wie reagieren wird.
Wenn nun das gesamte Reaktionspotential eines Mitarbeiters als psycho-physisches System angesprochen wird, läßt sich leicht vorstellen, wie schwierig es ist, zu einem einigermaßen sicheren Ergebnis zu kommen (was übrigens genauso für alle biologischen und sozialen Systeme gilt).
Gleichzeitig aber: wie verführerisch ist es dann, sich der Verwirrung, die durch vielfältig hin- und herwabernde Teilwahrscheinlichkeiten entsteht, zu entziehen durch Vereinfachung. Vereinfachung durch ein-/zweimalige Erfahrung. Vereinfachung durch vordergründige Risiko-/Nutzenbetrachtung.
(Welche Summen werden wohl vergeudet durch das immense Sicherheitsbedürfnis behördenähnlicher Instanzen; wenn ein Risiko

mit der Eintreffenswahrscheinlichkeit »einmal in zwei Jahren« abgesichert wird durch einen tagtäglichen Aufwand, der insgesamt ein Vielfaches von dem selten eintretenden Risikofall ausmacht? Nicht so zu denken natürlich bei Risikofällen, die irreparable Gefahren entstehen ließen, oder bei Risiken, die sich durch das Weglassen der Sicherheitseinrichtungen automatisch steigern würden.)

Wie lange hat es beispielsweise gedauert, bis der Entschluß zum Verzicht auf personenbesetzte Bahnsteigsperren realisiert war? Wieviele »Personenbesetzte Bahnsteigsperren« in anderer Verkleidung haben wir landauf, landab in unseren Behörden und Organisationen? Man denke nur an die noch vielfach üblichen Unterschriftenverordnungen. Wer alles muß wo gegenzeichnen – aus »Sicherheitsgründen«, die wegen der Unmöglichkeit, diese Riesenfülle von Unterschriftspapieren auch nur annähernd sorgfältig lesen zu können, in sich illusorisch sind?

Auch im Bereich der Menschenkenntnis spielt die begrenzte Fähigkeit mit Wahrscheinlichkeiten umgehen zu können, eine erhebliche Rolle.

Zur Verdeutlichung ein Beispiel aus dem Werkstattbereich:

- In einem Betrieb wurden die Fertigungsvorgänge besonders schwieriger feinwerkstechnischer Präzisionsteile in einer großen Spezialwerkstatt zusammengefaßt. Allmählich sammelten sich dort die besten Fachkräfte an. Die Arbeiten der Werkstatt wurden von qualifizierten Technikern der Abteilung »Qualitätskontrolle« regelmäßig auf Genauigkeit und Einhaltung der vorgeschriebenen Maße geprüft.

  Eine arbeitspsychologische Analyse dieser Werkstatt ließ unter anderem die Frage aufkommen, ob man den Einsatz der Kontrolltechniker nicht sparen könne, indem man die hochqualifizierten Feinmechaniker sich selbst kontrollieren läßt. Dieser Vorstellung wurden sofort größte Bedenken entgegengehalten. Die Grundsätze der Kontrolle sprachen dagegen: daß nämlich die Kontrolle immer von einer anderen Abteilung vorgenommen werden müsse, um Loyalitätskonflikte zu vermeiden. Es wurde prophe-

zeit, daß der Ausschuß ansteigen würde und ähnliches mehr.
Entgegen solcher Bedenken und Normgedanken entschloß sich die Unternehmensleitung jedoch für die Idee. Jeder qualifizierte Facharbeiter wurde »Selbstkontrolleur« und bekundete mit seiner Unterschrift auf den Arbeitspapieren: »Von mir gefertigt, selbst geprüft und hiermit zur Weiterverarbeitung freigegeben.« Der Mehraufwand an Kontrollzeit wurde vergütet. Dies war gerecht und auch ohne weiteres möglich, weil ja der Aufwand für die Kontrolltechniker weggefallen war.
Was sich nun entwickelte, war selbst für die Optimisten überraschend. Der Ausschuß stieg nicht an. Dafür aber »Psychologisches« auf der positiven Seite: Die Selbstverantwortlichkeit, das Mitdenken, der Einfallsreichtum. Das (entmündigende?) Bewußtsein, daß ja immer jemand im Hintergrund steht zur Kontrolle, und das parallel bestehende (beruhigend-einschläfernde?) Bewußtsein, daß immer noch einer da ist, der aufpaßt und Ausrutscher abfängt, hatte beim Facharbeiter *vor* dieser Organisations-Änderung wohl zum inneren Abmelden geführt (psychologisch gesehen ist der Kontrolleur »erhobener Zeigefinger« und »Schutz« zugleich). Nun war dieser Hintergrund weg. Und der Feinmechaniker stand sozusagen als das letzte Glied in der Kette.
Die nun erwachende Einstellung und Verhaltensweise zur Selbstverantwortlichkeit hin, zum Mitdenken, ebenso der plötzlich sprudelnde Einfallsreichtum – dies alles war schon vorher »latent« vorhanden, aber nicht geweckt.
Bei flüchtiger Anwendung oberflächlicher Menschenkenntnis (so sind doch die Leute...) kommen Fehlurteile zustande, wie in diesem Falle vorher jahrelang geschehen.
Zum Abschluß dieses Beispiels ein Ausschnitt aus einem Gespräch, daß ich mit einem Selbstkontrolleur führte, der wegen eines hochdotierten Verbesserungsvorschlages (Abstellen eines die Fertigung sehr verteuernden Konstruktionsmangels) gefeiert wurde.

»Wann ist Ihnen denn diese Idee gekommen?«
Selbstkontrolleur: »Also genau genommen habe ich das schon immer gewußt oder zumindest geahnt.«
»Aber warum haben Sie das denn nicht schon längst aufgegriffen und gemeldet?«
Selbstkontrolleur: »Hm – weiß ich eigentlich auch nicht.«
Ich meine, wir wissen es inzwischen...
Deutlicher könnte man den Unterschied zwischen motivierender Weckung der interessierten Aufmerksamkeit und dem vorherigen desinteressierten Laufenlassen kaum sehen.

Das Problem der Menschenkenntnis zeigt eine neue Dimension. Nicht nur Menschen erkennen und über sie urteilen können, sondern *auch ihre verborgenen Möglichkeiten erkennen, um sie nach deren Weckung besser beurteilen zu können*...
Natürlich gilt dies nur innerhalb des Rahmens der naturgegebenen Möglichkeiten. Aber diese Beispiele sollen zeigen, daß wir diesen Rahmen oft viel zu eng und viel zu vordergründig sehen. Verständlich, wenn der Betreffende seine eigenen Möglichkeiten oft selbst nicht kennt, wie in diesem Falle unser Feinmechaniker.
Und weiter: Der Zusammenhang zwischen organisatorischen Lösungen und der Reaktion der Menschen darauf oder auch umgekehrt wird hier wiederum deutlich. Die innere Bereitschaft der Unternehmensleitung, eingefahrene Denkbahnen zu verlassen und die geänderte Einstellung zum Mitarbeiter (zumindest probeweise), führten zur (äußeren) Änderung der Organisation, die ihrerseits wieder eine Änderung der (inneren) Einstellung der Mitarbeiter bewirkte. Das Erlebnis der daraufhin effizienter gewordenen Arbeit der Mitarbeiter und deren gestiegenen Verantwortungsbewußtsein verstärkte wiederum bei der Unternehmensleitung den Mut auf diesem Wege weiterzugehen.
Es ergibt sich nicht nur eine positive Verhaltenskette, sondern ein mit der Organisation verflochtener »Verhaltenszopf«: eine Einstellungs-Organisations-Kette fortlaufender Art, eine Art psychokybernetischer Regelkreis.

10. Neues Beurteilen unter Verwendung der Beurteilungskriterien des Bisherigen

Die Denkzucht, der man sich während einer Berufsausbildung, insbesondere im Verlauf eines erfolgreich absolvierten akademischen Studiums unterzieht, ist Chance und Gefahr zugleich. Gefahr, wenn Menschen, wenn Ideen, Vorschläge, Strukturen ohne Bedenken mit Hilfe der verfügbaren Urteilskategorien immer nur wieder in bereits Sortiertes, Bekanntes eingefügt werden. »Ohne Bedenken«? Besser wäre zu sagen: unter Verwendung des schon vor-gedachten Gedankenarsenals.

In Veranstaltungen der betrieblichen Fortbildung – insbesondere im akademischen Bereich – geht oft entnervend viel Zeit verloren für die Aufarbeitung dieser allgemein menschlichen Schwäche.

»Das kann doch gar nicht realisiert werden, denn wie immer wieder zu sehen war...« – Was dann folgt, ist in der Regel das Anwenden des Maßstabes bisheriger Kriterien, gefügt aus einem bestimmten variablen Strauß in bekannter Kombination. Der Kritiker sieht nicht, daß die neue Idee oder die neue Organisation andere Variablen beinhaltet oder eine andere Kombination bedeutet und deshalb mit den bekannten Maßstäben nicht gemessen werden kann. Er sieht nicht, daß z.B. der neue Bewerber ein anderes Eigenschaftsprofil besitzt als der schon »sattsam bekannte XX-Typ«, dem dieser Bewerber vielleicht zufällig ähnelt. Damit sind wir bei einem der Kernpunkte des Kapitels über die Schwierigkeit der Menschenkenntnis angekommen: dem Vorurteil.

11. Vorurteil, Voreingenommenheit und Stereotyp

Vorurteile sind stereotype Denkschablonen, die aufgenommen und unreflektiert weitergegeben werden oder in das eigene Verhalten eingehen. Dabei wird die differenzierte Vielfalt der Erscheinungsbilder in grober Vereinfachung zusammengebogen und zu einer Schablone gefügt, ähnlich dem Druckstock, der – einmal in Blei ge-

gossen – fortan gleichartig abstempeln kann. Man nimmt ein definiertes Urteil auf, ehe man selber lernen und urteilen konnte. (Es ist »normal«, ein Urteil zum Beispiel über die Neapolitaner zu haben, ohne jemals einen solchen gesehen zu haben.)–
Wie sieht der Kapitalist aus? Der Katholik? Der US-Offizier? Der Jurist? Der Manager? Der Gewerkschaftler? Der Pfarrer? Der Araber? Der Akkordarbeiter? Der Kontrolleur? Der Jude? Der Beamte?
Welches Vorurteil prägt jeweils die Antwort? Welches Urteil also, das schon *vor* jeder Realitätenuntersuchung steht und meist bleibt? Wie leicht schreibt sich dieses Wort Vorurteil aufs Papier. Und wie einig sind wir doch alle in der Stammtisch- oder Partyatmosphäre, daß man tunlichst solche vermeiden solle...
Doch wie schwer ist das in Wirklichkeit und im Ernstfall.
Frederick Mayer (Wien), Professor für Pädagogik und Gründer der Vienna international community, nennt eines seiner Bücher »Vorurteil – Geißel der Menschheit« (Herder-Verlag, Wien 1975).
Das ist wohl die treffendste Kennzeichnung. Dieses Buch sollte zur Pflichtlektüre des Managers gehören.*
So lange solche Rituale noch als schmunzelnd-rempelnde Neckerei gepflegt werden wie zwischen Bayern und Preußen, richten sie wenigstens keinen Schaden an. Doch werden über den Weg des Vorurteils auch Kriege angefacht (weil eine Armee erst in Kampfbereitschaft kommt, wenn sie das Stereotyp vom häßlichen, vernichtungswürdigen Feinde in sich trägt). Vorurteile zerbrechen Existenzen, rotten Völkerschaften aus, lassen Gaskammern entstehen. Wie dürfte wohl seit Generationen und auf Generationen hinaus das stereotype Profil des katholischen Iren in den Augen des evangelischen Iren aussehen und umgekehrt. Wie das Vorurteil des Arabers gegenüber dem Israeli und umgekehrt? Das Vorurteil der »armen« Länder gegenüber den »reichen« Industriestaaten? Wenn in Zukunft noch mehr Staaten und Nationen ihren Vorurteilen mit Hilfe von Atomwaffen Nachdruck verleihen können, wäre das Bild der Geißel der Menschheit wahrhaftig als apokalyptische Vision zu verstehen. Tragisch dabei ist vor allem, daß auch wissenschaftlich ge-

* Ebenso: G.W. Allport, Die Natur des Vorurteils, Köln 1971

schulte Köpfe mit akademischen Auszeichnungen keineswegs gefeit sind gegen Vorurteile oder Denkschablonen, weil die prägenden Kräfte z. B. der Erziehung durch die Umgebung ungemein nachhaltig wirken.
Und wenn in der psychologischen Struktur des »Forschers« genügend emotionaler oder ideologischer Dampf steckt, lassen sich notfalls auch wissenschaftliche und insbesonders statistische Beweise für alle möglichen Vor-Urteile erstellen (quod erat demonstrandum im sogenannten Dritten Reich und auch später).
Das Vorurteil gehört zu jenen hydra-ähnlichen Erscheinungen, die sich fortzeugend selbst gebären und vererben.
Das Schicksal der Juden insbesondere löste nach dem Kriege eine Welle von sozialpsychologischen und völkerpsychologischen Untersuchungen zu diesem Thema aus.
Den Manager, der sich um verbesserte Menschenkenntnis bemüht und pragmatisch auf Verbesserung sinnt, muß vor allem das Phänomen der fast exzessiven Widerstandskraft der Vorurteile gegenüber deren Änderung interessieren. Diese Widerstandskraft läßt sich wiederum am Beispiel des jüdischen Volkes eindringlich aufzeichnen.

- Wenn einmal die Einstellung zum Juden geprägt und das Vorurteil fixiert war (entsprechend der »Untermenschentheorie« der SS-Propaganda), wurde es nicht geändert, auch wenn noch so viele jüdische Bürger – vielleicht von früher her oder aus der Schulzeit bekannt – durch ihr Leben genau das Gegenteil der Propaganda bewiesen haben sollten. Man nahm diese dann als »Ausnahme« hin, oder wartete unwillkürlich, wann sich irgend etwas zeigen würde, wodurch das Vorurteil dann letztlich doch bestätigt wäre. So kam es zu Beginn der Judenprogrome im Dritten Reich zu der grotesken Situation, daß in Deutschland Hunderttausende von jüdischen Bürgern existierten, die für Bekannte oder Nachbarn »die Ausnahme von der Regel« waren (und vielleicht sogar unsichtbare Hilfe erfuhren). Vielleicht führte diese Tatsache nach dem Kriege in den sogenannten Entnazifizierungsverfahren zu dem tragikomisch-grausigen geflügelten Wort, daß »jede Partei-Größe ihren Renommierjuden vorweisen könne…«

Im Betrieb fehlen uns leider immer noch entsprechende Meßverfahren, die aufzeigen könnten, was derlei Fallstricke im Feld der Menschen-(Un)kenntnis *kosten.* Zum Beispiel in Form von Zeitverlust bei Konferenzen; einseitigen und damit schlechten Entscheidungen; falscher Stellenbesetzung und demotivierender Menschenführung – all dies nur beispielhaft genannt. Eines ist jedoch als sicher anzusehen: daß uns jähes Entsetzen überfiele, wenn wir solche Zahlen zuverlässig wüßten.*

Wie ist Abhilfe zu schaffen?

Um ehrlich zu sein: Bedeutung und Wucht des Vorurteils sind so groß, daß die Prognose nicht günstig aussieht. Trotzdem soll und kann gerade der Manager therapeutische Maßnahmen ergreifen. Warum »gerade der Manager«? Weil doch – im Gegensatz etwa zur öffentlichen Verwaltung und zur Politik – im Lebensraum eines Unternehmens dem Manager relativ viel Freilauf und Gestaltungsmöglichkeit bleiben.

Wer außer dem Unternehmer und dem Manager hat in unserer Zeit noch vergleichbare Freiräume zur Gestaltung?

Einige Möglichkeiten:

Es beginnt mit dem *Bewußtmachen.* Danach kann man das Erkennen des Phänomens trainieren; zunächst eher das Erkennen an anderen, dann auch bei sich selbst.

Man kann bei sich und seinen Mitarbeitern den Mut pflegen, vorurteilsgebundener Intoleranz entgegenzutreten, wo immer sie auch sichtbar wird.

Die Technik dazu: Fragen, Hinterfragen, Weiterfragen und immer wieder durch Fragen aufbrechen.

---

* Ich habe einmal mit Hilfe der Organisationsabteilung eines Großbetriebes versucht zu berechnen, was eine bestimmte psychologische »Unart« eines leitenden Mannes kostete (nämlich die Neigung, bei Konferenzen alle Beiträge ins Absurde zu jagen durch Überziehen des Gedankens ins Extrem). Minimal-Annahme: 2 Mio DM pro Jahr; Maximal-Annahme: 6 Mio pro Jahr. Die große Spanne zwischen Minimum und Maximum ergibt sich aus der Schwierigkeit, solche Prozesse kostenrechnerisch einzufangen.

Es ist zweckmäßig, bei sich und seinen Mitarbeitern als Spielregel auszurufen:
Gegenmeinungen nicht sofort zum Zusammenschlagen benützen, sondern als Lernstoff zugunsten neuer Informationen. (Dieses Zusammenschlagen der Gegenmeinung vollzieht sich im Normalfall sehr elegant: »Es ist zwar ganz gut und schön, was Sie da sagen, aber...!«)
Als Praxis-Tip: Sehr wirkungsvoll hat sich erwiesen, den Satz »Gegenmeinung nicht zum Niederschlagen, sondern als Lernstoff zugunsten neuer Informationen benützen« auf DIN A 1-Papier an die Wand des Konferenz-Raumes zu hängen... Nach kurzer Zeit fangen die Beteiligten an, schon selbst wortlos auf dieses Papier zu deuten, wenn dies passiert oder z.B. ein Vorurteil auftaucht.
Es ist weiterhin zu denken an den Einsatz gruppentherapeutischer Aktivitäten und Übungen. Diese Arbeit sollte man nur Fachleuten anvertrauen, die sich in der Wirtschaft nachweislich bewährt haben und dieses Metier beherrschen. Zur Zeit tummelt sich hier mancherlei laienhafte Aktivität, bis zur Scharlatanerie.
Konkret sei hier eine Übung empfohlen, die jederzeit durchgeführt werden kann.

- *Disputation mit vertauschten Rollen*
  Zwei Partner (oder Gruppen) mit verschiedenen Meinungen stellen sich »in die Schuhe des anderen« und versuchen einmal, als intellektuelles Spiel die Meinung der Gegenseite selbst zu vertreten. Überraschend, was hierbei kognitiv und affektiv passiert.
  Kognitiv: die spielerische Komponente der Übung bewirkt häufig, daß dem Manne, der nun den Stuhl der Gegenpartei eingenommen hat, auf eben diesem Stuhl mehr Gegenpartei-Argumente einfallen als der Gegenpartei vorher selbst.
  Der Informationsstand weitet sich aus. Neue Aspekte treten auf. Gleichzeitig vollzieht sich eine affektive Entspannung mit persönlicher Note. Jeder entdeckt, daß der andere wohl um die eigenen Probleme weiß, wenn er das

Spiel angenommen hat und intelligent genug ist, die Argumente der Gegenpartei neu zusammenzuklauben, zu vertreten und sogar noch anzureichern. Man revanchiert sich gegenseitig und kann auf diese Weise leichter die Blockade verlassen.
Weiterhin kann versucht werden, autoritäre Strukturen abzubauen, die vorwiegend vorurteilsbelastet sind.

In den fünfziger Jahren gab die Studie »The authoritarian personality« von T. W. Adorno und seinen Mitarbeitern weitreichende Impulse zur Beobachtung des Vorurteils. Adorno war – um den Judenverfolgungen des Naziregimes zu entgehen – nach den USA geflohen, kehrte nach dem Kriege zurück und gründete in Frankfurt ein soziologisches Institut.
Adorno, ursprünglich Musikwissenschaftler, war als Opfer der Nazizeit naturgemäß brennend an der Frage interessiert, wie das Phänomen der Naziherrschaft in Entwicklung und Auswirkung zu verstehen sei.
Die erwähnte Studie zeichnet ein Profil der »autoritären« Persönlichkeit und beeinflußte nachhaltig die gesellschaftspolitische Diskussion der Nachkriegszeit.
Die Arbeit ist wegen ihrer methodischen Ansätze interessant, vor allen Dingen für unser Thema: die autoritäre Persönlichkeit nach Adorno erscheint in ausgeprägter Form mit Vorurteilen bestückt. Das charakterologische Feld, auf dem die Vorurteile wachsen, disponiert nach Adorno in besonderem Maße zur autoritären Persönlichkeit:

- Sie ist konservativ, nicht im positiv bewahrenden Sinne, sondern knöchern-beharrend, vor dem Hintergrund unverrückbarer Wertmuster.
- Ordnung, Reglement und Organisation werden beinahe fetischistisch gepflegt.
- Die autoritäre Persönlichkeit wird getragen von dem Gefühl, der bessere Teil der Welt zu sein; daraus begründen sich Herrschaftsansprüche und die Neigung, Fremdartiges als minderwertig abzutun.

- Sie ist Lernprozessen gegenüber verschlossen, erträgt kreative Verunsicherung nicht; sie arrangiert sich nicht mit Differenzierungen, die zu größerem Verhaltensrepertoire führen müßten; sie bevorzugt deshalb vereinfachende und damit »geordnete« Synthesen, die ihr Sicherheit geben. Am besten so eindeutig, daß die Komplexität des Lebens auf nur ein Prinzip vereinfacht werden kann, das womöglich auf eine Fahne paßt. Auf eine solche abstrakte Symbolik läßt sie sich voll fixieren –; die autoritäre Persönlichkeit nennt dieses Verhalten »Treue«. Für sie ist die Welt klar und in Ordnung, da entsprechend simplifiziert.
- Die eigene Nation (Sache, Gruppe) ist alles, und sie ist stark; das Andersartige wird abgewertet, erfährt aber – wenn es den Starken um Schutz ersucht – evtl. einen Hauch von duldend-patriarchalischem Wohlwollen. Die Vorsehung hilft den Starken.
- Humanität, Großzügigkeit stehen in der Nähe schwächlicher Schlamperei; Ordnungsprinzip und bürokratisches Element treten als Alibifunktion ein und sorgen – wenn erfüllt – für gutes Gewissen, auch wenn der Mensch dabei überfahren wird. Die autoritäre Persönlichkeit nennt dieses Verhalten Pflichtbewußtsein.
- Sie ist zutiefst angewiesen auf Anerkennung und Lob, deshalb über Gebühr empfänglich für alle Art von Ehrungen. Diese Persönlichkeitskomponente sorgt dafür, daß nach oben Lob-saugende Ehrfurchtshaltung eingenommen wird, knappenartige Loyalität und bedingungslose Identifikation mit dem Chefwillen.
- Dementsprechend wird nach unten getreten, hartherzig oder herablassend agiert und ebensolche bedingungslose Unterwerfung vom Untergebenen erwartet.

Die Frage nach dem Boden, auf dem solches Verhalten wächst, führt Adorno in entwicklungspsychologische Überlegungen. Entscheidend ist die »Erziehungsluft« im Elternhaus als prägendes Element für späteres Verhalten. Knöcherne, kalte, lieblose Atmosphäre und rigides Ausspielen väterlicher Macht disponieren zum autoritären Persönlichkeitsbild. Damit wird es sozusagen erblich und verfestigt sich von Generation zu Generation. In diesem Sinne erhält Adorno Bestätigungen durch psychotherapeutische Erfahrungen.

Frederick Mayer spricht mit großem Ernst davon, daß eine Vielzahl solcher autoritärer Personen eine Bedrohung für die Zivilisation darstellt: »Äußerlich eine Stütze der Anständigkeit und ein Vorkämpfer der Zivilisation, ist ein autoritärer Mensch in Wirklichkeit ein Gegner jeden Fortschritts und ein Bündel von Vorurteilen. Es ist fast so, als ob ein Urmensch sich eine Maske aufgesetzt hätte, die ihn selbst und viele andere täuscht und immer neuen Streit und Zwiespalt provoziert.«

Die Konsequenz hieraus wäre, bei der Besetzung von leitenden Positionen auch die Atmosphäre des Elternhauses eines Bewerbers als »Brücke zur Gesellschaft« etwas zu erforschen. Wenn eine in diesem Sinne autoritäre Persönlichkeit auf leitender Position landet, ist die Gefahr groß, daß sie mit einem Netzwerk von Stereotypen und Vorurteilen arbeiten wird, sich ungern Lernprozessen öffnet und komplexe Entscheidungen im Gordischen-Knoten-Stil löst. Das mag noch angehen bei weniger tragenden Tagesfragen, kann aber katastrophal enden bei großen strategischen Entscheidungen, die irreparabel sind oder – allegorisch gesagt – in Beton fließen.

Im Ansatz Adornos sollte für uns die Anregung stecken, auch hier zu differenzieren, um für die Managerpraxis nicht falsche und voreilige Schlüsse zu ziehen:

> Eine Forschergruppe um den amerikanischen Psychologen C. McClelland vom Department for Social Relations der Harvard-Universität arbeitet seit langem an dem Zusammenhang der Bedürfnisse nach Leistung, Macht und Geselligkeit. In der Folge der sich nun über 20 Jahre erstreckenden Untersuchungen kamen interessante Unterschiede zutage, ermittelt in der US-Wirtschaft.
>
> Unternehmensgründer, Pioniere sind vorwiegend durch starke Leistungsbedürfnisse motiviert und damit machtorientiert; bei leitenden Angestellten jedoch (in der Untersuchung die Abteilungsleiterebene) findet man auch den mehr nach Geselligkeit strebenden Menschen.

Bei diesem Personenkreis herrscht eher der Wunsch zu gefallen vor; das Bedürfnis nach persönlichem Kontakt und sich gut zu stellen mit den anderen.
So zeigen sich also im Management-Bereich zunächst zwei Gruppen von Führungskräften. Streben nach Macht und Einfluß (power) und Streben nach Geselligkeit (affiliation). Dabei offenbart sich in der Untersuchung McClellands eine enge Koppelung zwischen Führerpersönlichkeit und Abteilungserfolg. Die besseren Abteilungen mit größeren Leistungen wurden von machtorientierten Chefs geführt.

Wie paßt dieses Ergebnis zu Adorno und zu den jahrelangen Bemühungen um den sogenannten »kooperativen Führungsstil«?
Einmal abgesehen davon, daß einzelne Felduntersuchungen (die Testserie McClellands umfaßte 49 Abteilungsleiter einer amerikanischen Aktiengesellschaft) nur in sehr vorsichtiger Weise allgemein gültige Aussage erlauben, scheint ein Teilergebnis dieser Untersuchung als Antwort auf unsere Frage geeignet. Es zeigte sich nämlich, daß die »Machtorientierung« der erfolgreichen Führungskräfte in zwei verschiedenen Formen erscheint. Einmal eigenorientiertes, persönliches Machtstreben und zum anderen Machtstreben für eine Organisation oder Institution.
Dieser Unterschied der Machtmotiviertheit läßt sich nach McClelland sogar im Trinkverhalten und am Autosteuer erkennen: »Männer mit starkem persönlichem Machtstreben bedienen sich ihres Autos wie einer Waffe und unter Alkoholeinfluß werden sie bösartig. Menschen aber, die Macht zum Wohle anderer einsetzen, sind sichere Autofahrer und gesellige Menschen auch mit Promille im Blut.« (Psychologie Heute, Heft 4/1976)
Erstere bezeichnet er als die Panzerkommandeure des Arbeitslebens, die kurzfristig zu heroischen Leistungen antreiben können, aber unfähig sind, das Eroberte zu verwalten und organisatorische Klarheit zu schaffen.
Die Machtorientierung zugunsten der Institution führt eher zum korrekten Sachwalter der Firma. Dieser Führungstyp kann arbeitsgünstiges Klima schaffen. Die Mitarbeiter haben klare Vorstellungen vom Arbeitsablauf und halten sich an Spielregeln, weil sie sich der Firma verpflichtet fühlen.

McClelland vergleicht sie in diesem Artikel sogar mit »Beamten des Deutschen Reiches unter Bismarck«...
Solche Ergebnisse sprechen scheinbar allen führungspsychologischen Ausbildungsbemühungen der vergangenen zehn Jahre Hohn. Ging es doch darum, den autoritären Manager durch einen kooperativen zu ersetzen.
Woran soll sich nun der Manager – um mehr Menschenkenntnis bemüht, damit er seine Führungspositionen mit möglichst erfolgversprechenden Persönlichkeiten besetzen kann – orientieren?
Und ähnelt der machtorientierte Chef dieser oder jener Prägung doch nicht fatal dem autoritären Persönlichkeitsbild in der Adorno-Studie?
Wo ist die Trennlinie?
Keinesfalls darf »kooperativ« mit dem McClellandschen Begriff »nach Geselligkeit streben« gleichgesetzt werden.
Mir scheint, die Verwirrung kommt durch die Polarisierung, durch das »entweder – oder«; wobei dem »entweder«, in diesem Falle dem autoritären Prinzip, nur Negatives unterlegt wurde, dem »oder« aber nur Positives.
Eine erfolgreiche Führungskraft ist nicht polarisiert angesiedelt, sondern »skalierend«; d. h. die Tagesarbeit des Managers ist viel zu differenziert, seine Umwelt viel zu vielschichtig, seine Aufgaben sind zu komplex, als daß sie nur mit *einem* Prinzip bewältigt werden könnten.
Langzeitbeobachtungen lassen erkennen, daß der erfolgreiche Chef zwischen den Polen »autoritär« und »kooperativ« hin und her gleitet – je nach Situation, nach Mitarbeiter-Niveau oder nach Vollzugsnähe im Wertsteigerungsfluß der Produkte. Bei Gefahr: mehr autoritär und machtorientiert, bei qualifizierten Mitarbeitern: mehr kooperativ; im Planungsstadium mehr kooperativ, in der Vollzugsphase mehr autoritär.
Dieser Chef geht von der *Grundeinstellung* zum kooperativen Element aus, ist aber jederzeit in der Lage, sein *Aktualverhalten* nach der jeweiligen Situation entsprechend einzurichten.
Er ist zwar machtorientiert wie die autoritäre Persönlichkeit, verfügt jedoch über ein erheblich größeres Verhaltensrepertoire, tritt nicht in der Organisation in den Vordergrund, sondern tritt hinter

die Organisation zurück und wirkt durch sie hindurch. »Mitarbeiterorientiert« zu *sein* und zugleich aufgabenorientiert zu *führen* ist für ihn kein Widerspruch, sondern nur Vorder- und Rückseite ein und derselben Münze.

Um Sprachverwirrung zu vermeiden, sollte man das Verhalten dieser Führungskraft – wenn sie sich also situationsbedingt auf den mehr autoritären Pol begibt – anders benennen, weil dieses Tun von anderer Dimension und Qualität ist. Vielleicht sollte man von »direktivem« oder »imperativem« Verhalten sprechen.

Der Hauptunterschied zwischen der autoritären Persönlichkeit aus Adornos Studie und dem erfolgreichen, zugunsten der Institution machtorientierten Führer liegt wohl in der wesentlich größeren Lernoffenheit des letzteren. Damit entgeht er eher der Gefahr der Vorurteilsbelastung und Stereotyp-Orientierung. Zumindest besitzt er die Fähigkeit, immer wieder sich auf neue Lernebenen zu begeben, auch wenn er dann eine Zeitlang auf einer Ebene bleibt. Da beider Handeln jedoch äußerlich oft kaum zu unterscheiden ist, gilt für unser Problem der Menschenkenntnis die uralte Empfehlung: An ihren Früchten sollt ihr sie erkennen...

So können wir mit Artur Mayer, einem Altmeister der deutschen Betriebspsychologie der Nachkriegszeit, die bisher gesicherten Ergebnisse der Führungsforschung so zusammenfassen:

»... daß im betrieblichen Bereich die »participative Leadership« (Cartwright) unter den normalen und gewöhnlichen Bedingungen die günstigsten Voraussetzungen für Zusammenarbeit, menschlich-soziale Zufriedenheit und Leistung schafft...« Und weiter: »Vorgesetzte, die ihre Mitarbeiter an ihren Planungen und Entscheidungen beteiligen, ihnen Initiative, Eigenverantwortung und Freiheit einräumen und sie nicht ständig kontrollieren, die ihnen Aufstiegschancen geben und sie fördern, erzielen höhere Leistungen und eine bessere Arbeitsatmosphäre als die entgegengesetzt Handelnden.« (Arthur Mayer: Die Betriebspsychologie in einer technisierten Welt. In: Handbuch der Psychologie, Band 9 Betriebspsychologie; herausgegeben von Arthur Mayer und B. Herwig, zweite Auflage, Göttingen 1970, Seite 5ff.)

Der Hauptunterschied – so sagten wir – liegt in der Lernoffenheit. Die lernunfähige, vorurteilsbepackte und autoritäre Persönlichkeit

ist grundsätzlich alt; gemäß dem Sprichwort: »Altsein heißt gewählt haben.«
Sie ist fertig. Neues Lernpotential würde dieses beruhigende Fertigsein nur verunsichern und wird dementsprechend abgewehrt.
Über Lernoffenheit oder Lernverschlossenheit entscheidet der Notenschlüssel zur Lebensmelodie einer Persönlichkeit: Das ist die Einstellung zum Menschen, zur Institution und die zugrundeliegende Werthaltung.
An ihren Früchten...
Ein Beispiel aus dem militärischen Bereich. Man kennt den Unterschied zwischen den beiden Kompanieführern: Der eine lag mitten zwischen seinen Männern; und als es zu Ende ging, marschierte er mit ihnen zusammen in die Gefangenschaft. Der andere posaunte bis zuletzt Durchhalteparolen, um sich dann vor dem Ende, reichlich mit Proviant und Geldmitteln versehen, bei Nacht und Nebel abzusetzen, seine Männer zurücklassend.
Diese Szenen lassen sich bis zu einem gewissen Grade auch auf den Betrieb übertragen. Nur daß wir hier zum Glück nicht von Gefangenschaft und ähnlichem sprechen müssen. So erhalten wir Anhaltspunkte zur Menschenkenntnis in einer Szenerie, wo die Trennlinie zwischen dem Positiven und dem Negativen von außen her gesehen oft kaum mehr wahrnehmbar ist.

B. Im Hinblick auf den Beurteilten

1. Die Tektonik der Person

Wir können nicht umhin, nun dem Leser ein wenig Theorie zu vermitteln und dürfen uns dabei auf Kurt Levin, den bedeutenden amerikanischen Sozialpsychologen, berufen: daß es nämlich nichts Praktischeres gebe als eine gute Theorie.
Wir brauchen, um Übersicht zu gewinnen und uns verständigen zu können, Denkmodelle, Worte, Benennungen, Strukturen, Zusammenhänge und Hilfsmittel.
Was wir hier darzustellen versuchen, kann nicht als »wahr« im naturwissenschaftlichen Sinne gelten. Es ist vielmehr der Erklärungs- und Ordnungsversuch einer ungeheuer komplexen psychischen Architektur, die – im Gegensatz zur Architektur eines Gebäudes – nicht fixiert ist, sondern deren Elemente sich interaktionell bewegen, wechselseitig durchdringen, beeinflussen und rückbeeinflussen; ein waberndes Gebrodel scheinbar unüberschaubarer psychischer Potentiale.
Die Darstellung soll lediglich nützlich sein zur Erleichterung der Kommunikation. Solches Vorgehen ist pragmatischer Natur.
Die amerikanischen Behavioristen würden wahrscheinlich in einem solchen Versuch eine Sünde wider den Heiligen Geist des naturwissenschaftlichen Ansatzes positivistischer Psychologie erkennen und als »armchair-thinking« bezeichnen (im Lehnstuhl sitzend nachdenken). Der frühe, klassische Behaviorismus lehnte Folgerungen auf psychologisches Geschehen, die aus Selbstbeobachtung, Fremdbeobachtung, Schlüssen und Evidenzen gezogen werden, als unzulässig, weil mentalistisch, ab.
Es erscheint uns jedoch verdächtig radikal und auch als Verzicht auf anwendungsfähige Denkmodelle unökonomisch, wenn das Kombinat der Lebenswerke von mindestens vier Wissenschaftlergenera-

tionen im europäischen Raum – basierend auf Beobachtung, Experiment, Phänomenologie und immer wieder kontrollierter Evidenz – weggestellt werden sollte unter das Etikett: Spekulation.

Auch hier scheint wieder die reine Polarisierung von Übel zu sein. Ein kurzer Ausflug in psychologische fach-interne Probleme sei erlaubt.
In einem Bericht über seine erste Studienreise nach den USA in den fünfziger Jahren erwähnte Philipp Lersch* (Begründer der neueren deutschen Hochschulpsychologie nach dem Kriege und Initiator der Münchner »Phänomenologischen Schule«): Unter Einsatz einer sechsstelligen Dollarziffer wurde in einer großen Aktion die Frage untersucht, ob Ehen, in denen einer der beiden Partner neurotische Züge trägt, eher zum Scheitern neigen als solche mit zwei gesunden Partnern. Die Untersuchung erbrachte dann, daß dem so sei.

Hier wird eine Grenze sichtbar. Eine Grenze, die wir in der Planungstechnik als Nutzen-/Aufwandrelation antasten. Natürlich weiß man das Ergebnis der Eheuntersuchung ohne diese nicht absolut genau, aber es ist doch die Frage, ob die Beseitigung eines so minimalen Zweifelsraumes in einer so allgemein evidenten Problematik den Aufwand eines solchen Geldbetrages rechtfertigen kann. Lersch reagierte dementsprechend erstaunt und meinte – phänomenologisch denkend – dieses Ergebnis hätte er auch ohne jede Untersuchung vorauszusagen gewagt. Antwort: Schon recht, aber jetzt weiß man es eben ganz genau.

Diese Einstellungen müssen zweckmäßigerweise aufeinander eingependelt werden. Zweifellos hat die amerikanische »Reinheit« positivistisch-behavioristischen Vorgehens heilsam und zuchtvoll gewirkt auf die gelegentlich zur Spekulation neigende europäische Psychologie der Nachkriegszeit, die ihrer Geschichte nach entweder ein Kind der Geisteswis-

* Philipp Lersch, Psychol. Inst. d. Univ. München, Persönliche Mitteilung 1957.

senschaft war oder sich als Psychotechnik konsequent im naturwissenschaftlichen Rahmen zu halten versuchte.

Es gilt wohl auch hier zwischen polaren Stellungen, jeweils gefährdet durch ihre extreme Einseitigkeit, skalierend zu balancieren.

In einer Wissenschaft, die wie wohl kaum eine andere persönlichen Einflüssen ausgesetzt ist, schon allein durch Sprach- und Verständigungsschwierigkeiten (weil eben schon im Sprechen, in der Wortwahl und der Wortsinngebung gegenüber psychologischen Tatbeständen die psychische Substanz und Konstellation des Sprechers voll einschlägt), kann es gar nicht anders sein, als daß sich »Schulen« entwickeln und Divergenzen ergeben. Bedenklich ist lediglich, wenn sich solche Schulen gegenseitig rigoros ablehnen oder gar bekämpfen; dergestalt, daß in den verschiedenen Lagern Lehrbücher über Psychologie zu finden sind, die die Existenz einer jeweils anderen Richtung auch nicht mit einem einzigen Wort erwähnen.

Es kann gar nicht ausbleiben, daß Forscher in diesem Wissenschaftszweig in den verschiedenen Kulturkreisen mit verschiedenen Interessen und Veranlagungen an verschiedenen Stellen zu forschen beginnen. Vergleichbar der Arbeit an einem riesigen, noch übergipsten Mosaikbild: Wer irgendwo die Gipsschicht abklopft, wird auf einige wenige Steine stoßen. Unsinnig, dies dann als Inbegriff des Ganzen zu deklarieren. Unsinnig ebenso, andere, die an anderer Stelle arbeiten und andere Steinkonstellationen zu anderen Bildteilen zusammenzufügen lernten, abzutun oder zu tabuieren. Hier wäre mehr Neugierde am Platze. Und entweder die (vorläufige) Widersprüchlichkeit neugierig zu ertragen oder die Gegenmeinung als Lernstoff zu benützen.

Die Zukunft wird zeigen, daß durch Öffnung weiterer verdeckter Stellen die Szenen sich verbinden lassen. Und man wird vermutlich im Rückblick darüber schmunzeln, mit welch unnötiger Markigkeit und welch begrenzter Definition sich Mosaiksteinfelder untereinander tabuiert oder befehdet haben. Dazu eine kleine Metapher:

Ein Regenwurm brach durch's dampfende Erdreich und sah die Sonne und die Blumen. »Hm – wie schön!« hauchte er entzückt. Ein Regenwurm, der daneben schon vor ihm aus dem Boden geschaut hatte, äffte ihn nach: »Hm – wie schööön!« Der Geschmähte giftete den Spötter an. Der zog sich beleidigt zurück und sagte: »Nu hab' dich doch nicht so, ich bin doch nur dein anderes Ende«...

Wir behandeln die Tektonik der Person, weil sich für den Manager daraus eine Reihe von Hinweisen und Erklärungskriterien ableiten lassen, die ihm weitere Dimensionen zur Menschenkenntnis eröffnen können.
Wenn wir als Hilfe zur Darstellung die Form der visualisierenden Metapher wählen, dann mit der Bitte, solchem Erklärungsversuch nicht durch Überstrapazierung zuviel abzuverlangen.
Wer derartig komplizierte Vorgänge auf ein zweidimensionales Papier spannen will, muß sich der Begrenztheit solcher Methode bewußt sein; denn wir sind sofort gezwungen, Raumsymbolik zuzulassen. Es gibt dann ein unten und ein oben, man verwendet Formen, Richtungen, Zeichen. Das alles bedeutet nicht, daß es genauso sein muß. Indessen hilft die Visualisierung – wenn sie mit der gebotenen Vorsicht und ohne spekulatives Versteigen gehandhabt wird – auf praktische Weise zur besseren Verständigung.

Wenn viele Begriffe der Psychologie unscharf sind – unscharf sein müssen, weil das zu »Begreifende« sich der Fixierung entzieht – so dürfte der Begriff »unbewußt« zu denen gehören, die durch besondere Unschärfe gekennzeichnet sind.
Das Wort ist symptomatisch, benennt es doch einen psychologischen Bereich, indem es nur sagt, was jener *nicht* sei: nämlich bewußt. Weniger Information kann eine Benennung kaum geben.
Gemeint ist psychisches Geschehen in einem psychischen Wirkfeld, von dem wir meinen, daß es existiere; nicht, weil es selbst beobachtbar wäre, sondern weil dessen Erscheinungsbilder, die Auswirkungen seiner Funktion, ins Bewußtsein kommen oder geholt werden können. Diese Auswirkungen sind beobachtbar und bis zu einem gewissen Grade sogar meßbar. Wir müssen uns der Mühe un-

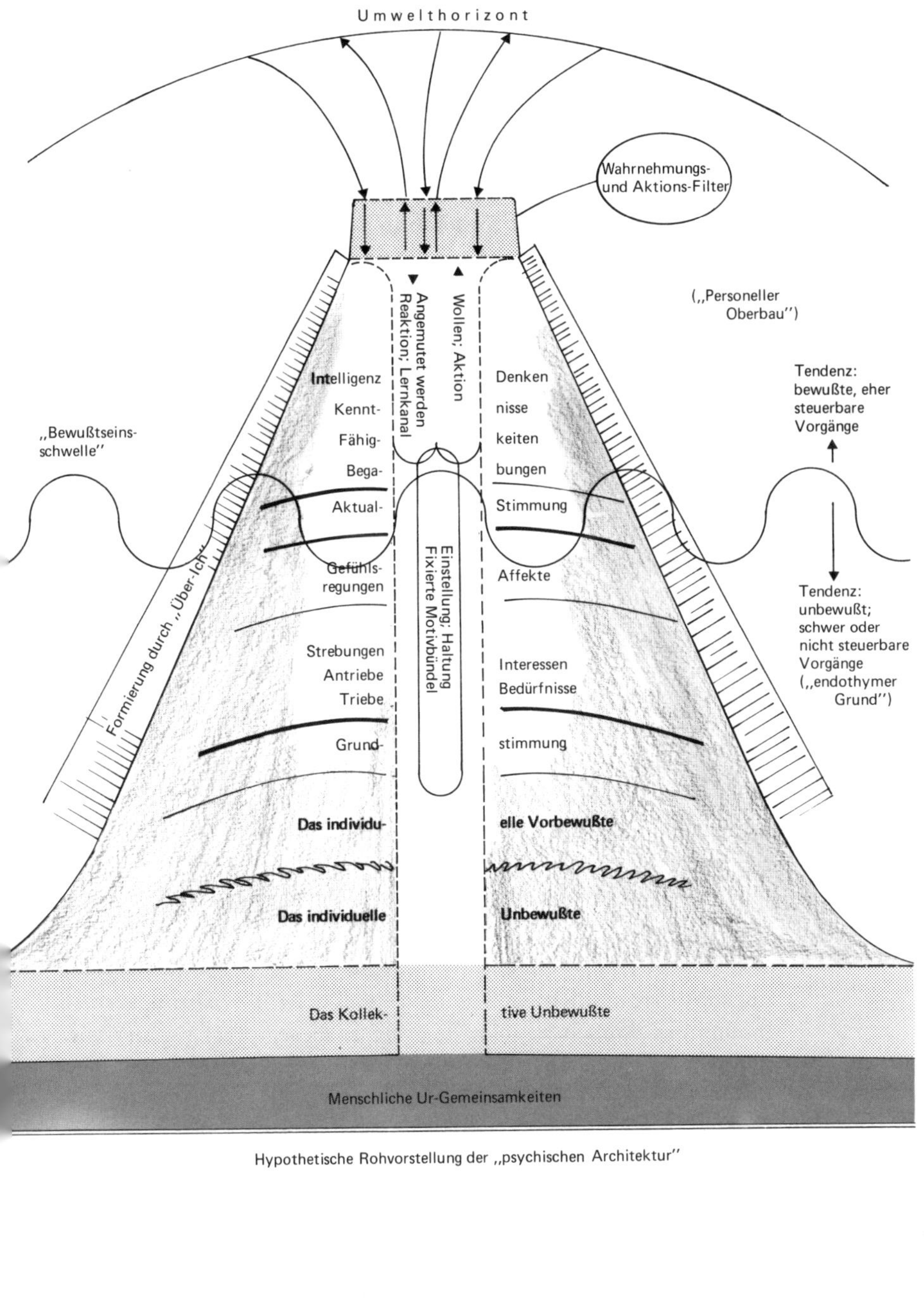

Hypothetische Rohvorstellung der „psychischen Architektur"

terziehen, zumindest drei Differenzierungen des Begriffes vorzunehmen.

a) *Das kollektive Unbewußte.*
Der Begriff erscheint bei Carl Gustav Jung, dem Züricher Analytiker.
C.G. Jung weist darauf hin, daß in den Mythologien, Sagen und Märchen verschiedenster Kulturkreise und Nationen unabhängig voneinander gleichartige Symbolfiguren auftauchen, die er Archetypen nennt. Urmutter, Hexe, Zauberer, alle möglichen heroischen Gestalten, symbolhafte Untiere etc.
Jung schließt daraus, daß der Mensch mit einem Teil seiner ererbten psychischen Struktur angeschlossen ist an einen Strom allgemein menschlicher Urerfahrungen, aus dem solche Bilder aufsteigen, unbegreiflich und beängstigend.

b) *Das deskriptive Unbewußte.*
Dieser Bereich ist uns allen vertraut als ökonomisches Geschenk der Natur. Beispiel: So schwer wir uns auch in der ersten Auto-Fahrstunde tun und uns sehr bewußt auf die einzelnen Verrichtungen konzentrieren müssen, so leicht und problemlos fahren wir gewissermaßen automatisch und unbewußt, sobald einmal der Lerninhalt durch Übung in die Ebene des automatischen Vollzugs abgesunken ist. Der Ort, wohin alles Wissen, alle souverän beherrschten Lerninhalte absinken und im Moment nicht gegenwärtig (bewußt) sind, aber jederzeit dem Zugriff unterliegen, wird als deskriptives Unbewußtes gedacht und beschrieben. Als Vergleich eignet sich der Datenspeicher.
Wer einmal eine Sprache beherrscht hat, sie dann jahrzehntelang ungeübt verkümmern ließ und »vergaß«, lernt erfahrungsgemäß mindestens doppelt so schnell, wenn er diese Sprache später wiederum benötigt und neu lernt. Wo war dieser Lernstoff inzwischen? Der Schluß liegt nahe, daß hier ein unbewußter Speicher sei, der noch Spuren des ursprünglichen Lerninhalts bewahrt hat, auch wenn das Bewußtsein inzwischen nahezu alles verloren hatte.

● Ein eigenes Erlebnis hierzu: Während der Schulzeit hatte

ich als Mitglied des Schulorchesters großen Spaß am Cello-Spielen. Die beruflichen Anforderungen ließen diese »Kunst« völlig in Vergessenheit geraten. Als ich dann nach 25 Jahren das erste Mal wieder ein Cello in die Hand nahm, angeregt durch die inzwischen musizierenden eigenen Kinder, staunte ich beim Betrachten der Noten nicht schlecht, daß ich keine einzige mehr benennen konnte und von allem – mit Ausnahme der Haltung von Instrument und Bogen – kaum mehr etwas wußte.
Ich staunte jedoch noch mehr, als ich beim ersten Spielversuch merkte, daß die Finger trotz des unbekannt gewordenen Notensignals auf dem Papier automatisch auf die richtige Saite an der richtigen Stelle drückten – und sozusagen ohne mich drückten. Die Reflexe waren noch vorhanden und das alte Können war in wenigen Wochen wieder erreicht.

Diese Dimension des Unbewußten ist im Bereich unseres Themas für den Manager von fundamentaler Bedeutung. Insbesondere, wenn er Organisationsentwicklung betreiben will und Änderungen anstrebt. Er wird vermutlich sehr schnell auf den Widerstand stoßen, den seine Mitarbeiter Neuerungen entgegenbringen. Wer Änderungen in der Organisation und in Arbeitsabläufen einführen will, befindet sich in der fatalen Lage, bei den betreffenden Mitarbeitern vertrautes Lerngut, Gekonntes und Beherrschtes, das in den Bereich des deskriptiven Unbewußten abgespeichert ist, wiederum heraufzuheben in den Bereich des bewußten Aufnehmenmüssens von neuem Lernstoff.
Im übertragenen Sinne bedeuten Organisationsänderungen nichts anderes als: einen souveränen Autofahrer wieder in die erste Fahrstunde zurückzuschicken, wo er mit anderen Hebeln und anderen Techniken wieder von vorne anfangen muß.
Daß dieses Verlassenmüssen vertrauter Bezüge souveränen Könnens unangenehm empfunden wird und sogar (weil das Selbstbild vom Könner auf dem Spiel steht) gefahrdrohend wirken kann, liegt auf der Hand.
Wer einmal im alten Arlberger Skifahrstil Meister war und sich dann

auf dem Idiotenhügel erneut wieder abmühen mußte, um sich auf den Obergurgler Wedelstil umstellen zu lassen, der weiß, welchem psychischen Streß Mitarbeiter bei Organisationsänderungen ausgesetzt sind...
Dabei haben wir bei dieser lernpsychologischen Betrachtung der Organisationsentwicklung eventuelle Veränderungen hierarchischer Beziehungen mit Prestige-Problematik noch gar nicht erwähnt...

c) *Das dynamische Unbewußte* (nach Sigmund Freud)
Die Diskussion dieser psychischen Instanz spielt bei Hintergrund-Information zum Problem Menschenkenntnis die bedeutsamste Rolle. In ihr sind psychische Vorgänge gedacht, die einmal bewußt waren, dann aber aus dem Bewußtsein verlorengingen oder »verdrängt« wurden, so daß sie nicht mehr ohne weiteres zurückgerufen werden können. Sie sind zwar unbewußt geworden, besitzen aber offenbar von dort her eine erhebliche Wirkkraft, die in harmloser Form (z.B. in den bekannten Fehlleistungen) oder auch pathologischer Form in ihren Auswirkungen sichtbar werden. Zum Beispiel in neurotischen Erkrankungen, psychischen Fehlhaltungen, psychosomatischen Erscheinungen.
Unbewußte psychische Inhalte dieser Art können Einstellungen formen, Erleben färben und Verhalten steuern. Die Psychoanalyse geht davon aus, daß die Mehrzahl dieser unbewußten Steuerungs- und Störungskräfte in der Kindheit entstanden sind durch den Aufprall der Triebwünsche des Kleinkindes auf die Verzichts- und Steuerungsgebote der Umwelt.
Das Kind lernt, daß es Peinliches gibt und muß dieses unterdrükken. Es wird zart behandelt oder hart, geliebt oder gestraft, erhält Verbote und Freiheiten. Es erlebt die Vaterfigur und die Mütterlichkeit. Die Beziehungen zu Geschwistern und anderen Kindern. Es formt sich am Lehrer oder wird deformiert, an Freunden und Feinden, es begegnet Tieren.
Alle diese widersprüchlichen Kräfte, dieses schillernde Konglomerat aus triebhaften Bedürfnissen, Steuerungen, Freiheiten, Verboten oder Tabuierungen, lassen ahnen, wie holperig der Weg ist, auf dem das Kind ins Erwachsenen-Alter hineinschreiten muß – und

wieviel dabei ge- und verstört werden kann; oder auch – falsch verarbeitet – zu Ängsten und Fehlhaltungen führen kann, die dann aus dem Unbewußten heraus wirken.
Mancher Chef ist für seine Mitarbeiter Beziehungsperson, auf den der Mitarbeiter unbewußt seine Gefühle und Auseinandersetzungen mit dem Vater überträgt. Weder er noch der Chef wissen darum.
Besonders extreme Ausschläge, z.B. eine knöchern-autoritäre Familienatmosphäre oder eine durch unerreichbare Hochleistung überlegene Vaterfigur oder totale Verwöhnung und ähnliches, schlagen später in störender oder krankhafter Form aus dem Unbewußten »nach oben« durch. Auch nach der Kindheit können ähnliche Prozesse geschehen. In der »Psycho-Pathologie des Alltags« zeigt Freud in beunruhigend-amüsanter Weise, wie die Auswirkungen solcher unbewußter Mechanismen in der verräterischen Form der sogenannten Fehlleistung durchschlagen können.

- Am Grabe eines Parteifunktionärs muß auch der Vertreter der Gegenpartei des Verstorbenen gedenken. Er beginnt seinen Nachruf am Grabe mit den Worten: »In tiefer Freude stehen wir am Grabe des...«

- Am Ende einer Sitzung, in der eine Gruppe einen von ihr gewünschten Kandidaten für den Posten des Direktors gegen den Widerstand des Chefs nicht durchgebracht hatte, will dieser resümieren und sagen: »Wir schließen nun ab mit der Vereinbarung, daß...« Statt dessen kommt aus seinem Munde: »Wir schießen nun ab,...«

Weitere Beispiele für die Auswirkungen dieser unbewußten Dynamik:

- Ein Mitarbeiter wirkt völlig überarbeitet, fahrig, kann sich nicht mehr konzentrieren und fällt durch sein blasses Aussehen auf. Man sagt, er sei eben urlaubsreif und schickt ihn für vier Wochen weg. Nach seiner Rückkehr scheint alles in Ordnung, aber schon vierzehn Tage danach beginnen die alten Symptome sich wieder zu zeigen und verschlechtern sich zusehends. Da keine organischen Befunde vorliegen, rät der Betriebsarzt dem schwer beeinträchtigten Mann, sich einem Psychotherapeuten anzuvertrauen. Die nachfolgende Behandlung brachte zutage, daß der Vater des Patienten schon mit fünfzig Jahren an Krebs in sehr qualvoller Weise zugrunde gegangen war. Auch der Großvater war dieser Krankheit erlegen. Der Patient steht nun im 49. Lebensjahr und sein eigener fünfzigster Geburtstag kommt näher. Das Herannahen des »Todesalters« seiner Familie (unbewußt als gefährliche Schwelle festgesetzt) hatte sich als die störende Angst etabliert, daß nun auch sein Leben zu Ende geht. Diese Angst schlug sich nieder in den krankhaften Überarbeitungssymptomen. Als diese Zusammenhänge bewußt gemacht waren und mit therapeutischer Hilfe aufgearbeitet, verschwanden die Symptome für immer.

- Ein junger Nachwuchsakademiker, groß, sportlich, aus bürgerlicher Familie mit guten Karrierechancen, fällt immer wieder durch sein verspanntes Wesen auf. Er zeigt sich gleichermaßen hochfahrend und unterwürfig-anbiedernd, reagiert in den verschiedensten Situationen oft inadäquat – entweder zu stark oder gar nicht. Er machte jedoch insgesamt einen intelligenten Eindruck. Um ihn herum gab es unablässig Reibereien, Beschwerden, Schwierigkeiten. Aber er wurde als tüchtig angesehen und loyal gegenüber dem Unternehmen; er sprach auch laut und unentwegt von »Betriebsinteressen«. Dieser junge Mann entsprach weitgehend der autoritären Persönlichkeit aus der Adorno-Studie. Er war als Heranwachsender in extremer Weise auf Kriegsfuß mit dem sehr sachlich-kühlen und autoritären Vater gestanden, der wenig von ihm hielt. In der Familie war er das fünfte Rad am Wagen.

Sein Verhalten im Betrieb war nun unbewußt geprägt durch den übermächtigen Wunsch, die Anerkennung des Vaters nachträglich zu ertrotzen durch einen rasanten

Karrierenachweis. Trotz ungewöhnlicher Schwierigkeiten im mitmenschlichen Kontakt ließen sein Bienenfleiß, sein Sich-Verzehren im Betriebsinteresse immer wieder die Kritik verstummen.
Er arbeitete mit allen Mitteln auf eine rasche Beförderung hin; suchte sich ein Arbeitsgebiet, das für den Betrieb neu war und deshalb von niemandem recht kontrolliert oder beurteilt werden konnte. Darin baute er mit atemlosem, aber unintelligentem Fleiß einen riesigen »Apparat« auf, der für den Betrieb viel zu groß und im Zuschnitt falsch war – wie sich später erst herausstellen sollte.
Er fand mit »instinktiver« Sicherheit einen Berater, der – selbst nur mäßig qualifiziert – Wachs in seinen Händen war, aber immerhin der Unternehmensleitung gegenüber die beruhigende Expertenrolle spielte. Die Investition wurde getätigt, und das Arbeitsgebiet wurde in kurzer Zeit so umfangreich, daß der Mann nun tatsächlich in verhältnismäßig jungem Alter den Abteilungsleiterstatus erhielt. Als jedoch diese neue Abteilung auch nicht im entferntesten das erbringen konnte, was von ihr erhofft wurde, erwachte langsam Verdacht.
Eine Revision durch erfahrene Fachleute brachte die ernüchternde Erkenntnis, welch untaugliches Aggregat hier aufgebaut worden war.
Eine Re-Organisation wurde eingeleitet. Der Betrieb trennte sich von dem Mann.

- Dieses Beispiel, das um weitere Beispiele ähnlicher Art beliebig vermehrt werden könnte, ist gerade deshalb so interessant, weil es noch im Bereich des sogenannten Normalen, im Alltagsrahmen, stattfindet.

- Solche Fälle machen nicht auf sich aufmerksam. Denn es werden zunächst keine krassen Symptome sichtbar. Alles spielt sich vorläufig noch unterhalb eines üblicherweise tolerierbaren Normalpegels ab.
- Durch bessere Menschenkenntnis geschärfte Augen kön-

nen aber dem Manager helfen, in solchen Fällen schon feinere Signale wahrzunehmen. Oder Verhaltensweisen zu problematisieren, die im Prinzip zwar deutlich genug auffallen, aber vom psychologisch »naiven« Partner noch hingenommen werden.

- Zu unserem Beispiel könnte man abschließend eine Kostenrechnung anstellen. Ausgehend von der beunruhigenden Frage: Was bezahlt das Unternehmen für diesen Erziehungsfehler und die daraus entstandene gestörte Vater-Sohn-Beziehung?! In diesem Falle dürfte der Verlust eine siebenstellige Zahl erreicht haben:

Die fehlgeleitete Investition; der immense Zeitverlust und die Bindung wertvoller Arbeitskapazität (bis das alles wieder eingefangen und in vernünftiger Form revidiert war); die Personalkosten dieses unsinnig zur Abteilung aufgeblähten Arbeitsgebietes; der Verlust einiger qualifizierter Nachwuchskräfte, die wegen dieses Mannes unter Protest den Betrieb verlassen hatten; und letztlich die Aversion, die im Betrieb gegen derlei neue Verfahren gewachsen war und nun zu neuen Verzögerungen und neuen Widerständen führte.

Es ist ein bedauerlicher, aber nur schwer zu behebender Mangel, daß die praktische Psychologie im Betrieb noch kaum in der Lage ist, psychologisches Geschehen solcher Art in eine Art Kostenrechnung zu übersetzen. Jedoch sind schon solche Beobachtungen und daraus zu ziehende Schlüsse ernüchternd; vielleicht aber auch heilsam. Weil sie anregen, sich der Mühsal verbesserter Menschenkenntnis zu unterziehen.

Selbstverständlich wollen wir hier keinesfalls den Betrieb »psychologisieren«. Nichts liegt uns ferner, als eine Art »Psycho-Taylorismus« zu installieren. Es wäre eine grausige Vision, wenn die Manager zu Psycho-Ingenieuren würden, die mit Argusaugen nach psychologischen Defekten der Mitarbeiter fahnden.

Es geht hier nur darum, die eigenen Blockaden und Fehlhaltungen durch Reflexion und Selbsterfahrung etwas bewußter zu machen

und dadurch die natürlichen diagnostischen Fähigkeiten des Managers anzureichern, damit er – ohne deshalb gleich der Übertreibung des Psychologisierens anheimzufallen – über bessere Diagnose-Möglichkeiten verfügt.
Die Häufigkeit solcher und ähnlicher psychischer Störungen ist erheblich und in den vergangenen Jahren wohl noch mehr angestiegen. Wir müssen allerdings unterscheiden zwischen handfesten psychischen Störungen wie im Falle des 49-jährigen, und den viel häufigeren psychischen Störfaktoren im sogenannten Normalbereich, wie sie das letzte Beispiel zeigt.
Schon um die Mitte der fünfziger Jahre schätzte man aufgrund ausgedehnter Untersuchungen die Zahl der schwerwiegenderen Störungen auf ca. 6 % in der Bevölkerung, wozu noch 20 % leichtere Störungen kommen, bei denen immer noch in großer Zahl ärztliche oder psychologische Hilfe in Anspruch genommen wird. (Zum Teil allerdings auch als modisches Attribut der Schickeria. Die ernstzunehmende Ziffer, einschließlich der Dunkelziffer, dürfte jedoch inzwischen kaum gesunken sein).

Je weitreichender der Macht- und Einflußbereich eines Menschen mit Störungen oder Reifungsmängeln ist, um so mehr schlagen sich die Auswirkungen dieser psychologischen Un-Kräfte auch in der Kostenrechnung nieder. Aber eben nicht mit Kostenstellen- und Kostenträger-Ziffern versehen, sondern sozusagen als Kosten-Nebel, der einen Niederschlag hinterläßt, dessen Herkunft in der Regel nicht geortet werden kann. Es kommt hinzu, daß die Aktivitäten und pulsierenden Ausstrahlungen der Menschen mit solchen psychischen Störungen, die doch im sogenannten Normalbereich ablaufen, oftmals starke Suggestivkraft besitzen, der sich die Umgebung nur schwer entziehen kann.

- Zur Abrundung noch ein besonders instruktives Praxisbeispiel für solche Störungen, die im sogenannten Normalbereich auftreten. Ein Fall, der in dieser oder ähnlicher Form nicht nur überall auftreten kann, sondern dem Muster nach zwangsläufig auftreten *muß*, wenn ein Betrieb sich rasch entwickelt. Wegen der generellen, auch sozial-

politischen Bedeutung dieses Beispiels geben wir ihm entsprechend Raum mit ausführlicher Darstellung:
Ein anerkannter, erfolgreicher und außerhalb des Betriebes sportlich sehr aktiver Abteilungsleiter begann etwa mit seinem achtunddreißigsten Lebensjahre zu kränkeln und fehlte häufig. Er selbst konnte keine Erklärung dafür finden.
Seine Geschichte: Er war als 27-jähriger Techniker in das Unternehmen eingestiegen, als es gerade vom Kleinbetrieb zum Mittelbetrieb gewachsen war. Wegen seiner außergewöhnlichen Tüchtigkeit wurde er nach einem Jahr ausgewählt, die nun veraltete Arbeitsvorbereitung zu reorganisieren und den Größenverhältnissen der Firma anzupassen. Er war Refa-Spezialist und erhielt auf Firmenkosten alle Möglichkeiten zusätzlicher Ausbildung für die neue Aufgabe. Er machte seine Sache so gut, daß er bald im Betrieb als eine der tragenden Säulen des Unternehmens galt.
Als er, an Erfolg gewöhnt, 36 Jahre alt wurde, hatte das Unternehmen inzwischen seine Belegschaft verdreifacht. Es bekam durch rasche technologische Fortschritte der Branche immer mehr wissenschaftlichen Anstrich, auch in den Arbeitsmethoden und in der internen Organisation. Das bedeutete: Die Ausbildung unseres Mannes, auch die zusätzlichen Fortbildungsmöglichkeiten und seine persönliche Kapazität wurden buchstäblich durch die Entwicklung überrollt. Die neuerlich notwendig gewordene Reorganisation der Arbeitsvorbereitung überstieg nun seine Möglichkeiten.
Niemand wagte jedoch zunächst, ihm das zu sagen. Dafür raunte es um ihn herum; für ihn nicht direkt hörbar, aber dennoch wahrnehmbar.
Die Fertigung holperte, es kamen Klagen. Die Werkstätten stöhnten. Aber man schob das Problem vor sich her.
Er reagierte zunächst durch Kränkeln oder durch übertrieben forsches Auftreten. Viel Zeit wurde benötigt für Kontaktgespräche.

Sachlich gesehen brauchte der Arbeitsbereich nun einen Chef, der zumindest ein feinwerkstechnisches Studium absolviert hatte, etwas von Mathematik und Wahrscheinlichkeitsrechnung verstand und in der Datenverarbeitung einigermaßen firm war.

Man könnte nun fragen: Was nützt in einer solchen fast tragischen Situation Menschenkenntnis?

Nun – auf jeden Fall hilft sie, das Problem bis auf den Grund durchzudenken und human zu lösen.

Was aber heißt hier human?

Zufällig war in einem anderen Betriebsbereich schon einige Jahre früher ein ganz ähnlicher Fall passiert. Dieser Fall war »human« gelöst worden... Hier hatte man es zunächst versucht durch Zuteilung eines Assistenten, der als Techniker das notwendige fachliche Rüstzeug besaß. Es gab sofort Hauen und Stechen. Als es wirklich nicht mehr ging, suchte man krampfhaft eine »Austragsstelle« für ihn. Die gab es nicht, also wurde eine solche aus mehreren anderen Gebieten zusammengeschnitzt. Als der Betroffene diesen Arbeitsbereich übernehmen sollte, weigerte er sich zunächst mit allen Mitteln; denn wie für den ganzen Betrieb, so war auch für ihn allzu deutlich sichtbar, daß dies ein Abschieben auf ein totes Geleise bedeutete. Schließlich mußte er sich mit der »Beförderung« abfinden. Er verlor weder seinen offiziellen Status noch seine Bezüge. Aber er frettete sich dort fortan als ein verbitterter Mann durch, voll Groll gegen die undankbare Firma, die er doch mit aufgebaut hatte. Auch er mußte hinfort mindestens einmal jährlich zur Kur.

Die Tatsache, daß ihm formal sein Titel, seine Bezüge und seine Altersversorgung verblieben waren, beruhigte den Betriebsrat und entlastete innerlich die Unternehmensleitung. Als er sich schließlich nach Jahren aufraffte, einen neuen Wirkungskreis anzustreben, war er zu alt. Außerdem hatte es sich nun in der Branche herumgesprochen, daß da »etwas nicht stimmte«.

Man nennt dies auch Karrierebruch.

Hier stellt sich noch einmal in anderer Form die Frage nach der *Humanität*. Außerdem: Wer fragt nach den Mitarbeitern, die ihm jetzt unterstehen? Und weiterhin: Wie hätte die Unternehmensleitung anders handeln sollen?

Dieser Fall also stand als mahnendes Beispiel im Raum, als nun die Problematik des Arbeitsvorbereitungschefs auftrat. Sie wurde auch anders gelöst. Da der Betrieb bei der derzeitigen Größe keine andere adäquate Position anzubieten hatte, kam der Personalchef logisch überlegend auf den Gedanken: Am besten wäre es doch, wenn der Arbeitsvorbereitungschef den Betrieb wechseln würde. Er könnte sich dann wieder in einem kleineren Unternehmen, dessen Aufgaben seiner Kapazität entsprechen, in eine passende Position bringen.
Die Eröffnung dieser »Logik« löste erregten Protest bei ihm aus. Es gab eine schlimme Debatte.
Der Personalchef griff schließlich in dem Bemühen, sich verständlich zu machen, zum Zeichenstift und stellte ihm das Problem in einer Graphik dar.

Der vorhersehbare Knick in der Karrierebahn würde vermutlich zu einem erheblichen Verlust möglichen Arbeits- und Lebenserfolges führen. Die Linie der formalen Entwicklung würde sich künftig neigen, und die subjektive Erlebniskurve der Berufserfolge erst recht.
Die Chancen in einem sorgfältig ausgesuchten kleineren Betrieb sehen nach vollzogenem Wechsel folgendermaßen aus:
Hier zeigt sich die Möglichkeit, die bisherige Karrierebahn in etwa der gleichen Form weitersteigen zu lassen, unter Umständen – was bei einem Wechsel durchaus möglich ist – mit einer relativen Steigerung. Das wichtigste bei dieser Überlegung war, zu einem Zeitpunkt umzusteigen, in dem beste Referenzen und Reputationen gesichert erschienen.

Durch die graphische Darstellung, die das Problem optisch sichtbar machte, kam plötzlich Verständigung zustande.
Für das Problem der Menschenkenntnis erscheint hier besonders interessant, daß das einstündige Gespräch vorher (nur auf akustische Kommunikation angewiesen) Mißverständnisse und eine erregte Debatte erbrachte, die Kommunikation mit Hilfe einer optischen Darstellung jedoch innerhalb weniger Minuten zu gegenseitiger Verständigung und weitgehender Übereinstimmung geführt hat. Der Personalchef bot an, beim Ausfindigmachen einer entsprechenden Position behilflich zu sein und alle Beziehungen des Unternehmens spielen zu lassen. Sie planten gemeinsam das Umsteigen. Es gelang, und der weitere Entwicklungsgang verlief – bisher sieben Jahre lang beobachtbar – genauso wie vorgesehen.
Dieser Fall, wohl zugleich als Extrem- *und* als Normalfall zu betrachten, soll zeigen: Eine gut überlegte (und gut heißt in diesem Falle gut für beide Seiten) Kündigungsempfehlung zur *rechten* Zeit und gemeinsam geplante Aktion kann unseres Erachtens sehr viel humaner sein als »schonendes« Treibenlassen der Dinge; das kann letztlich auf eine gedankenlose Scheinhumanität hinauslaufen, die zwar das Gute will, aber das Böse schafft.
Man möge solche menschlichen Probleme wahrhaftig durch-denken, um nicht auf Scheinlösungen hängenzubleiben, die für alle Beteiligten letztlich schlimme Folgen haben. Unbewußte Ängste, unbewußte Hemmungen und wohlfeiles, unkreatives Normdenken in gewohnten Bahnen können in sauberer, fairer Konfliktverarbeitung sehr viel besser bewältigt werden; wobei wir noch einmal ausdrücklich auf die hilfreiche Technik der optischen Kommunikation, der Visualisierung des Konfliktes hinweisen dürfen.

Mit diesen Überlegungen nähern wir uns nun dem Problem der menschlichen Verständigung. Der Frage also, wie Menschen sprechend und signalisierend miteinander umgehen. Die *Kommunikation* wird sich als zentraler Angelpunkt aller Probleme der Menschenkenntnis erweisen. Dieses letzte Beispiel soll schon vorbereitend darauf hindeuten, daß die Sprache nicht die Realität abbilden kann, sondern bestenfalls die Struktur der Realität. »Die Sprache verhält sich zur Wirklichkeit, wie eine Landkarte zum Gelände« (Hans Hörmann, »Psychologie der Sprache«, Springer Verlag, Berlin 1967).

2. Semantik

Die Arbeiten der Semantiker A. Korcybski und S. I. Hayakawa gehören zur Sprachwissenschaft und haben diesem Wissenschaftszweig entscheidende neue Impulse vermittelt. Sie geben jedoch auch für unser Thema einen Anstoß, der in Verbindung mit Erkenntnissen aus dem Gebiet der Pädagogik und der Werbepsychologie interessante Schlüsselinformationen liefert.
Semantik ist ein Teilgebiet der Semiotik (Wissenschaft von den Zeichen) und befaßt sich mit den Bedeutungen, die der Mensch in die Worte seiner Sprache hineinlegt.
Semantik definiert Hayakawa als die Wissenschaft vom menschlichen Zusammenleben mittels der Sprache.
Den Semantiker interessiert nicht das Wort als solches, sondern die Bedeutung, das Symbol, welches der Verwender in dieses Wort einlegt. Der Begriff Semantik geht auf das griechische Wort τὸ σῆμα gesprochen: »Sema«) zurück und ist der Ausdruck für Symbol, Zeichen, Bedeutung. Die Semantik befaßt sich mit der Bedeutung, dem symbolischen Zeichen, das ein Wort für den Benutzer besitzt. Sie sucht Einsichten in das von Symbolen bestimmte menschliche Verhalten.
Man stelle sich die Szene vor: Ein Rotchinese und ein Amerikaner diskutieren und verwenden dabei das Wort »Demokratie« ... Wovon sprechen die beiden?!
Ein überzeugter Katholik und ein Freidenker debattieren über Religionsfragen und benutzen das Wort »Katholizismus«. Für den Semantiker ist unerheblich, welche Definition dieser Worte im Lexi-

kon steht – beispielsweise »Regierungsform« oder »Konfession«. Er will wissen, welche Reaktionsmuster symbolischer Art in den Diskutanten anklingen, wenn der Wortreiz »Demokratie« oder »Katholizismus« wahrgenommen wird. Die Beispiele lassen uns eine Vorstellung davon gewinnen, welchen Kommunikationsdefekten unsere Diskussion ausgesetzt sind.

Man könnte sich den Vorgang so vorstellen: Das Wort »Katholizismus« beispielsweise taucht als Reiz in die Personen ein und löst dort jeweils ganze Sets von individuellen Reaktionsmustern aus: Erfahrungsschätze, Kulturnormen, Familienprägungen, Erziehungs-Grundtöne, Assoziationen zu anderen Erlebnissen, unbewußte Einstellungen usw.

Von all dem durchtränkt, d.h. semantisch aufgeladen, kommt der Begriff wieder ans Tageslicht und geht jeweils mit diesem »Sema«, mit diesem Zeichen-Kombinat oder Deutungspotential in die Diskussion ein.

Bei dem einen könnte das Thema facettiert sein durch etwa folgende Assoziationsmuster:

Kindheit – Mutter – Nachtgebet – edel – vertraut – Trost – richtig – Sicherheit – Frieden – Christmette – Geborgenheit – Wärme – weit – tapfer – groß – mächtig – sieghaft – Münster – Weihrauchduft – Vatikanmuseum – Missionsflugzeug – Erstkommunion – usw. usw.

Im anderen vielleicht: scheinheilig – verlogen – falsch – feige – widerlich – Inquisition – Kirchen statt Wohnungen – Galileo Galilei – Ausbeutung – Kinderkreuzzug – peinlich – Pfaffe – Übelkeit (Weihrauch) – Cesare Borgia – Ablaßkauf etc. etc.

Doch beide sprechen von Katholizismus.

Man versuche einmal übungshalber, ähnliche Assoziationsreihen zu finden; beispielsweise durch den Reiz der Begriffe »Mitbestimmung«, »Gewerkschaftsfunktionär«, »Organisator«, »§ 218« oder ähnliches – jeweils von Kontrahenten benutzt.

Wenn nun – etwas mechanistisch ausgedrückt – der psychische Speicher auf den Reiz hin derlei Deutungsmuster-Sets abgibt, drängt sich zum Beispiel die Frage auf: Welches Sema besitzt unser Unternehmen in der kommunalen Umgebung? (Uns interessierte bisher auch schon das sogenannte »Image«, jedoch wollen wir den Begriff »Sema« hier noch weiter fassen.)

Welches generelle Sema wird ausgelöst z.B. bei den Behörden, wenn von unserem Betrieb die Rede ist? Welches bei den Schulen, den Lehrern, den Studenten der einschlägigen Universitäten? Welches Sema verbinden die Mitarbeiter intern mit dem Betrieb? Differiert das in den einzelnen hierarchischen Schichten? Und schließlich: Welche semantische Reaktion zeigt der einzelne Mitarbeiter?
Man darf wohl davon ausgehen, daß alles Benennbare vom Menschen semantisch gedeutet wird (mehr oder weniger unbewußt).
Z.B. Material: Welches Sema besitzt Glas im Gegensatz zu Leder? Gegenstände: Mercedes? Opel? Fiat? Alles wird durch Worte gekennzeichnet. Die Frage ist jeweils, welchen Symbolgehalt im Menschen die jeweiligen Worte hervorrufen.
Wir wollen uns hier aus pragmatischen Gründen die Freiheit nehmen, das Wort Semantik auch zu verwenden zur Beantwortung der Frage, welche Zeichen, Symbole, Bedeutsamkeiten von Menschen, Organisationen, Vorgängen oder Gegenständen ausgehen für den anderen Menschen.
Warum nimmt man für die Rolle eines Engels im Schultheater niemals ein schwarzes, sondern immer ein blondes Mädchen?
Warum ist weiß »leicht« und schwarz »schwer«? Wie ist das Sema eines linken Intellektuellen bei einem konservativen Gemeinderat und wie sieht das Sema eines »schwarzen« Konservativen bei einem Juso aus?
Welche Sema strahlt ein Cabriolet aus im Gegensatz zur Limousine?
Welches Sema besitzt ein Großraum?
Damit kommen wir zu unseren semantischen Kardinalfragen: Welches Sema, welche Be-Deut-samkeit besitzt für den Mitarbeiter die Organisation, in der er steht? Der Arbeitsablauf, in den er eingespannt ist? Der Arbeitsplatz, der Raum, die Sitzordnung, das Gerät, die Reihenfolge im Verteiler auf den Schriftstücken, der Dienstwagentyp usw. usw.
Solche Fragen machen deutlich, welche Kräfte hinter semantischen Deutungen stehen. Sie lassen uns auch die im beruflichen Leben geltenden psychologischen Quell-Orte finden: Viele dieser semantischen Fragen stammen aus dem Selbstwertgefühl und dem Geltungsstreben. Denn es geht im Betrieb meist um das Bestehen, sich

zu bewähren, anerkannt und bezahlt zu werden. Und es geht um Rangreihen. Deshalb sollten jeder betriebliche Zustand und jede Veränderung vor der Frage des Mitarbeiters bedacht werden: »Erhöht mich dieser Vorgang oder erniedrigt er mich?« (Stützt er das Selbstwertgefühl oder nicht?)

Beispiele:

- Wie lautet die innere Antwort bei der Mehrzahl der Mitarbeiter, wenn sie in einen Großraum übersiedeln müssen?
- Warum haben die Innenzonen der Großräume eine geringere semantische Wertung als die Fensterzonen außen?
- Warum bleiben bei Konferenzen ohne Sitzordnung nach dem Platznehmen die Sitze rechts und links neben dem Vorstandsvorsitzer (oder der Chef-Person) zunächst oft frei?

Hier erscheint eine Dimension der Menschenkenntnis in etwas ungewöhnlichem Zusammenhang, die aber für die Praxis von ganz erheblicher Bedeutung ist.
Wenn nämlich verantwortliche Manager Organisationsveränderungen anstreben, stehen sie in jedem Fall vor einem semantischen Sprengsatz. Welches Sema, welche Bedeutung werden die jeweiligen Mitarbeiter der neuen Organisation zuteilen?
Minus oder Plus. Erhöhung des Selbstwertgefühls oder Erniedrigung?
Wenn Minus, dann ist die Änderung ein totgeborenes Kind. Denn in einer arbeitsteiligen Wirtschaft verfügen die einzelnen Mitarbeiter oder Gruppen über unerhört viel Möglichkeiten, eine unangenehme Organisationsänderung abzublocken; das kann ganz leise, unnachweisbar, aber sehr wirksam geschehen.
Wenn dann der Initiator wiederum nach einiger Zeit betrachtet, was aus der neuen Organisation geworden ist, erkennt er sein Programm kaum mehr wieder. Es hat sich in der »Praxis« völlig anders abgespielt, als er es einmal geplant hatte.
Diese Szenerie wurde zum Hauptanlaß für die Idee der Organisationsentwicklung.

Wesentliches Element des Gedankens der Organisationsentwicklung ist, darauf zu verzichten, einzelne Fachleute oder Projektgruppen irgendwelche Lösungen aushecken zu lassen, die dann den Mitarbeitern in Form von Organisationsänderungen »aufs Auge gedrückt werden«. Statt dessen werden in dem Konzept der Organisationsentwicklung die Betroffenen in die Planung mit einbezogen.
Gemeinsam Lernprozesse auslösend und erfahrend schreiten Initiatoren und Betroffene in ein Konzept der organisatorischen Änderung hinein. Dieses aufgrund gemeinsamer Lernprozesse entwikkelte Konzept hat die größere Chance, semantisch positiv erlebt zu werden und deshalb zur Realisation zu kommen.
Das Wissen um solche allgemein menschlichen Reaktionen und Verhaltensmuster gehört zu einer »generellen« Menschenkenntnis, die für den gestaltenden Manager unabdingbar ist. Ohne sie bringt er sich selbst unentwegt um den Erfolg.

3. Die situativen Verhaltensweisen

Der auf Menschenkenntnis angewiesene Manager wird die Grenzen seiner Möglichkeiten am unangenehmsten spüren, wenn es um die Prognose geht; wenn eine einigermaßen sichere Voraussage notwendig wäre; wenn man darauf angewiesen wäre, im vorhinein zu wissen, wie sich ein Mitarbeiter *wahrscheinlich* in bestimmten Situationen verhalten wird. Das trifft insbesondere bei Gefahrenberufen zu, wie z.B. bei Piloten (oder man denke an den Kapitän in dem Schauspiel »Die Caine war ihr Schicksal«).
Aber in gewissem Sinne ist ja jede leitende Funktion im arbeitsteiligen Betrieb eine Gefahrenstelle. Wie wird sich der Funktionsträger in welcher Situation wie verhalten?
Am besten wäre natürlich, man könnte den Mitarbeiter vorab in den verschiedensten Situationen erleben. Wie geht er mit Untergebenen um, wie verhält er sich zu Vorgesetzten, wie in plötzlichen Gefahren, wie bei kleinen Schwierigkeiten, wie bei großen Hindernissen, wie im Streß? Welche Züge erscheinen, wenn Alkohol auf ihn wirkt? Wie verhält er sich im Erfolg, wie in der Niederlage?

Es ist nicht von ungefähr, daß man früher in Clubs oder gesellschaftlichen Zirkeln zum Kennenlernen eines Mitgliedskandidaten gerne eine Situation herbeiführte, in der der Bewerber unter Alkoholeinfluß geriet (was natürlich nicht bedeuten kann, daß wir etwa einen Bewerber unter Alkohol setzen sollten...).

Die Konsequenz dieser Überlegung: Der Mensch ist – überspitzt ausgedrückt – nicht immer der gleiche. Die Psychologie spricht hier von verschiedenen »Rollen«, die er in verschiedenen Situationen spiele.

Wir können solche Rollen auch an uns selbst beobachten. Stellen Sie sich intensiv vor, welche Sprachführung, Gestik, Mimik, welches Gesamtverhalten und welches Erscheinungsbild Sie abgeben, wenn Sie in folgenden Rollen auftreten: Als Chef, als Chef von weiblichen Mitarbeitern, als Untergebener, als Schatzmeister des Tennisclubs, als Gemeinderat, Kirchenrat, Wahlredner, Vater; bei einem Flirt, in Notzeit, bei Krankheit, im Erfolg.

Wir wissen um dieses Rollenspiel; oft hört man jemanden, der einen anderen nur in *einer* Rolle bisher erleben konnte und ihn nun in anderer Rolle erlebt, überrascht sagen: »Ich kenne ihn ja gar nicht mehr, das ist ja ein völlig anderer Mensch!« Bei einer Positiv-Rolle wird der Neuentdeckte sogar stolz sein und, die Szene genießend, dies noch bestätigen: »Ja! Ich bin nicht immer nur der XX, ich kann auch anders...!« und weiter geht es – demonstrativ...

Für unser Thema bedeutet dies, daß wir uns der Begrenztheit bewußt sind, wenn wir Menschen erkennen und beurteilen wollen, aber nur eine oder zwei Situationen mit entsprechendem Rollenspiel beobachten können. Wir haben dabei nur wenige Facetten seines Verhaltensrepertoires im Blick.

In extremer Form erleben wir diese Einseitigkeit im Bewerbungsgespräch, das sowieso unter einer gewissen Verhaltensnormierung oder sogar Verhaltensversteifung leidet. Die rollenprägende Situation heißt hier für den Bewerber: Mit welcher Rolle komme ich am besten an, wie will mich der andere?

Facit: alles tun, um Menschen, die wir kennenlernen wollen, in den verschiedensten Situationen erleben zu können.

Wenn dies einmal erkannt ist, wird man auch die Chancen während der Probezeit nicht verschenken, wie das häufig die Regel ist!

Nach der Mühsal der Suche und der Entscheidung kommt der Tag, an dem der neue Mann erscheint. Da meist notorischer Platzmangel herrscht, hat man – wenn alles gut geht – wenigstens einen Platz, oder, bei höheren Positionen, ein Zimmer für ihn. Danach stört der Neue meistens eher. Er muß betreut, eingeführt, vorgestellt, informiert, vor Fettnäpfchen bewahrt werden – und kostet immer Zeit. Oft sitzen neue Mitarbeiter die ersten vierzehn Tage herum und werden mit vergilbten Organisationshandbüchern oder ähnlichen Nervtötern beschäftigt. »Sehen Sie doch das mal durch, damit Sie sich ein Bild machen können...« – – – Welch ein Bild!

Nach vielen Wochen, nach Ablauf der Probezeit, will die Personalabteilung dann wissen, ob man ihn behalten soll.

Man setzt sich zusammen. »Ja, wie ist er denn so?« –

Nicht selten heißt es dann, man könne eigentlich nach so kurzer Zeit (!) gar nicht viel über ihn sagen. So im allgemeinen – nun ja. Und dann erinnert man sich vorwiegend der herausragenden Fälle, wo er sich – vielleicht noch desorientiert – ungeschickt benommen haben kann. Wo er in ein noch unbekanntes Fettnäpfchen trat oder noch unangepaßt an das Klima reagiert hatte. »Aber das wird sich noch abschleifen...«. Ein anderer sagt vielleicht: »Nun – Bäume ausgerissen hat er ja nun nicht gerade.« (!)

Hatte er irgendeine Gelegenheit dazu?

Und wenn er eine Gelegenheit hatte, wird er eventuell (weil er was zeigen wollte) mit übersteigertem Elan herangegangen sein. Damit war er natürlich in der Gefahr, im unbekannten Sozialgeflecht des Betriebes gegen Normen, Bräuche, Gleichgewichte zu verstoßen. Dann könnte es heißen: »Na ja, wie er das XX-Problem anging, – also da muß er noch viel lernen!« usw.

Welche Chancen der Menschenkenntnis wurden hier verschenkt, während so vieler Wochen.

Sorgen Sie durch eine geplante Probezeit dafür, daß Sie den neuen Mitarbeiter in möglichst verschiedenen Situationen erleben können. Das ist *die* Gelegenheit, ihr Urteil abzurunden und zu überprüfen. Ihre Menschenkenntnis soll ihm »gerecht« werden.

Dieses Vorgehen wäre auch sehr viel fairer dem anderen gegenüber. Er kann sich realer, schlechthin richtiger zeigen. Und es ist für den Betrieb vernünftiger, denn sein Einsatz kann sehr viel besser geplant werden, so daß seine Stärken ins Spiel kommen, seine Schwächen vermieden werden.

4. Motivationsskala und Bedürfnishierarchie

Kaum ein psychologischer Begriff ist so sehr in die betriebliche Alltagssprache eingegangen wie die »Motivation« (movere = bewegen, treiben, anregen).
Was »treibt« ihn?
Warum hat er *so gehandelt?* Warum hat er sich *so verhalten?* Warum *will* er das?
Oder: »Wie motiviere ich meine Mitarbeiter«?
Mit anderen Worten: Wie schaffe ich es, daß er selbst das tun will, von dem ich will, daß er es tun wollen sollte...«?
Das Interesse an diesem Vorgang ist nicht von ungefähr. Übrigens nicht nur beim Manager, sondern ebenso beim Lehrer, Vater, Werbefachmann, Politiker, Offizier usw. Bei jedem also, der darauf angewiesen ist, daß andere tun, was man von ihnen erwarten will oder muß.
Jede Lebenserfahrung lehrt, daß sich hinter diesem geheimnisvollen psychischen Vorgang, Motivation genannt, ungeheure Kräfte verbergen.
Das führte auch prompt, wie immer, wenn etwas so Aufregendes neu entdeckt wird, zur Überstrapazierung und zu Verzerrungen. Wenn etwa der lustlose Mitarbeiter den Chef anraunzt: »Motivieren Sie mich doch mal!«
Man sollte wieder lernen, Motiviererei vom wirklichen Motivieren zu unterscheiden, wo es nicht um abgekartetes Rollenspiel, um Abzählen von Streicheleinheiten geht, sondern um klares Engagement. Was einmal zur »Masche« wird, bleibt wirkungslos.
Die Gedanken zum Phänomen der Verhaltenskette sollen uns jedoch gezeigt haben, daß wir den Begriff Motivation viel umfassender verstehen müssen. Denn was der Manager auch tut: motiviert, d.h. bewegt und zu irgend etwas veranlaßt wird der Mitarbeiter immer. Fragt sich nur, wohin und wozu.
Der Chef kann also nicht Nicht-Motivieren.

Wird der Mitarbeiter zum Negativen hin »motiviert« (bewegt), nennen wir das gemeinhin Demotivation.
Im Begriff Demotivation ist jedoch eher etwas Aktiv-Gewolltes gemeint. Man kann damit nicht so recht die unbeabsichtigte Demotivation ausdrücken. Ich meine damit alle die Demotivationsvorgänge, die auch entstehen durch Nicht-Tun oder durch Nicht-ausdrücklich-Tun, durch Unbewußt-Tun oder durch Klima, Atmosphäre, Einstellung usw.
Es wäre zweckmäßiger für den betrieblichen Hausgebrauch, »motivieren« zunächst wertfrei als »bewegen« und »veranlassen« zu verstehen. Weil damit deutlich würde, daß der Chef *immer* motiviert (zum Negativen oder zum Positiven hin). Sein Gesichtsausdruck, seine Gesten, seine Haltung, was er tut, was er nicht tut, was er sagt, was er verschweigt und wie er entscheidet. Wozu motiviert das jeweils?
So betrachtet motiviert sogar die »Motiviererei«: nämlich zur angewiderten Ablehnung der als unechte »Masche« erlebten Demütigung, Objekt der Motivationsarbeit des Chefs zu sein. In diesem Fall motiviert sich der Chef sozusagen das Gegenteil von dem auf den Hals, was er gewünscht hat.
Wozu nützen im Thema Menschenkenntnis solche Gedanken, die vielleicht als Wortklauberei empfunden werden könnten?
Sie nützen durch das Bewußtmachen eines Kräftespiels, das wegen seiner unbewußten Abläufe erhebliche Mißerfolge und auch Mißverstehen bewirken kann.
Bewußtmachen heißt: erkennen.
Erkennen heißt: beeinflussen können.
Beeinflussen soll heißen: das Positive stärken und das Negative vermeiden lernen.
Deshalb steht am Anfang jeder Verbesserung im psychologischen Bereich meistens das Bewußtmachen der Vorgänge und Kräfte.
Da im Kreise des Managements die neuere Motivationslehre weitgehend als bekannt vorausgesetzt werden darf, sei hier der Vollständigkeit halber nur kurz das Grundmuster rekapituliert.

Auf der Suche nach den Grundmotiven zum Arbeiten stieß der amerikanische Psychologe Maslow auf einen Zusammenhang, der hypothetisch die Annahme einer Bedürfnis-Rangreihe erlaubt. Maslow geht außerdem davon aus, daß das jeweils unbefriedigte Bedürfnis das stärkste sei und erst nach dessen Befriedigung das nächst höhere Bedürfnis deutlich wird.

Als aufsteigende Skala zu sehen: Zuerst materielle Grundbedürfnisse (Essen, Kleiden, Dach über dem Kopfe haben); danach das Bedürfnis, dieses Erworbene zu *sichern.*

Ist beides erreicht, geht der Blick zum anderen; die Bedürfnisse nach mitmenschlicher Begegnung, nach Gemeinschaft und Zuwendung erwachen. Ist man in die Gemeinschaft integriert, erscheint das Interesse an der Frage: »Wer bin ich und wo stehe ich?« Also das Bedürfnis nach Statussymbol, Anerkennung, Titel und sichtbarem Rang.

Als letztes und höchstes Bedürfnis entsteht die sogenannte Selbstverwirklichung – ein unscharfer Begriff, jeder Interpretation offen.

Gemeint ist das Erlebendürfen des eigenen Lebens-Wertes; sich Antwort geben zu können auf die Frage: Wozu bin ich auf dieser Welt? Teilhabe an größeren, über das kleine Ich hinausführenden Dingen – etwa im Sinne des »Über-sich-hinaus-Seins« (Lersch).

Dieses Denkgerüst ist selbstverständlich ein Normalmodell, das jede Ausnahme zulassen muß. Es gilt in der Urform nicht z. B. für den darbenden Erfinder oder den mittellosen Arzt in der afrikanischen Buschstation. Es gilt auch nur in abgewandelter Form für den Manager, der mit 45 Jahren auf dem Gipfel seiner Karriere alles hinwirft und eine Hühnerzucht im Einödhof eröffnet.

Trotzdem kann das Modell derzeit noch als Regelfall für das Gros der in unserer Zivilisationsform arbeitenden Menschen gelten und ist insofern hilfreich für praktische Tagesfragen. Bei menschlichen Problemen im Betrieb wird man sich überlegen können, welches Bedürfnis der Maslow-Skala im Moment für den Mitarbeiter das wichtigste sein könnte.

Es ist auch nicht zu übersehen, daß die Maslow-Skala parallel zur betrieblichen Hierarchie läuft. Je höher die Rangstufe, um so eher wird die Selbstverwirklichung wichtig sein und kann Befriedigung erfahren durch Teilhabe an großen Aufgaben.

Man sage also nicht voreilig: »Die Leute haben keinerlei Initiative und drücken sich vor Verantwortung.« Die Frage ist: Wohin geht deren Initiative und wo übernehmen sie Verantwortung? Dort, wo ich als Chef es gern hätte?

Also immer wieder: Was muß *ich* tun als Chef, damit meine Mitarbeiter...

Immer wieder: Was treibt den anderen? Wo ist seine Motivationsquelle?

Nach Maslow suchte der amerikanische Betriebspsychologe Herzberg weiter und kam auf eine andere Skalierung. Er fand, daß es Motivationsanlässe gibt, die als Selbstverständlichkeiten erwartet werden im Betrieb. Deren Vorhandensein führt dann lediglich zur Abwesenheit von Unzufriedenheit, aber noch nicht zur vollen Zufriedenheit mit Motivationseffekt.

Diese »Selbstverständlichkeiten« sind:

Positiv gewertete Unternehmenspolitik,
gute Administration,
gerechte und erfolgreiche Personalführung,
gerechtes Arbeitsentgelt,
mitmenschliche Beziehungen im Betrieb,
soziale Versorgung
und vernünftige Arbeitsbedingungen.

Herzberg nannte diese Motivationsanlässe Hygienefaktoren. (Wie die Hygiene im Badezimmer lediglich für Abwesenheit von Krankheitskeimen sorgt, aber noch keinesfalls für strotzende Gesundheit, so sorgen eben diese Hygienefaktoren lediglich für die Abwesenheit von Unzufriedenheit.)

Erst die darüber hinausgehenden Faktoren, die er »Motivatoren« nennt, führen zu dem, was wir uns unter Motivation vorstellen:

Die Chance zum »self-fulfilling« (Selbstverwirklichung),
Aufstiegsmöglichkeiten,
das Erleben von getragener Verantwortung,

die Arbeit selbst, wenn sie interessant ist,
Lob und Anerkennung seitens der Vorgesetzten und auch der Mitarbeiter,
das Gefühl, etwas geleistet zu haben.

Versuchen Sie einmal zur Übung selbst, kurz zu notieren, welche Situationen und Erlebnisse während ihres bisherigen Berufslebens ihnen besonders viel Auftrieb gegeben haben. Waren es Hygienefaktoren oder Motivatoren?

Für den Menschenkenner:

Wenn ein Mitarbeiter schwierig ist, unzulängliche Arbeiten liefert oder regelrecht versagt: woran liegt es? Ist es Begabungsmangel, ein Charakterfehler oder fehlt ganz einfach die wesentliche Motivation? Haben Sie nicht schon selbst oft erlebt, daß sogenannte schlechte Mitarbeiter plötzlich gut werden, wenn der Chef wechselt und umgekehrt? Sehen wir nicht auch des öfteren, wie z. B. ein Schüler gut ist, so lange er von Lehrer A unterrichtet wird – und schlecht wird, wenn er den Lehrer B hat?

C. Im Hinblick auf die Kontaktbrücken

1. Sprache als Erkenntnisquelle und Erkenntnisbarriere

Das Kommunikationsproblem wird zum Zentral- und Angelpunkt unseres Themas. Die Kommunikation ist der psychologische Ort, an dem Menschen zueinander Verbindung haben. Und das Kapitel wird zu einer großen Warnung werden: Vorsicht – Kommunikationsdefekte! Das bedeutet:
Fallstricke für die Menschenkenntnis.
Von Kommunikation (lateinisch communicare = vereinigen, verbinden) sprechen wir, wenn ein Individuum Signale oder Reize abgibt (normalerweise Worte), auf die andere reagieren.
Für unsere Betrachtung ist es zunächst unerheblich, ob der »Sender« die Botschaft mit der bewußten Absicht abgibt, das Verhalten des anderen zu beeinflussen, oder ob Form, Qualität und Inhalt seiner Botschaft ohne solche Absicht Reaktionen auslösen. In umgekehrter Richtung gilt dasselbe.
So ist zum Beispiel »trotziges Schweigen« ein Kommunikationsvorgang, obwohl keine Worte mitgeteilt werden.
Insofern wird auch deutlich, daß *alles* Verhalten Signalwirkung besitzt. Da man sich aber – wie wir das ähnlich schon bei der Motivation gesehen haben – nicht nicht-verhalten kann, so kann man auch nicht nicht-kommunizieren.
Kommunikation vollzieht sich also immer.
So wird Kommunikation zum Ort jeglichen sozialen Geschehens, damit aber auch zum Anfang und Ende der Menschenkenntnis.
Machen wir uns den Ablauf des Kommunikationsprozesses einmal Schritt für Schritt deutlich unter Verwendung von Begriffen der Nachrichtentechnik.

Abbildung 6

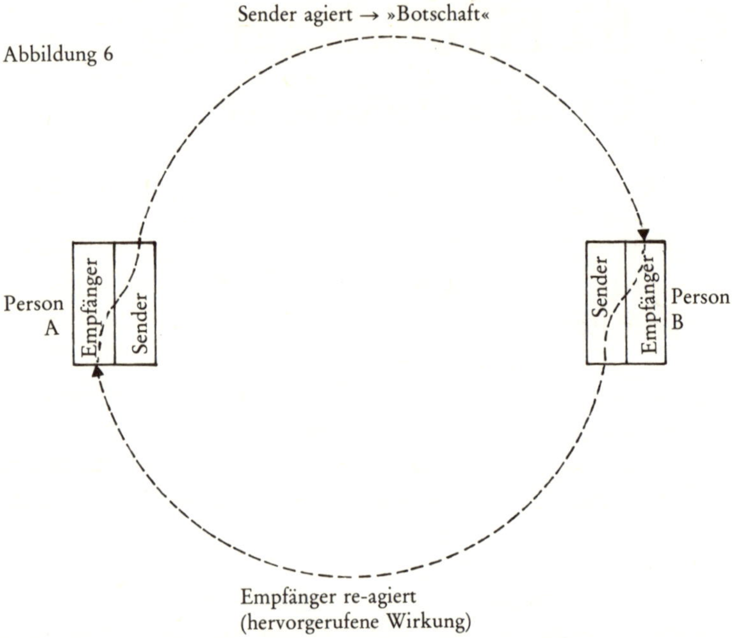

Vom Sender A geht eine Botschaft aus (entweder nur durch sein Verhalten oder durch bewußtes Aussprechen). Der Partner B empfängt das Signal, wird »angemutet«, er reagiert. Seine Re-Aktion wird nun seinerseits wieder zum Sendevorgang, den A wieder zurückempfängt. A wird auf diese Re-Aktion des B nun wieder sendend re-reagieren. Worauf B erneut re-re-reagiert usw. Es vollzieht sich »Interaktion«.

Die Szenerie besitzt Verwandtschaft zum Regelkreis.

Da es jedoch in diesem Falle im Prinzip keine Sollgröße gibt, um die der Regelmechanismus pendelt, könnte man den Kommunikationsprozeß vergleichen mit einer Raumkapsel im All, die mit zwei Gesprächspartnern besetzt ist, deren kommunikative Aktionen sich durch eine entsprechende technische Apparatur sofort in bestimmte Düsen-Rückstöße verwandeln; wodurch die Raumkapsel beliebig in alle möglichen Richtungen bewegt wird. Kommunikation kann »driften«.

Sind derlei Richtungen vorhersehbar?

Ja und nein.

In einem bewußt geplanten Gespräch, bei dem vorher genau überlegt wurde, mit welcher Wahrscheinlichkeit der Partner auf die geplanten Gesprächsphasen reagieren wird, kann man von »Vorhersehbarkeit« sprechen. Eine Frage der Verhandlungstechnik und Dialektik zum Beispiel.

Im übertragenen Sinne vorhersehbar (mit einer fast tragikomischen Note) etwa bei »Tarifverhandlungen« jeglicher Art. Bei diesem Verhandlungstyp wird Menschenkenntnis vorwiegend wichtig zum Antasten der Verhandlungsgrenzen, an die der Partner sich gerade noch treiben läßt. Hier laufen beinahe ritualisierte Kommunikationsprozesse ab, weil beide Partner in Kampfstellung stehen, mit jeweils überzogenen Positionen beginnen, um sich dann kommunikativ langsam einzupendeln auf den Kompromiß – oder irgendwann abbrechen (was ja wiederum ein Kommunikationsvorgang eigener Art ist).

Wenn also der eine Zehn fordert, der andere mit Angebot Fünf kommt, ist schon vorherzusehen, wo in der Mitte etwa das Ende des Rituals nach zeitaufwendigen Kommunikationsspielen zu erwarten sein wird. Das könnte man sich sparen, wenn man hier, ähnlich wie in der Mathematik »kürzen« könnte; oder einen Direktweg fände, der das mühselige kommunikative Serpentinengehen einer Tarifverhandlungs-Kommunikation erübrigt.

Nicht vorhersehbar ist Kommunikation in dem Falle, wo A plötzlich betroffen ist über die Reaktion von B und sich beeilt zu sagen: »Ach verzeihen Sie, ich wollte Sie mit meinen Worten doch keinesfalls verletzen!«

Vorhersehbar oder nicht, wir finden auf jeden Fall wieder das Konjunktorenpaar »Wenn – dann«.

»Wenn« diese Aktion, dieser Reiz – »dann« jene Raktion. Welche? – das kann voraussehbar sein, muß es aber nicht.

Warum beschäftigen uns diese Vorgänge so ausführlich zum Thema Menschenkenntnis?

Weil dieser Kommunikationsprozeß von einem Arsenal von Störfaktoren und Möglichkeiten zu Defekten begleitet wird.

Und somit hängt bessere Menschenkenntnis davon ab, ob wir uns durch Einsicht in diese Zusammenhänge über den störanfälligen Normalpegel der Kommunikation erheben können.

Es ist deshalb unerläßlich, daß wir uns über die Gefährdung unserer Menschen-Erkennungsmöglichkeiten durch das Wissen um Kommunikationsdefekte mehr Klarheit verschaffen und uns mit diesen Defekten näher befassen. Wir können sie dann besser orten und vermeiden.

2. Die Kommunikationsmedien

Die Medien der Kommunikation, das sind Wege zum anderen, also Möglichkeiten, zu mehr Menschenkenntnis zu gelangen; zugleich aber sind diese Wege voller Untiefen und Schlaglöcher.

Abbildung 7

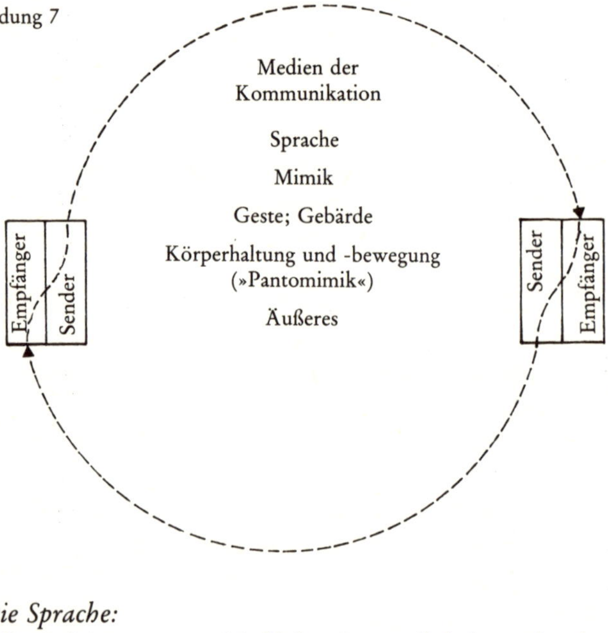

a) *Die Sprache:*
Auf die Gefahren unterschiedlicher Semantik haben wir schon hingewiesen.
Es klingt zunächst fast banal, darauf hinzuweisen, daß sprachliche Kommunikation nur denkbar ist, wenn beim Kommunikator (Sender) und beim Kommunikanten (Empfänger) die gleichen semanti-

schen Inhalte hinter ihren Wortwahlen stehen. Wobei – wie wir gesehen haben – diese Rollen umschichtig wechseln und die Gegenüberstellung »Kommunikator und Kommunikant« nur verstanden werden kann als Momentaufnahme in einem gleitenden oder driftenden Prozeß.

Jedoch geht man in der Selbstverständlichkeit des eigenen Weltbildes völlig zu Unrecht davon aus, daß dem so sei.

Man stelle sich nur zur Übung wieder einmal ein Gespräch vor über den § 218: zwischen einem 25-jährigen Juso, von Beruf Politologe – und einem 45-jährigen Juristen, der in der katholischen Aktion mitwirkt.

Was senden die beiden jeweils aufeinander zu, und was empfangen sie voneinander her?

Ähnliche Verständigungsschwierigkeiten gibt es auch zwischen verschiedenen sozialen Schichten.

Zur Klärung solcher Fragen haben sich im Bereich der Linguistik neue Fachgebiete herausgebildet, die solchen Problemen nachgehen.

Die *Sozio-Linguistik* vor allem untersucht sprachliche »Codes«, die von verschiedenen soziologischen Schichten oder Gruppen vorwiegend verwendet werden. Sprache, soziale Herkunft und Berufs- bzw. Erziehungsraum bedingen einander.*

Abgesehen von der Frage, welche Sprechweisen Chef und Mitarbeiter verwenden, wenn sie aus verschiedenen sozialen Schichten stammen, können solche Fragen z. B. im Bereich der innerbetrieblichen Problemlösungsarbeit in Projektgruppen und Teams ausschlaggebend werden:

Der Wert eines Teams liegt ja gerade in der heterogenen Zusammensetzung, damit möglichst viele Wissenssektoren und Erfahrungsfaçetten zusammenkommen zur Anreicherung des Informationsstandes. Wie sehen in solchen Fällen die Sprach-Codes der verschiedenen Berufe aus?

Wie geht die Kommunikation vor sich zwischen dem Techniker und dem Kaufmann, dem Soziologen und dem Konstrukteur, dem

* Bernstein, B.: Social class, Linguistic codes and grammatical elements. Language and Speech 5/1962, S. 221–240

Forscher und dem Organisator? Wer sich einmal klarmacht, wie die Angehörigen der verschiedenen Spezialgebiete mehr und mehr in ein sprachliches Getto geraten, ihre jeweiligen Fachausdrücke nicht mehr oder nur unscharf untereinander verstehen, wundert sich nicht mehr, daß bei Projektgruppengesprächen, Konferenzen und Arbeitsgesprächen oft so ärgerlich wenig herauskommt. Es kommt hinzu, daß Vertreter vieler Spezialgebiete sich offenbar darin gefallen, getto-interne Worte und Codes zu verwenden.

Beim Lesen mancher Fachbücher kann sich auch der wohlwollende Leser oft nicht des Eindrucks erwehren, daß es dem Verfasser um manches, aber nicht unbedingt darum geht, verstanden zu werden. S. I. Hayakawa* nennt diese Kommunikationsart »Babuismus« (nach dem geschwollenen und schlechten Englisch der ehemaligen indischen Beamten).

Er beklagt, daß manches gelehrte Vokabular neben seiner Kommunikationsfunktion auch eine gesellschaftliche Funktion hat, nämlich dem Verfasser Ansehen zu verschaffen, Respekt und Ehrfurcht bei jenen hervorzurufen, die es nicht verstehen. Als Beispiel zitiert er** einen Absatz aus einer Ausgabe des »American Journal of Sociology«, den wir hier wiedergeben:

> »In jeder formalen Organisation führen die Ziele, wie sie sich in dem System funktionaler Differenzierungen reflektieren, zu einem spezifischen Modell der Rollendifferenzierung. Andererseits führt die Rollendifferenzierung, sei sie nun hierarchisch oder horizontal gesehen, zu dem, was Mannheim »Perspektivisches Denken« nennt, nämlich die Zugehörigkeit zu einem besonderen Status induziert eine korrespondierende Anzahl von Wahrnehmungen, Haltungen und Werten. In einer Organisation wie in der Gesellschaft als Ganzem, neigen die Statusbesitzer dazu, einen Hang zu Sondergruppenzielen und -aufgaben zu entwickeln, eine Tendenz, die vom Gesichtspunkt der Ziele der Gesamtorganisation entfunktionalisierend wirken könnte. Mit anderen Worten, »Perspektivisches Denken« könnte die Koordinierung der Bemühungen zur Erreichung totaler Organisationsziele beeinträchtigen, wodurch organisatorischer Nachdruck erzeugt wird, um adäquates Leistungsniveau sicherzustellen.«

---

* Hayakawa, S. I.: Sprache im Denken und Handeln, Darmstadt 1964

** ebenda, S. 301

Um Ihnen die Mühe des nochmaligen Lesens zu ersparen, dürfen wir auch gleich die »Übersetzung« von Hayakawa mitliefern. Der Verfasser will lediglich sagen,
daß Menschen in formellen Organisationen verschiedene Aufgaben haben,
daß die Ziele der Organisation leiden können, wenn manche Menschen von ihren besonderen Aufgaben zu stark in Anspruch genommen werden,
und daß die Organisation auf sie Druck ausüben muß, damit die Hauptaufgabe erledigt wird.
Ähnliche Kommunikationsprobleme stellen sich bei hierarchisch bedingten oder ausbildungsbedingten »Codes«. Natürlich auch bei gesellschafts-politisch bedingten Codes. Man denke an die Kommunikation zwischen linksgerichteten Jung-Soziologen und älteren Industrie-Managern.
Noch einmal zur sozio-linguistischen Frage: Was geht zum Besipiel während eines Problemlösungsgespräches zwischen Direktor und Pförtner, zwischen Gewerkschaftsführer, Betriebsrat und Geschäftsleitung vor sich?
Wie arrangiert sich aufgrund dieser Kommunikationsvorgänge die Menschenkenntnis?
Der Leser möge akzeptieren, daß ich die Hinweise auf derlei Kommunikationsdefekte jeweils in Frageform formuliere; er soll dadurch lediglich eingeladen sein, die Antworten gleich aus seinem eigenen Beobachtungsgebiet und Erfahrungsfeld heraus zu schöpfen – gelegentlich wohl auch mit schmunzelndem oder auch ärgerlichem Wiedererkennen.
Das sprachliche Auseinanderdriften der einzelnen Wissensgebiete durch immer neue (notwendige?) Fachausdrücke wird in Zukunft unter Umständen dazu führen, daß es neben der Sozio-Linguistik auch eine Fach-Linguistik geben muß, die Code-Übersetzungen zwischen Fachgebieten ermöglicht…

Im Wahljahr 1976 wurde in Schweden eine kommunikationspsychologische Studie durchgeführt:*

Einer repräsentativ ausgesuchten Gruppe von 700 schwedischen

* nach einem Bericht im Europäischen Wirtschaftsmagazin »VISION«, 11/1976, S. 96

Bürgern (Volksschulbildung) legte man 700 wichtige Worte der Umgangssprache vor mit der Frage, was unter den Worten jeweils zu verstehen sei.

Das Ergebnis ist sensationell bis bedrückend – je nachdem. Es überrascht jedoch nicht, wenn man sich auch nur versuchsweise mit Kommunikationsfragen beschäftigt hat.

Beispiele:

85 % wußten mit dem Wort »reaktionär« nichts anzufangen. (Dabei ist kaum eine Wahlkampfaussage denkbar, in der nicht in irgendeiner Form – als Angriff oder Abwehr – solches Vokabular erscheint.) Viele verstanden unter diesem Wort »radikal«...

90 % wußten nichts von einem »Mandat«.

Für einige war das »Proletariat« die »Arbeitgeberschaft«.

»Dokument« und »Monument« wurden verwechselt.

Worte wie »Administration« oder »Verifizierung« kannten 50 % der Befragten nicht.

Mehr als ein Drittel stand dem Wort »Solidarität« völlig fremd gegenüber (...in Schweden! – seit Jahrzehnten sozialistisch regiert).

75 % hatten keine Ahnung, was man unter »Profite« versteht.

Der Berichterstatter fragt zurecht, welche Bedeutung dieser »Entdeckung« zukommt, wenn man sich einmal die Voraussetzungen für die Entwicklung der Mitbestimmung überlegt. Welche Anforderungen an hochindustrialisierte Industrienationen mit demokratischen Lebensformen gestellt werden in Zukunft...

Zu den Ausdruckskategorien der Sprache gehören neben dem gesprochenen Wort natürlich auch die Elemente der meist mehrdeutigen emotionalen Verpackung gesprochener Worte: Wir meinen das Stimm-Melos, den Ton, der bekanntlich die Musik macht, die Sprechgeschwindigkeit, Pausen, Lachen zwischen den Worten. Die Mehrdeutigkeit bei all diesen Symptomen ergibt sich zum Beispiel aus folgenden Fragen:

Ist eine starke Schwankung der Sprachmelodie ein Zeichen von Lebendigkeit oder Exaltiertheit?

Zum Ton: Will er den Gedanken unterstreichen durch den pointierten Tonfall, oder übertreibt er nur sarkastisch?

Zum Sprechtempo: Ist sein Langsamsprechen ein Zeichen für konzentrierten Tiefgang oder zähen Denkablauf?

Zu den Pausen: Ist er ein tiefgründiger Schweiger oder fällt ihm nur nichts ein?
Zum Lachen: Ist das spontane Unbekümmertheit oder lacht er verkrampft aus Verlegenheit?
Sprache ist selten für den Hörer sofort eindeutig.

b) *Nonverbale Kommunikation*
Zum Kommunizieren ohne Worte gehört vor allen Dingen das Ausdrucksfeld des Gesichtes, also alle mimischen Äußerungen. Sie können mehr über das Gemeinte ausdrücken als die Wortsymbole selbst. Die Rückkopplungsmöglichkeit durch die Beobachtung der Mimik kann sowohl zum besseren Verstehen, als auch zum Mißverstehen beitragen. Das fällt dann besonders auf, wenn die normalerweise übliche und gewohnte Rückkopplungsmöglichkeit über die mimischen Äußerungen plötzlich fehlt: Das zeigen z. B. Verhandlungen mit Manager-Kollegen aus asiatischen Gebieten, insbesondere China und Japan. Denn die Beherrschung der Mimik ist wohl jahrhundertelang geübte Verhaltensnorm, die uns in Verlegenheit bringen und bei Verhandlungen verunsichern kann. Denn dabei geht unter Umständen jedes Gespür für die inneren Bewegungen des Verhandlungspartners verloren durch die maskenhafte Gleichmäßigkeit der mimischen Äußerungen.

Die Gestik
Gesten begleiten die Worte, formen sie, verstärken ihre Zielrichtung. Oder sie lassen ahnen, daß der Sprecher etwas anderes meint als er sagt.

Die gesamte Körperhaltung
Manager ahnen oft nicht, wie stark sie allein schon durch Körperhaltung, Sitzart, Gehweise, Gestikulation usw. von den Mitarbeitern erkannt werden; und zwar im Allgemeinverhalten und in dem besonderen, tagesbestimmten Verhalten. Andererseits steuern diese Ausdrucksqualitäten der Körperhaltung ganz erheblich das Verhalten der Mitarbeiter. Ob der Chef müde, aggressiv, nervös ist, erkennen Mitarbeiter oft schon aus der Art und Weise, wie er zur Türe hereintritt, und sie verhalten sich entsprechend.

Das Äußere

Was signalisiert meine Kleidung? Langweilige Farblosigkeit oder geckenhafte Farbentgleisung (und wer bestimmt jeweils, was das sei?)

Jedenfalls ist das Äußere immer eine Aussage vom Inneren her und als solche deutungsfähig.

Die hier immer wieder sichtbar werdenden unterschiedlichen Ausdeutungsmöglichkeiten und die Trennung in verbale bzw. nonverbale Kommunikationsmedien führen uns auf ein Phänomen, das in der neueren Kommunikationsforschung immer mehr Bedeutung gewinnt.* Gemeint ist die Verfügungsmöglichkeit über zwei grundsätzlich verschiedene Kommunikationsformen, vergleichbar den beiden grundsätzlich verschiedenen Meß- und Aussagemethoden »digital« und »analog« (bekannt vorwiegend aus dem Bereich der Elektronik).

»Im Nervensystem werden Signale grundsätzlich auf zwei verschiedene Arten übermittelt: durch die Neuronen mit dem ihnen eigenen Alles-oder-nichts-Charakter ihrer Entladugnen und durch die Aktivität der innersekretorischen Drüsen, die Hormone als Informationsträger in den Blutkreislauf einführen. Bekanntlich existieren diese beiden intraorganismischen Kommunikationsformen nicht nur nebeneinander, sondern ergänzen und durchdringen einander in oft sehr komplexer Form.«**

Machen wir uns zunächst im Bereich der Technik den Unterschied klar:

Die Wortbedeutung »digital« geht auf den englischen Begriff »digits« zurück (Schritte; im übertragenen Sinn auch: Zahlen bzw. Zählschritte). Vom lateinischen Wortursprung her (digitus = Finger) wird hier die Bedeutung der Zählmöglichkeit mit Hilfe der Finger zugrunde gelegt. Mit Hilfe der Finger lassen sich z.B. zehn Meßschritte festlegen. Man kann jedoch nur eins, zwei, drei usw. ausdrücken, nicht jedoch eineinhalb, zweieinhalb oder ähnliches, denn halbe Finger besitzen wir nicht.

So arbeiten zum Beispiel Digitalrechner in der Weise, daß sie in Zahlenschritten messen und ihre Ergebnisse in konkreten Zahlen-

---

* Watzlawick, P., Bevin, J. H. und Jackson, D. D., Menschliche Kommunikation, Bern 1972

** ebenda, S. 61

schritten ausweisen – wie zu sehen beispielsweise beim Kilometerzähler. Die Zählschritte können beliebig gewählt werden. Daraus ergibt sich die willkürliche Kodifizierung. Jedoch bleibt alles zwischen den Zählschritten Liegende im Dunkeln. Der Kilometerzähler mißt die vollen Kilometer, oder auch noch die Hundertmeter-Schritte. Alles andere an Zwischenwerten erscheint nicht. Die Genauigkeit des jeweils gemessenen Wertes ist also sehr hoch, das Dazwischen wird jedoch nicht sichtbar.

Der Digitalvorgang geht über »Ja-Nein-Entscheidungen« vor (ist der in Zahlenform zur Sichtbarmachung bereitliegende Meßwert erreicht – oder nicht?).

Würde man nun die Meßschritte kleiner und kleiner machen – dem Kilometerzähler also auch noch Zahlen für die Zehnmeter-Schritte, die Einmeter-Schritte, die Einzentimeter-Schritte etc. einbauen, würden die Meßschritte allmählich im Grenzwert kontinuierlich – und damit »analog«.

Abbildung 8

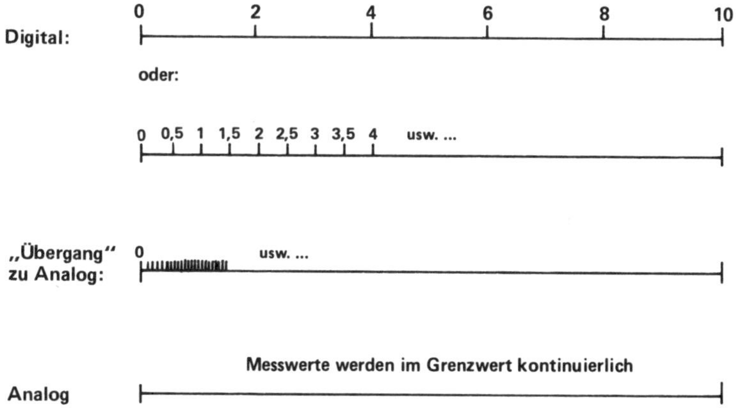

Hier kann wegen der Kontinuierlichkeit der nun gleitenden Meßwerte nicht mehr mit ausgewiesenen Zahlen gearbeitet werden. Man verwendet deshalb z.B. Zeiger, die den gleitenden Meßvorgang mitvollziehen und durch ihre Bewegung, ihr analoges »Zeichen« sichtbar werden lassen. So arbeitet zum Beispiel der Geschwindigkeitsmesser im Auto.

Wenn nun die Strecke, die der Zeiger bestreicht, mit einer Meßwertskala unterlegt wird, deren Einteilung wieder der Willkür unterliegt (z.B. 10, 15, 20, 25, etc.), wird durch diese Sichtbarmachung eines Meßwertes der analoge Prozeß wieder digitalisiert. Diese nachträgliche Digitalisierung des analogen Meßvorganges geschieht durch die Quasi-Vereinbarung: Wenn der gleitende Zeiger über dieser oder jener Zahl steht, gilt sie als aufgerufen. Ebenso zeigt sich der Unterschied zwischen den bisher üblichen Zeiger-Armbanduhren und den Digitaluhren, die nur noch ein Ziffernfeld aufweisen mit jeweils weiterrückenden Zahlenschritten.
Wie auch hier zu sehen, ist die Genauigkeit der digitalen Messung und Information sehr exakt, sie »verarmt« jedoch durch das Fehlen der Zwischentöne. Dagegen ist die »Genauigkeit« der Aussage bei der analogen Uhr, deren Zeiger über das Ziffernblatt gleitet, vergleichsweise gering, jedoch der Reichtum an Zeichen, Ausdrucksmöglichkeiten, Zwischentönen sehr groß. Im Gegensatz zum digitalen Zählwerk eignet sich die Zeigeruhr auch noch für Zeichen und Zwischentöne im übertragenen Sinne: Man kann dem Ziffernblatt symbolische Deutungskategorien unterlegen, wie z.B. oben, unten, links, rechts; man kann Analogien finden zum Norden, Süden, Osten, Westen. Wir nehmen den »Uhrzeigersinn« als Richtungsmaß, den dicken, kleinen Stundenzeiger im Gegensatz zum schlanken, schnellen Minutenzeiger als Symbolgestalt. All dies eignet sich zu analogen, also zeichenorientierten Aussagen. Alle Analogien, Zeichen, Deutungen sind demnach reichhaltig, aber unscharf.
Ich hoffe, Sie haben die Parallelität zur Kommunikation inzwischen schon selbst beim Lesen realisiert.
Natürlich springt bei der gedanklichen Übertragung des technischen Digital- bzw. Analogprinzips auf die menschliche Kommunikation das ganze System in eine andere Qualität. Trotzdem ist das Studium der Parallelität ein fruchtbarer Erkenntnisansatz. Vor allem zur Analyse der Störungen und Kommunikationsdefekte. Sie vor allem interessieren in dem Zusammenhang mit der Menschenkenntnis.
Kommunikation »passiert« entweder digital (genau) durch Worte, Namen – oder analog durch Zeichen; zum Beispiel Gebärden, Mi-

mik, Tonfall, Aktionen, semantische Hintergründe, Zwischen-den-Zeilen-Ausgedrücktes etc.
Wenn Sie Ihrer Frau auf einem Briefbogen schreiben: »Ich liebe Dich«, so ist das gewissermaßen eine digitale Kommunikationsform (wenn Sie es ernst meinen ...). Sie können diese »Meßschritte« beliebig ausdehnen, zum Beispiel: »Ich liebe Dich, wie noch nie jemanden vorher auf dieser Welt.« usw.
Streicheln Sie ihr jedoch anstelle dieser Worte nur liebevoll über's Haar, dann »sprechen« Sie in Zeichen, Sie kommunizieren also »analog«.

Ein Beispiel eigener Art aus meiner Schulzeit: Mein Nebensitzer schob mir eine recht unflätige Karikatur unseres Klassenlehrers zu und brachte mich zum Grinsen. Der Lehrer deutete dieses Signal etwa so: »Achtung, da ist was faul!« (analoge Kommunikation). Er schoß auf mich zu, fand bei mir das Blatt und wähnte mich als dessen Hersteller (digital; sichtbare Meßzahl: Schüler Küchle hatte es in der Hand. Alle anderen Meßwerte oder Informationsinhalte, nämlich Herstellung beim Nachbarn und Übergabe an mich, bleiben im dunkeln).
Meßwertkontrolle durch den Lehrer: »Küchle, haben Sie das Machwerk verfertigt?« (digitale Kommunikation).
Antwort: keine Antwort; Schweigen des Schülers Küchle. (analog; ich schwieg, weil ich den Nebensitzer nicht verraten wollte und hoffte, daß er seine Urheberschaft freiwillig nennen würde, um mir Schwierigkeiten zu ersparen. Gleichzeitig also analoge Kommunikation in Richtung Nebensitzer: »Bitte melde Dich selbst, wenn's brenzlig wird; wenn's harmlos bleibt, nehme ich es auf meine Kappe.«)
Der Lehrer reagierte ungewöhnlich heftig und war aufs äußerste erregt (analog; roter Kopf, Schnaufen).
Die Situation sah bedrohlich aus.
Es folgten bei ihm in den Wochen darauf eine Serie von analogen Kommunikationsvorgängen »zwischen den Zeilen.« Ziel der Kommunikation war ich. Der Nebensitzer, wegen der Versetzung zur nächsten Klasse gefährdet, meldete sich je-

doch nicht. Es kam die verbale Mitteilung des Vorgefallenen im Lehrerkollegium (digital) und Vorlage des Objektes (digital) vor dem Direktor und den Lehrerkollegen. Bei zwei Lehrern (Zeichenlehrer und Turnlehrer) geschah eine Umdeutung in analog: sie schmunzelten hinter vorgehaltener Hand. Weil es allmählich brenzlig wurde, überlegte ich, wie ich meine Unschuld signalisieren könnte, ohne »digital« den Nebensitzer zu verpetzen. Und ich beschloß, dem Lehrer unentwegt in die Augen zu sehen (analog; Zeichen meinerseits: »Nur Schüler mit guten Gewissen können dem Lehrer offen in die Augen sehen!«)

Analoge Deutung beim Lehrer: »Sein schlechtes Gewissen erkennt man daran, daß er mich unentwegt mit den Augen verfolgt.«

Danach kam eine zunehmende Verschlechterung der Atmosphäre.

Schließlich meine Aufforderung an den Nebensitzer: »Wenn Du Dich jetzt nicht selbst meldest, hau' ich dir die Hucke voll!« (digital)

Es war jedoch für ihn inzwischen zu spät und das Problem war zu heiß geworden, als daß er ungerupft aus der Szene gekommen wäre und er schwieg (analog) weiter.

Um der göttlichen Gerechtigkeit etwas aufzuhelfen, nahm ich danach einen geringfügigen Anlaß wahr, um zu platzen (analog) und verdrosch ihn (analoge Kommunikation mit digitalen Markierungen)...

Ich hoffe sehr, der Leser möge auch bei diesem Beispiel die ins Auge springende Analogie zu betrieblichen Vorgängen inzwischen vollzogen haben mit einigen Konsequenzen für das Problem der Menschenkenntnis.

Das Beispiel soll vor allem deutlich machen, wo Defekte und Folgen gestörter Kommunikation liegen können: in der Tatsache nämlich, daß menschliche Kommunikation über diese *beiden* Wege abläuft, die sich umschichtig mischen und durcheinanderlaufen. Es bedürfte eigentlich unablässig der Übersetzung von einem Kommunikationssystem ins andere. Mißverstehen ist reichlich programmiert.

Bei der Übertragung der Kommunikationsinhalte kann – auf dem digitalen Weg, dann dem analogen und wiederum aus der Mischung zwischen beiden – ein recht erheblicher Verzerrungswinkel entstehen:

Abbildung 9

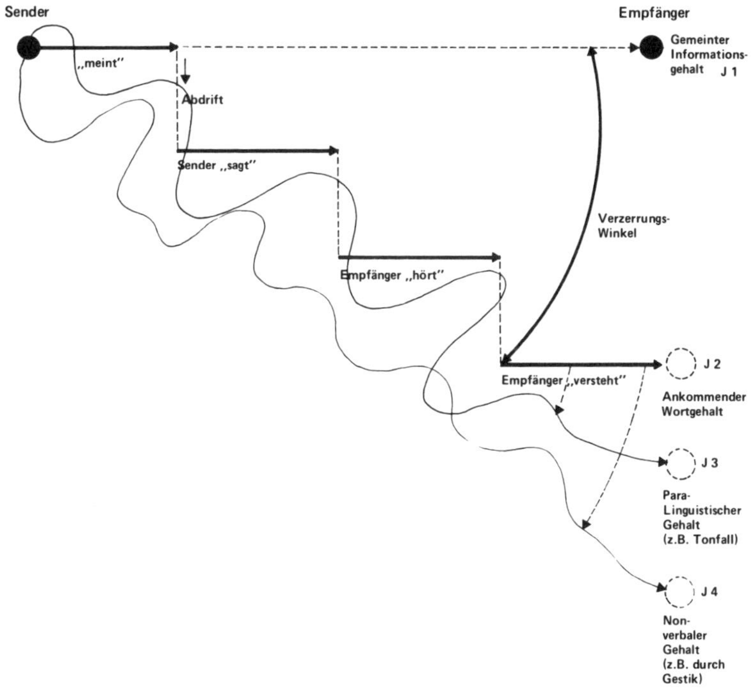

Wir sind also bei der Übertragung vom Sender zum Empfänger. Was der Sender *sagt,* muß nicht unbedingt identisch sein mit dem *Gemeinten.* Was der Empfänger *hört,* kann etwas anderes sein als das vom Sender *Gesagte.*

Dann kommt es noch darauf an, was der Empfänger unter dem Gehörten *versteht,* wie er es *deutet;* wie er von hier aus wiederum rückschließt, was der Sender wohl gemeint haben dürfte.

Der Verzerrungswinkel kann noch verändert werden (vergrößert oder auch verkleinert) durch die para-linguistischen Begleitphänomene (der Ton, der die Musik macht, Sprechform und Sprechme-

los, begleitende Seufzer, Lachen etc.). Oder durch nonverbale Zusatzsignale (mimische, gestische Äußerungen, Äußerlichkeiten wie zum Beispiel Hippiefrisur, Nickelbrille oder Flanell-Maßanzug etc.)
Man stelle sich vor, wie die Verständigung aussieht, wenn nun der Empfänger antwortet und dieselbe Verzerrung in umgekehrter Richtung weitergezeichnet werden müßte. Das »Driften« der Kommunikation wird dann ernüchternd sichtbar.

- Ein Mitarbeiter und ein Personalchef sind im Gespräch. Der Mitarbeiter arbeitet an einem noch unvollendeten Auftrag mit; für den Betrieb sehr wichtig. Seine Anwesenheit ist also dringend erforderlich. Nun bot sich diesem Mitarbeiter in einem anderen Betrieb die »Chance seines Lebens«. Dort kann er jedoch nur einsteigen, wenn er in allernächster Zeit zur Verfügung steht.
  Die Gesprächspartner benützen nun verschiedene Kommunikationsformen. Der Personalchef – vor sich den Arbeitsvertrag – agiert vorwiegend in digitaler Kommunikation: »§ 5 Ihres Arbeitsvertrages *sieht unmißverständlich vor,* daß ...«.

  Der Mitarbeiter agiert analog: »Stellen Sie sich vor, was diese Position für mich *bedeuten* würde!«

  Haben sich die beiden verständigen können? Und wie lernt der eine Menschenkenner den anderen Menschenkenner kennen?

- In einem anderen Beispiel will der Personalchef einen Mitarbeiter loswerden, es liegt aber kein rechtlich ausreichender Kündigungsgrund vor. Diesmal agiert der Personalchef seinerseits analog, durch Andeutungen, »Tips«, indirekte Signale, unterschwellige Empfehlungen usw. Der Mitarbeiter hört indessen auf diesem Kanal gar nichts, hingegen befindet er sich diesmal in der digitalen Kommunikationsform. Er pocht auf den Arbeitsvertrag, dessen »Meßzahlen«.

Insbesondere in allen Kommunikationsvorgängen, wo Partner sich um Schuldfragen streiten (zum Beispiel ein Ehepaar vor dem Scheidungsrichter, zwei Mitarbeiter, die sich beim Chef übereinander beklagen etc.) zeigen Tonbandaufnahmen die konfliktsteigernde Vermaschung der beiden Kommunikationsformen und zugleich die endlos zurückreichende Verhaltenskette:
Sie: »Du hast mir angetan:...«
Er: »Aber doch nur, weil Du vorher...«
Sie: »Das habe ich nur deshalb vorher getan, weil Du vor diesem ›vorher‹... usw. usw.« Im Vor-Verhalten des einen liegt schon die Vorherbestimmung des Nach-Verhaltens des anderen.
Auf diese Weise entdecken wir nun die so häufig vorkommende selffulfilling prophecy, die »sich selbst erfüllende Vorhersage«.

Chef ärgerlich: »Du liebe Zeit, jetzt überlegen Sie sich doch einmal selbst, wie man da am besten rangehen könnte. Seien Sie doch nicht so unselbständig!«
Mitarbeiter: »Ich würde ja gerne selbständig vorgehen, aber Sie haben bisher nie Zweifel daran gelassen, daß Sie *vor* allen Maßnahmen gefragt werden wollen und in alle laufenden Dinge fortwährend eingeschaltet werden. Deshalb komme ich auch jetzt und frage vorher.«
Chef: »Darauf mußte ich doch nur bestehen, weil Ihr so unselbständig seid und ohne mein Eingreifen sowieso alles krumm liefe!«
Mitarbeiter: »Aber sehen Sie, gerade im letzten Monat bei dem Auftrag 2812 habe ich selbständig gehandelt, weil Sie auf Dienstreise waren; und hinterher haben Sie mich sofort zur Rede gestellt, wie ich denn dazu komme, das so zu entscheiden...«
Chef: »Moment mal, dies Problem war aber doch ein ausgesprochenes Politikum. Da können Sie doch nicht einfach so nach Schema F vorgehen.«
Mitarbeiter: »Warum soll das ein Politikum gewesen sein – ich finde, das war ein Auftrag wie jeder andere auch!«
Chef: »Sehen Sie, gerade daran, daß Sie das nicht erkennen, sieht man, daß Sie eben doch nicht so selbständig zu handeln in der Lage sind.
Also gehen Sie jetzt an die Arbeit und reden Sie nicht lang herum!«

So viel zur selffulfilling prophecy, dem Teufelskreis der Kommunikation. Zur Abrundung noch ein kleiner Witz aus der »Klein-Häschen-Serie«: Klein-Häschen kommt zu seinem Opa: »Opa – ha' Du Sorgen?!« Opa: »Nein.« So geht das jeden Tag; »Opa – ha' Du Sorgen?!« – »Nein.« Opa wird immer ärgerlicher, schließlich rasend und zuletzt hängt er sich auf. Klein-Häschen kommt wieder und sagt traurig-wissend zu dem baumelnden Opa hinauf: »Armer Opa! Ha' Du doch Sorgen gehabt!«

Wie die Kommunikation umschlagen kann in eine andere Form – z. B. vom digitalen Inhaltsaspekt zum analogen Beziehungsaspekt, zeigt die folgende altbekannte Szene: Eine Mitarbeitergruppe sitzt in einem Arbeitsgespräch, um ein Problem zu lösen. Die Kommunikation ist gekennzeichnet durch eine natürliche, unbekümmerte Beziehung zueinander; d. h. sie läuft inhaltsorientiert ab; man denkt sachlich nach, tauscht Daten aus, tastet sich gemeinsam in eine unbekannte Problemlandschaft vor. Plötzlich erscheint der Chef und der Kommunikationsvorgang springt um: Nun wird der Beziehungsaspekt wichtiger als der Inhaltsaspekt. Man muß sich profilieren. Wer bringt den klügsten Beitrag (genauer und schlimmer: wer bringt den Beitrag, den der Chef vermutlich für den klügsten halten wird)?

Es wird zunehmend analog und im Beziehungsaspekt kommuniziert. Man versucht, der »Menschenkenntnis« des Chefs entgegenzukommen...

Hier wird absolut deutlich, warum Projektgruppen und Problemlösungsteams im allgemeinen nur erfolgreich arbeiten können, wenn die Arbeitsatmosphäre weitgehend hierarchiefrei bleibt, so daß spontan, natürlich, angstfrei und ohne Profilierungsbedürfnis verzerrungsfreie Kommunikation zustande kommen kann.

Es ist weiterhin entscheidend für den Erfolg eines Problemlösungsteams, ob es bewußt eine geschickte Kombination der beiden Kommunikationsformen (die wir digital und analog genannt haben) arrangieren lernt – im Gegensatz zum unbewußten Vermengen und Durcheinanderbringen. Das heißt: eindeutig logisch setzbare Daten im meßbaren Teil der Problemlandschaft zu kombinieren mit Zeichen, Deutung, Visualisierung, induktivem Vorgehen; assoziierend, sprunghaft – also analog.

Ohne diese bewußte und kombinierende Ausnutzung beider

Kommunikationssysteme ergibt sich meist nur ein Aneinanderhängen digitalisierender Monologe, vermischt mit dazwischenstolpernden Analog-Signalen oder umgekehrt. Diese Szene ist »schuld«, daß wir uns oft nach stundenlangem Palaver doch eigentlich fragen müssen: »Nun sind wir wiederum vier Stunden beieinander gesessen – und was ist endgültig dabei herausgekommen?!« Auch die quälend monotone Redundanz der nur immer wieder und wieder repetierten Meinungen ohne Lerneffekt wird nur allzu deutlich.
Mit besseren Kenntnissen über den Menschen und seine Kommunikationsformen bzw. -störungen hätte wahrhaftig mehr herauskommen können.

Abbildung 10

Ein Budgetgespräch:

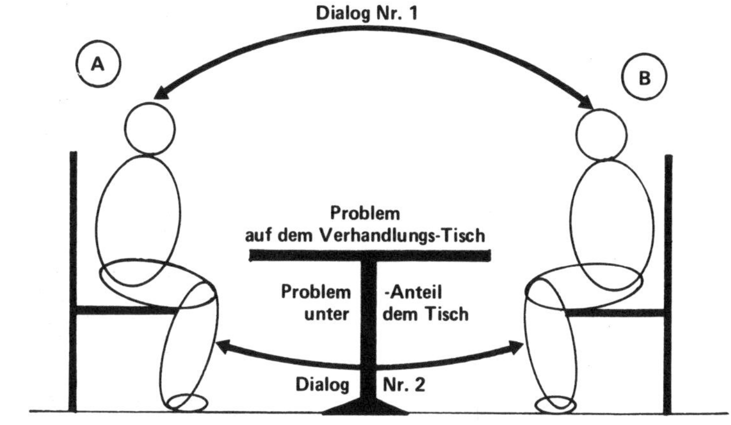

Abteilungsleiter A kämpft mit dem Direktor B um sein Budget für das kommende Geschäftsjahr.
Mit kommunikativ geschärftem Blick lassen sich hier zwei Kommunikationsvorgänge, zwei getrennte Dialoge voneinander unterscheiden: Ein verbaler – *auf* dem Tisch – und ein zweiter Dialog *unter* dem Tisch, gewissermaßen auf der Höhe der Schienbeine. Der erste Dialog sei D1 genannt (mit digitaler Note), der zweite D2 (mit analoger Note).

Verfolgen wir zuerst den Dialog D1:

Abteilungsleiter: »Herr Direktor, wir haben viel vor im kommenden Jahr und müssen unter allen Umständen auch noch zusätzliches Personal einstellen. Hier sind vier Statistiken (legt sie vor) und hier noch ein Gutachten von dem Experten X (seiner Wahl nämlich; er legt das Gutachten vor). Daraus ergibt sich eindeutig und ohne jeden Zweifel, daß wir für meine Abteilung mindestens DM 210000,-- benötigen.«

Direktor: »Nun, sachlich haben Sie sicher recht. Aber Sie wissen selbst: Politik ist die Kunst des Möglichen. Ich komme im Moment von einer Vorstandsbesprechung, und es ist klar zu erkennen: Kürzungen sind notwendig im gesamten Hause. Wir kommen nicht umhin, Ihr Budget erheblich zu kürzen. Sie können mit Sicherheit so kalkulieren, daß Ihre Abteilung mit etwa DM 140000.-- auskommen muß. Im übrigen: ich bin von Ihren Fähigkeiten und Ihrem Organisationstalent nach allen bisherigen Erfahrungen so überzeugt – und das gilt auch für Ihre Mitarbeiter –, daß ich sicher weiß, Sie und Ihre Leute schaffen das auch mit DM 140000.--.«

(analoger Fangkorb...)

Nun D2 *unter* dem Tisch, der nur *gedacht* wird (wir müssen allerdings dem nonverbalen Kommunikationsvorgang nun Worte verleihen):

Abteilungsleiter: »Dieses Jahr kommt er mir nicht aus! Eigentlich würde ich nur 170000.-- benötigen. 30000.-- holt er mir ja grundsätzlich herunter; also sage ich einmal 200000.-- DM. ›Warm anziehen‹ kann nie schaden, also 210000.--.«

Nun D2 beim Direktor: »Also gut, machen wir halt wieder unser Spiel. Letztes Jahr war doch auch schon dieses Getue. Er braucht mit Sicherheit ca. 170000.--. Mehr nicht. Aber ich hol' den Kerl gleich runter! Also fangen wir einmal an mit 150000.--. Mal sehen, was er sagt.« usw. usw.

Nach eineinhalb Stunden einigen sich die Gesprächspartner auf 170000.--.

Da sich hier eigentlich vier Personen besprechen, nämlich zwei oben und zwei unten, hat sich der treffende Ausdruck »Quadrilog« eingeführt. Unsere Betrachtung dieser Szene von außen her als Unbeteiligte ließe im Ernstfall natürlich den dringenden Wunsch entstehen, den beiden zu empfehlen, zunächst einmal über ihre Kommunikation zu kommunizieren. Wenn das »Quadrilogische« auf einen modifizierten D1 reduziert werden könnte, wäre die Zeitersparnis unter Umständen enorm.

Allerdings zeigt gerade dieses Beispiel, daß sich *beide* aus dem »Normalspiel« lösen und übereinkommen müßten, wie die Kommunikation zu verstehen und zu deuten sei.

Verließe z. B. nur der Abteilungsleiter diesen quadrilogischen Ringelreihen, dann ginge er unter Umständen nur mit 140000.-- vom Platze...

Der Direktor hätte dann eventuell nicht kapiert und die erwartete »Speck-Summe« von 30000.-- vorsorglich trotzdem weggeschnitten.

Diese indirekte Kommunikation hinter der direkten Kommunikation wird mit dem Begriff »Meta-Kommunikation« bezeichnet; also Reflexion über die Kommunikation und Verabredung, wie diese zu verstehen sei.

Da mit dem Austausch des Kommunikationsinhaltes immer auch Signale über die Beziehungen zum anderen mitgehen (zum Beispiel: »Du bist mir sympathisch; ich möchte, daß Du mich auch nett findest.« usw.), wäre es nützlich, über diese Beziehungshintergründe auch Meta-Kommunikation betreiben zu können.

Ein Chef gerät über ein vermeintliches Fehlverhalten, in welchem er auch eine persönliche Verletzung sieht, in heftigen Zorn. Er stellt den Übeltäter zur Rede, steigert sich während seiner Vorwürfe noch mehr in Wut und tobt. Der Betroffene erkennt während des Redeschwalls seines Chefs, daß dieser aufgrund einer völlig irreführenden Information zu Unrecht tadelt, kommt aber zunächst gar nicht zu Wort, um ihm das sagen zu können.

Als er den Irrtum endlich nennen und aufklären kann, muß der Chef jäh und peinlich erkennen, daß er sich völlig unnötig so aufgeregt und den Mann zu Unrecht zusammengestaucht hat. Er schweigt betreten und bittet ohne Übergang mit leiser

Stimme, der Mitarbeiter solle ihn zu einer Denkpause allein lassen und sich am nächsten Tag um die gleiche Zeit zur Verfügung halten.
Empört geht der Mitarbeiter weg und kann in der darauffolgenden Nacht schlecht schlafen...
Am nächsten Tag kommt der Chef und erklärt: »Ich muß Ihnen mal was sagen. Gestern, da bin ich geplatzt und aus der Rolle gefallen. Das dürfen Sie nicht krummnehmen. Wissen Sie, da habe ich so einen Vorfahren, der in der ganzen Familie bekannt war als fürchterlich jähzornig. Und von dem habe ich offenbar etwas geerbt. Der Ahne hieß Wurzer. Und meine Frau, die kennt mich schon, wissen Sie, und sieht es mir an den Augen an, wenn der Ahne durchscheint – sie sagt dann schnell: ›Du, paß' auf, der Wurzer kommt!‹ Das hilft meistens und kühlt ab.
Wissen Sie was: Machen Sie es doch genauso. Wenn ich wieder einmal platzen will, sagen Sie einfach: ›Vorsicht, der Wurzer kommt!‹ Okay?«

Das ist Meta-Kommunikation. Welch' eine herrliche Szene! Es gehört allerdings schon einige menschliche Größe dazu, als Chef so zu einem Mitarbeiter zu sprechen.
Übrigens: Aus diesem Gespräch erwuchs eine dauerhafte berufliche Freundschaft. Wie wäre diese Szene ohne Meta-Kommunikation verlaufen?!.

An dieser Stelle ist es zweckmäßig, kurz das Denkmodell der Psychologen J. Luft und H. Ingham zu referieren, das als Beitrag zur Gruppendynamik und zur Erklärung der Ziele des sogenannten »Sensitivity-trainings« unter der Bezeichnung »Johari-Fenster« in die Literatur eingegangen ist. (Johari: ein Kunstwort; zusammengesetzt aus Buchstaben der Autoren-Namen)*

Es liegt auf der Hand, daß Mißverstehen programmiert und Menschenkenntnis unmöglich ist, solange Sender und Empfänger zum Beispiel vorwiegend im Bereich D miteinander kommunizieren. Es gehört zu den wichtigsten Zielen gruppendynamischer Übungen,

Abbildung 11

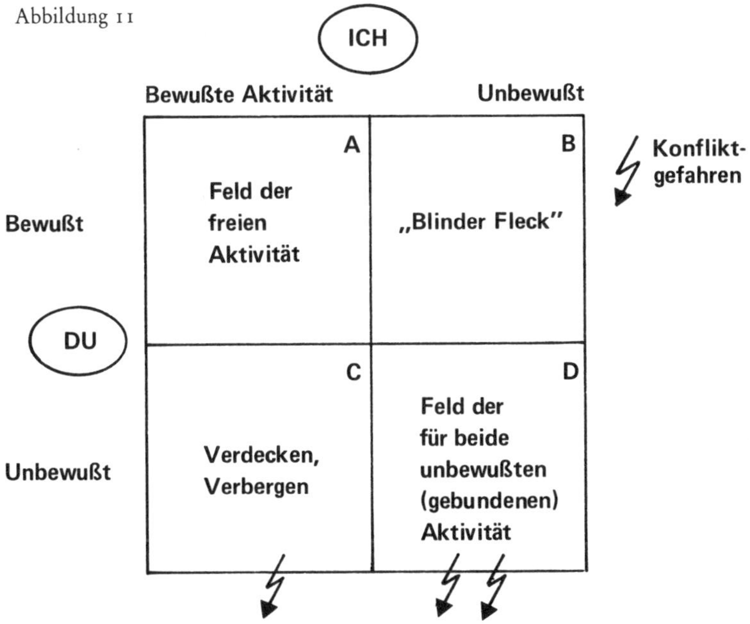

durch das Sichtbarmachen, Erleben und Reflektieren der Kommunikationsvorgänge mehr erkennen zu lassen und ins Bewußtsein zu heben. Die Grafik als Denkmodell will sichtbar machen, worum es geht: Das Feld A auszuweiten und B, C, D, zurückzudrängen – was sich z. B. auch in einer Änderung der Einstellung und des Verhaltens gegenüber anderen Gruppen oder Individuen vollziehen kann. Gelingt solches, wird die Konfliktanfälligkeit in der Kommunikationslandschaft abgesenkt. Selbstverständlich können Graphiken dieser Art nur immer wieder Denkanstöße geben oder heuristische Hilfen sein. Es wird z. B. dabei vorausgesetzt, daß Wahrnehmungs-Verzerrungen und Kommunikationsdefekte in Feld A schon überwunden sind. Es kann sich jedoch nur um Näherungswerte handeln.
Was können wir in diesem Zusammenhang auch ohne gruppendynamisches Training tun?

---

* Luft, J.: Einführung in die Gruppendynamik. Stuttgart 1972

Kommunikationsvorgänge bewußter machen durch schärferes Beobachten. Anstatt selber zu agieren, erst einmal in einer Konferenz sich zurückhalten und nur beobachten, wie wer mit wem in welcher Weise und in welcher Form kommuniziert. Das hilft wieder, die eigenen Kommunikationsformen zu überdenken. Die wichtigste Technik dabei: das sogenannte »Feed-back«. Das heißt, den Partner immer wieder zu fragen, wie er eine »Sendung« aufgenommen hat, wo sie bei ihm »gelandet« ist. Dies gibt uns eine Möglichkeit, zu kontrollieren und zu versuchen, ob der Verzerrungswinkel der Kommunikation verringert oder sogar auf Null gebracht werden kann.
Zum Rückkoppeln, zum Feed-back, ist es jedoch notwendig, vom Senden auf Empfangen umzuschalten.
Und das ist schwierig.
Denn der Mensch redet lieber, als daß er zuhört.

3. Proportionen der Kommunikation

Es gehört also zu den naturgegebenen Erschwernissen der Menschenkenntnis, daß allgemein das Senden sehr viel leichter und intensiver vor sich geht als das Empfangen. Daß man lieber selbst redet statt zuhört. Und dann ist immer noch ein großer Unterschied zwischen dem bloß Reden-Lassen und dem aktiven Zuhören; einer Zuhörens-Aktivität, bei der es mir intensiv darum geht, dahinter zu kommen, was der Partner gemeint hat. Oder herauszufinden, ob der andere mich genauso verstanden hat, wie ich es ihm gesagt habe; besser: wie ich es ihm sagen wollte; oder noch besser: wie ich es ihm »meinen wollte«. Menschenkenntnis basiert vorwiegend auf der Beobachtung, dem Aufnehmen von Signalen, die von anderen ausgehen.
Diese Schwierigkeit im Bereich des Empfangsteils gilt wohl im besonderen Maße für alle dynamischen, kraftvollen, gestalterischen Menschen (wozu wir den Manager rechnen dürfen?).
Und weiter: Je engagierter ein Gesprächspartner ist, je heikler das Thema für ihn ist (wodurch seine emotionale Beteiligung entspre-

chend steigt), umso weniger Empfangskapazität wird normalerweise zur Verfügung stehen, umso stärker wird die Rede-Intensität.

Bildhaft so darzustellen:

Abbildung 12

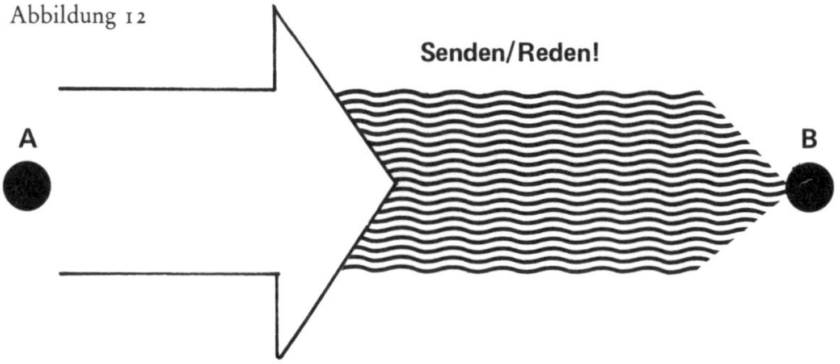

A spricht zu B. Er will B unter großem persönlichen Einsatz überzeugen, fühlt sich voll im Besitz der Wahrheit, der besten Lösung. Mit »starker Sendekraft« redet er auf B ein und dies verhältnismäßig lange Zeit.

Danach spricht B. Was kommt jetzt wie in das Ohr des Herrn A?

Abbildung 13

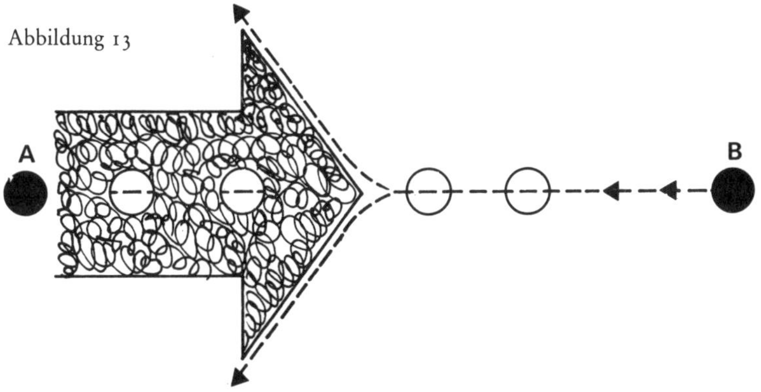

Die Sendung von B geht weitgehend an A vorbei. Denn die Tatsache, daß B überzeugt werden muß, läßt das Interesse an dessen Sendungen rapide absinken (es ist auch völlig unnötig, ihm zuzuhören, denn er verfügt ja sowieso nicht über die richtigen Informationen und den richtigen Wissensstand. Gerade deshalb muß er ja vom Richtigen überzeugt werden!).

Womit ist denn A beschäftigt, solange B zurücksendet?

Natürlich mit der Vorbereitung seiner nächsten Sendungen, die er gleich abgeben wird. Wenn es um ein Kampfthema geht, werden unter Umständen nur einige wenige »Sende-Fetzen« der Sendung des Herrn B aufgenommen; vielleicht einige wenige aus dem Zusammenhang gerissen und in die eigene nächste Sendung eingebaut, um diese noch schärfer zu machen. Was B natürlich erst recht erregt, weil er das so ja gar nicht gemeint hat... usw.

Nimmt man nun auf Seiten des Herrn B dieselbe Aktivität an (um die Metapher nicht umzeichnen zu müssen, genügt es, nun einfach die Buchstaben A und B auszutauschen), erhält man wiederum eine Vorstellung, was »Streit« eigentlich bedeutet. Mit anderen Worten: Der Kommunikationsvorgang ist in extremer Weise gestört. Man hört den anderen kaum, nur Bruchteile kommen an;

sie werden verzerrt oder tendenziös eingefärbt zurückgebracht;

Sendeanteil ist viel zu groß; die Empfangsbereitschaft zu klein; die einzelnen Sendestücke sind zu lang.

Wenn dann noch die Vorstellung hinzukommt, daß bei den Sende-/Empfangsvorgängen digitale und analoge Signale durcheinanderlaufen, wird sichtbar, wie schwierig und belastet Kommunikation sein kann. Es wird sichtbar, was hier »babylonische Sprachverwirrung« heißt und warum unser Leben in den Betrieben so konfliktträchtig sein kann (so wäre Pfingsten eigentlich das wichtigste Fest für den Kommunikationstheoretiker...).

4. Kommunikationsketten

Wir haben nun schon mehrfach auf Verhaltensketten hingewiesen, die gefügt sind durch das wechselseitig rotierende Agieren des Verhaltens, Reagieren auf dieses Verhalten, auf die Reaktion reagieren usw. Wir haben auch den Effekt des »Driftens« gesehen. Da es ein Nichtverhalten nicht geben kann, Verhalten aber immer kommunikative Wirkung besitzt, entspricht der Verhaltenskette eine Kommunikationskette.

Wer Kommunikationsvorgänge beobachtet und beschreiben will, ist gezwungen, zum Zwecke des Beobachtbar-Machens ein Stück aus der jeweiligen Kette herauszuschneiden. Er wird also beginnen, wie wir oben auch, indem er den Anfang des herausgeschnittenen Teils »Agieren« nennt, und von da an von Re-agieren spricht. Daß aber dieses Agieren schon selbst wieder ein Reagieren auf frühere Kommunikation oder auf erworbene Einstellung bedeutet, wird oft nicht bewußt.

(»Erbfeindschaften« zwischen Nationen werden ebenfalls auf diese Weise gepflegt, indem man willkürliche Schnitte durch die Verhaltenskette der Generationen legt. So läßt sich beliebig die »erste Schuld« umschichtig beweisen. Ebenso kann man sich heute die Beweisführungen der kämpfenden Parteien in Nord-Irland vorstellen.

Und nicht zuletzt auch die Begründungen der Notwendigkeit zum Rüsten.)

Diesen methodischen Fehler enthält zum Beispiel auch ein Teil der klassischen Führungsuntersuchungen, als man im Bereich der Menschenkenntnis suchte, welche Eigenschaften eigentlich die erfolgreiche Führungskraft besitzen müsse. Solche typischen Führungseigenschaften sollten dann zum Agens werden, das den Geführten in vorhersehbarer Weise re-agieren läßt (in dem für den Betrieb zweckmäßigen Sinne). Dahinter steht eine etwas mechanistische »Knopfdruck«-Vorstellung. Es wurde dabei die wechselseitige kettenartige Interaktion zwischen Führern und Geführten übersehen.

Haben Sie sich schon einmal folgendes überlegt:

Ein Dompteur erhält Besuch von Verwandten, die seine Vorstellung beobachten. Sie sind begeistert, wie gut er seine Tiere dressiert hat. Ab und zu hört man ein Anrufen, das Loben der Tiere, gelegentlich einen scharfen Peitschenknall; man sieht seine Drohgebärden und ist fasziniert von seiner Macht über die Tiere. Die Vorstellung läuft perfekt.

Der Tiger bekommt nun auch seinerseits Besuch aus der Wildnis und sagt zu seiner Verwandtschaft: »Jetzt paßt mal auf, wie gut ich das Zweibein schon dressiert habe: Ich brauche nur Männchen zu ma-

chen, dann reißt es sofort das Maul weit auf und sagt: Brav, Sascha, brav!
Und wenn ich will, daß er mit der Peitsche knallt, dann winke ich nur mit der Pranke, und schon pariert er. So – los gehts! Jetzt paßt auf, wie das funktioniert!«
Hätte der Tiger eigentlich so unrecht?

Man überlege einmal dieses Bild mit aller gebotenen Vorsicht und mit der schmunzelnd-verstehenden Selbstironie des Weisen im Hinblick auf die Führungsszenerie.
Wer reagiert auf was?
Wer führt wen wohin? Wer dominiert oder unterliegt, wer ist abhängig, wer wird überwacht, wer wird »unterwacht« usw.?
Ein sogenannter geborener Führer wäre ohne den »geborenen Geführten« reichlich hilflos, weil das zugehörige und für das reibungslose Funktionieren notwendige, traditionelle Verhaltensrepertoire oder Reiz-Reaktionsmuster von dem »nichtgeborenen Geführten« nicht mitgemacht werden würde. (Das kann zum Beispiel auch der Besitzer eines jungen Spaniels erfahren, wenn das Tier während der ersten vier Monate jede Erziehungsmaßnahme, selbst Schläge, Schimpfen, Drohen ausschließlich für Spieläußerungen aller Art hält. Die Verhaltenskette und die Kommunikationskette zwischen Mensch und Tier bekommen dabei skurrile Verschlingungen. Wer dressiert wen?)
Das kann zum Beispiel auch ein Manager erfahren, der in Asien oder Afrika in anderen Kulturen ein Werk aufbauen soll und sich nun plötzlich anderen Reiz-Reaktionsmustern gegenübersieht, die sein bisheriges erfolgreiches Managerverhalten aus den Angeln hebt. Wer dominiert hier?
Das kann ein Strafvollzugsbeamter in bitterer Weise erfahren müssen, wenn intelligente Politbanden-Mitglieder oder Terroristen mit Universitätsstudium, denen solche Zusammenhänge vielleicht bekannt sind, jede gewohnte Verhaltensnorm des Sträflings verlassen. Damit können sie die Szene in einem Grade »indirekt führen«, daß der Strafvollzug für die Beamten zur Qual und für den normalen Staatsbürger zum Ärgernis wird.

Der Kreislauf der Kommunikation, häufig ein Teufelskreis, wie wir gesehen haben, wird hierbei zwar auch durchbrochen, aber nicht in der kreativen Form der Meta-Kommunikation, die über die Kommunikation und deren Beziehungen kommuniziert, sondern in der Weise, daß die Reiz-Reaktionskettenglieder anders aneinander gefügt werden als üblich – schockierend für den, der darauf nicht gefaßt ist.

5. Transaktionsanalyse

Zum besseren Verstehen eigenen und fremden Verhaltens und als nützliche Anregung zur Metakommunikation – somit auch als Technik zur Vermeidung von Konflikten und Kommunikationsverzerrungen gedacht – kommt aus dem Bereich der amerikanischen Psychotherapie eine recht pragmatische methodische Anregung unter der Bezeichnung *Transaktionsanalyse* (E. Berne, »Spiele der Erwachsenen«, Hamburg 1967 und T. A. Harris, »Ich bin okay – Du bist okay«, Hamburg 1975).
Sie soll unser Kapitel über Kommunikationsvorgänge und Kommunikationsstörungen als Hintergrund der Menschenkenntnis abschließen.
Transaktionsanalyse ist ein weiterer Versuch, Meta-Kommunikation zu betreiben, indem methodisch die oft so heillose und für den Partner nicht bewußte Vermischung von digitalen und analogen Kommunikationen aufgedeckt wird unter Zugrundelegung verschiedener Schichten des »Ich«. Die Transaktionsanalyse ist nach Harris eine Methode »...zur Untersuchung dieser einen Transaktion, in der ›ich Dir etwas tue und Du mir wieder etwas tust‹. Sie bestimmt, welcher Teil des vielschichtigen Individuums »herauskommt« (Harris, ebenda, Seite 27).
Die Transaktionsanalyse bemüht sich außerdem, Begriffsdefinitionen gleicher Bedeutung zu vereinbaren. »Eindeutigkeit der Begriffe und Einigkeit darüber, was untersucht werden soll, das sind die beiden Schlüssel, die das Tor geöffnet haben zu den Geheimnissen, warum die Menschen handeln, wie sie es tun.«
Es ist eben etwas anderes, ob ich frage: »Weißt Du, wo meine Man-

schettenknöpfe liegen.« (Inhalt) – oder ob ich frage: »Verdammt noch mal, wo sind meine Manschettenknöpfe, wer hat denn die schon wieder verräumt?« (Beziehung).

Und es ist wieder etwas anderes, ob meine Frau antwortet: »Schau doch mal im Handschuhfach des Wagens nach, da sah ich sie vor kurzem liegen.« (Inhalt) – oder ob sie zischt: »Wo Deine Manschettenknöpfe liegen?! Da, wo Du sie zuletzt hingelegt hast!« (Beziehung).

Das Wort Transaktionsanalyse erscheint mir für den Alltagsgebrauch nicht sehr glücklich. Transaktion – wörtlich das Hinübertragen, Hinüberbringen – deutet im Prinzip nur in eine Richtung. Gemeint ist aber mehr eine Aktion-Reaktion-Analyse. Die zugrundeliegende Frage lautet: Warum reagiert der Mensch und aus welcher Persönlichkeitsschicht heraus auf welche Reize des anderen; und aus welcher Persönlichkeitsschicht kommen diese – mit welchen Folgen?

Das Denkmodell der Transaktionsanalyse kann übrigens ohne Schwierigkeit in unser Schema vom Aufbau des Seelenlebens (Seite 59) übertragen werden.

Die amerikanischen Autoren gehen davon aus, daß im Menschen drei Ich-Formen übereinandergelagert wirken: Zuunterst das Kindheits-Ich, darauf das Erwachsenen-Ich und darüber das Eltern-Ich.

Das *Eltern-Ich* ist geprägt durch die Übernahme elterlicher Vorbilder. Sie werden schon im frühen Kindesalter aufgenommen (»Der Apfel fällt nicht weit vom Stamm...«).

Es kann sich in negativer oder positiver Form entwickeln: in der kritikorientierten, entmündigenden Form, die bis zur knöchern-gouvernantenhaften Verhaltensweise geht und vorwiegend auf Normen (auch sinnlose) pocht,

oder

in der elterlich-fürsorglichen Form, die eher auf der Einhaltung sinnvoller Normen beruht oder sich helfend daran orientiert.

Man erkennt die Ich-Form, aus der heraus agiert wird, an den Formulierungen und ihrer »Musik«. Die Formulierungen des Eltern-

Ich sind durch Eindeutigkeit gekennzeichnet und daran zu erkennen, daß sie kaum neue Informationen zulassen:

- Ich kann es auf den Tod nicht leiden, daß...
- Du mußt immer daran denken, daß...
- Wie oft habe ich Dir schon gesagt, daß....

Auf den Betrieb übertragen:
- Kommen Sie mir ja nicht damit...
- Ich bitte mir aus, daß...
- Was fällt Ihnen ein, Sie können doch nicht...

Ein Kind, das in der Volksschule seine Schuhe noch nicht selbst binden kann, weil die Mutter (laß' mich das machen, das kannst du noch nicht...) das Kind durch ihre overprotecting-Haltung nicht selbständig werden ließ; ebenso ein unselbständiger Mitarbeiter mit einem »Hier-geht-nichts-raus-was-nicht-über-meinen-Tisch-ging-Chef« sind beide durch Verhaltensweisen »verdorben worden«, die auf demselben (buchstäblich...) psychologischen Mist gewachsen sind.
Jene Mutter und dieser Chef – beide setzen unter Umständen hinterher ihre Menschenkenntnis ein und diagnostizieren...
Die Mutter bedauert: »Das Kind ist leider noch sehr unselbständig!«
Und der Chef stöhnt: »Meine Mitarbeiter können mich leider kaum entlasten, die wesentlichen Dinge muß ich doch selber tun.«

Das *Erwachsenen-Ich* ist schon eher zur Sachlichkeit fähig, hütet sich vor unrealen Extrempositionen, holt klug und vernünftig Informationen ein, arbeitet in bewußter und geschickter Kombination und digitaler wie analoger Kommunikation, vorwiegend inhaltbezogen. Die Beziehungen laufen weitgehend im Feld A des sogenannten Johari-Fensters ab, sind weniger gesteuert durch unbewußt wirkende Vorurteile und deshalb lernoffen.

Es ist erkennbar aus Formulierungen folgender Art:
- Warum, was, wo, wer, wie? Also generell an fragender Informa-

tionssuche. Aber auch an Äußerungen, die Verzicht auf »reichsgerichtliche Urteile« bedeuten und Offenheit für Lernprozesse signalisieren:

- »Meiner Meinung nach...« (doch wie siehst Du das?)
- »Ich denke...« (wie denkst Du darüber?)
- »Wahrscheinlich...« (ganz sicher kann ich es auch nicht sagen)
- »In welchem Verhältnis steht...« (Verzicht auf »Schwarz-Weiß-Malerei«)
- »Wen brauchen wir dazu?«

Das Kindheits-Ich

Das Kindheits-Ich bringt vorwiegend Ausdrücke der im Kindesalter angehäuften Gefühlserinnerungen, die in der schmerzlichen Phase des Aufprallens an Grenzen im Sozialisierungsprozeß fixiert worden sind. Oder auch durch Gefühle der glücklichen Geborgenheit in elterlicher Liebe, herrührend aus der gleichen Zeit.

Das Kindheits-Ich ist frustriert, fühlt sich unzulänglich, reagiert stark emotional, bockt, trotzt und greint, ist schutz- und anlehnungsbedürftig. *Oder* es reagiert spontan, kreativ, neugierig, unbekümmert und offen für »Aha-Erlebnisse«. Letzteres ist erkennbar an unbekümmerten Ausrufen, kreativer Spontaneität und Entdekkerfreude. Ersteres an der frustierten Art, die das Gefühl »Ich bin nicht okay« gibt:

- »Weiß ich doch nicht...«
- »Das ist doch nicht mein Bier...«
- »Ich möchte...«

Vor allem wird das ehemals gedemütigte, Unzulänglichkeitsgefühlen ausgesetzte Kindheits-Ich sichtbar in allen Angebereien, insbesondere in Superlativ-Verwendungen; oder in dem immerwährenden Imponier-Spiel; »Meins ist besser als Deins.«

In seinem Verhalten gleitet der Mensch zwischen diesen verschiedenen Ichs hin und her. Jeder von uns pendelt aber mit der Zeit doch die meisten seiner Verhaltensweisen auf *eine* bestimmte Ich-Form ein.

Die große Hoffnung ist das Erwachsenen-Ich. Es ist im Transaktionsmodell der Garant dafür, daß der Mensch sich (denkend) vernünftig ändern kann – trotz aller Vorbelastung durch Erbe, Vorurteile, Gefühle, Einstellungen, frühkindliche Deformationen psychischer Art.

Zur Übung: Erinnern Sie sich an Formulierungen aus der letzten Problemlösungskonferenz?

Zum Beispiel: »Genug herumgeredet! Wenn jetzt nicht bald eine Entscheidung fällt, können Sie ohne mich weitermachen...« (Welches Ich sprach hier?)
Solche und ähnliche Formulierungen können verärgerte Kapitulationen vor zunächst nicht zu bewältigender Kompliziertheit sehr verflochtener, vielschichtiger Probleme bedeuten.
Aus dem Erwachsenen-Ich stammen eher solche Formulierungen im Rahmen der Konferenz: »Kollege A. sagte...«, »Kollege B meinte...«; »Nun – mir persönlich scheint, sie formulierten jeweils sehr pointierte Positionen. Es stellt sich nun für uns alle die Frage, wo zwischen diesen beiden Extremen ein realisierbarer Weg zu finden wäre.«
Auf den Herkunftsort Kindheits-Ich könnte zum Beispiel folgende Formulierung deuten: »»Also ich hab' jetzt den Kanal voll; ich gehe erst mal Kaffee trinken.«
Oder: »Geben wir's doch auf, das schaffen wir nie...«
Die sich im Menschen als »Lebens-Grundmelodie« ausbildende Lebenseinstellung der Umwelt gegenüber drücken Harris und Berne in vier etwas flapsigen, aber eingängigen Formeln aus:

1. Ich bin nicht okay – du bist okay
2. Ich bin nicht okay – du bist nicht okay
3. Ich bin okay – du bist nicht okay
4. Ich bin okay – du bist okay

Zu 1.: Ich bin nicht okay – du bist okay
Diese Lebenseinstellung basiert auf dem frühkindlichen Erleben, daß das kindliche Selbstwertgefühl ausschließlich von der Bewer-

tung durch andere abhängt (Dummer Bub, paß doch auf! – Mit schmutzigen Händen kommt man nicht an den Tisch, du Ferkel!) Das Aufprallen der kindlichen Wünsche an Umweltgrenzen, das Zurechtrücken dieser Wünsche durch die Umwelt, vor allem das (im Erziehungsalter naturgemäße) Sich-unzulänglich-Erleben des kleinen, hilflosen Kindes bedingt solcherlei Einstellung.
Menschen mit einem Kindheits-Ich, das sich über diese Einstellung hinaus nicht weiter entwickeln konnte, fühlen sich anderen schnell unterlegen. Mit dieser Einstellung kann man aber schlecht leben. Deshalb muß dieses Gefühl der Minderwertigkeit in irgendeiner Weise abgewehrt werden. Dies kann auf zweierlei Weise geschehen: Entweder man geht nach dem Verlust des Selbstvertrauens in seinen eigenen »Underground« und vollzieht das »nicht-okay« aggressiv mit einer tragischen Konsequenz. »Man tritt, spuckt und kratzt sich seinen Weg durchs Leben...« (Harris, ebenda Seite 63). Man ist so unzulänglich und so nicht-okay, wie man sich von der Umwelt benannt fühlt.
Oder man sucht für sein schwaches Selbstwertgefühl einen Menschen mit Status Eltern-Ich, einen starken Stamm zum Anbinden. Man saugt Anerkennung, opfert sich auf, willfährig und nachgiebig allen Forderungen gegenüber, immer im Wettlauf um Beifall (streicheln...).
Vorsicht für den Manager als »Menschenkenner«! Mancher aufopfernde Mitarbeiter, der unentwegt immer wieder neue Berge von Arbeit auf sich nimmt und wegen seines Bedürfnisses nach Anerkennung nicht Nein zu sagen vermag, kann dazu gehören und ist im Sinne totaler Überlastung gesundheitlich gefährdet.
Therapeutisches Bewußtmachen solcher »Lebens-Drehbücher« (lifescript) und ihrer Entstehung kann zur Änderung des Lebensplanes unter Zugrundelegung eines gestärkten Erwachsenen-Ichs führen.

Zu 2. Ich bin nicht okay – du bist nicht okay
Am frühkindlichen Anfang dieses Lebensdrehbuches stehen meistens Verlassenheit, Bedrängnis, familiäre Kälte oder überhaupt Familiendefekte. Solche Menschen geben auf, in mehr oder weniger starkem Maße. Innere Mattigkeit und lustloses Abwinken, Sichzu-

rückziehen sind die Anzeichen dafür.
»Es hat doch alles gar keinen Zweck.«
Mit dieser resignativen Note lassen sie sich schieben und tun nur das Notwendigste. Die Resignation kann andererseits auch in zerstörerische Aggression übergehen: Man zerstört sich und den anderen. Denn nichts ist okay, und deshalb auch nicht erhaltens- oder aufbauenswert (man denke an die Lebensläufe so mancher Terroristen).

3. Ich bin okay – du bist nicht okay
Eine Lebenseinstellung, die sich, wie Harris berichtet, bei Kriminellen und kriminellen Psychopathen häuft. Sie entsteht vorwiegend, wenn die Kälte frühkindlicher Lebensatmosphäre mit Brutalität der Bezugspersonen einhergeht.
Während der Erholung von empfangenem Schmerz durch solche Atmosphäre bildet sich das »Ich bin okay«, und der Haß entsteht. Haß stärkt dann das Ich.
In solchen Lebens-Drehbüchern sind immer die anderen schuld...
Harris nennt diesen Zustand »moralischen Schwachsinn«.
Die anderen sind nicht okay.
Diese Einstellung wird auch nicht mehr geöffnet für Lernprozesse. Sie ist geschlossen und fixiert.
Der in solchem Leben zu kurz gekommene »Streichelhunger« kann dazu führen, daß man professionelle »Streichler« bzw. Ja-Sager um sich herum organisiert. Deren unermüdliches Lob kann aber keine Befriedigung bringen, denn diese anderen sind ja nicht okay; folglich taugt auch ihr Lob nicht. Man wird zum Menschenverächter.
Natürlich werden durch solche schematischen und »digitalen« Einteilungen eines komplizierten, äußerst differenzierten Vorganges vornehmlich Grenzpunkte markiert zum Zwecke der Verdeutlichung. Es dürften alle Übergangsformen denkbar sein.
Im Betrieb nun äußern sich solche Einstellungen zum Beispiel in ausgeprägter Überheblichkeit. Auch hier: »Schuld sind immer die anderen...«
Das ist jedoch nicht zu verwechseln mit dem harmloseren, oft geübten »Schwarzer-Peter-Spiel«, wo im Streß der Profilierungsnotwendigkeit und der Tadel-Abwehr die Akte des Schwarzen Peters

für schuldhafte Versäumnisse von einer Abteilung zur anderen geschoben wird.
Die Parallelität dieses Lebensdrehbuches »Ich bin okay – du bist nicht okay« mit dem Bild der autoritären Persönlichkeit nach Adorno ist deutlich.

4. Ich bin okay – du bist okay

Werden die ersten drei Einstellungen auf Gefühlen aufgebaut und unbewußt in frühkindlicher Zeit installiert (die erste frühkindliche Einstellung ist im normalen Leben naturgemäß »Ich bin nicht okay – Du bist okay«, die dann allzu oft so fixiert bleibt), gehört die vierte einer anderen Dimension an.
Sie entsteht nicht durch Gefühle, sondern durch Informationen, die über die eigenen Erfahrungsmöglichkeiten des bisherigen Lebens hinausführen. Durch Denken und Abstrahieren, durch Entdekkung des eigenen Wertes und durch intelligentes Offenbleiben für die Werte der anderen. Es ist eine vom allmählich gewachsenen Erwachsenen-Ich erarbeitete Lebenseinstellung.
Dazu gehört auch der Aufbau einer rational unterlegten Ethik. Ebenso ein langer Spannungsbogen, der in größeren Zusammenhängen und größeren Zeiträumen zu denken ermöglicht und nicht kindlich-kurzatmig nach Augenblicksglück von »Kaubonbon-Qualität« hechelt.
Wesentlich an diesen Beobachtungen der Transaktionsanalytiker ist für uns, mit Hilfe solch pragmatischer Beobachtungsraster (natürlich mit aller gebotenen Vorsicht wegen der grob-vereinfachenden Tendenz, der alle solchen Erklärungsversuche unerhört komplexer Strukturen ausgeliefert sind) unser Auge schärfen zu können für die Beurteilung menschlichen Verhaltens; zum Teil auch für die Beantwortung nach dem Warum dieses Verhaltens. Wertvoll aber auch, weil Ansätze sichtbar werden zur Änderung, wo Änderung notwendig wäre zur besseren Bewältigung betrieblicher Zusammenarbeit. Hier bringt diese neue Façette der Menschenkenntnis mehr von dem an das Licht, was *möglich* wäre.
Wenn bewußtgemacht werden kann, daß die ersten drei Lebenseinstellungen auf unbewußt fixierten Gefühlen beruhen und durch unsere Gewohnheiten nur immer wieder neu fixiert werden, eröffnet

sich die Möglichkeit, aus diesem konfliktschaffenden Kreislauf auszubrechen. Dann kann mit Hilfe des Erwachsenen-Ich eine neue Lebensanschauung wachsen.
Das Ausbrechenkönnen aus der Fixation der ersten drei Lebenseinstellungen zur vierten hin wäre demnach allegorisch mit der Szene des brennenden Dornbusches zu vergleichen – also Durchstoßen zu einer neuen Dimension.
Mit dem Unterschied allerdings – und das ist für die betriebliche Praxis wichtig –, daß solche Entwicklungen normalerweise nicht mit der Plötzlichkeit der Paulinischen Erkenntnis vor sich gehen, sondern in langsamer, Geduld erfordernder Folge. Denn Alteingefahrenes, Fixiertes, gefühlsbedingt Gewohntes in die Klarheit bewußten Gestaltenkönnens heraufzuheben, das braucht Zeit, Kraft und Übung.

Im Entscheidungsdilemma liefern alle drei Instanzen Daten:

Uraltes, mit Gefühlswert aufgeladenes Speichergut des Kindheits-Ich oder des Eltern-Ich
und die Datenbank des Erwachsenen-Ich.

Wie werden Entscheidungen jeweils »vorbereitet«?

Ein Beispiel: Ein Lehrer fährt 1943 mit der Bahn nach Dresden.
Im Abteil liest er in der Bibel.
Ein uniformierter SA-Funktionär steigt zu, sieht die Bibel, grüßt mit hochgehobener Hand und lauter, provokativ forcierter Stimme: »Heil Hitler«.

In dem darauffolgenden Augenblick spielt sich wohl in Sekundenbruchteilen in dem Lehrer eine nahezu schicksalhafte »Entscheidungsleistung« ab; zu verstehen als konkurrierender Datenabruf aus verschiedenen Speichern, zum Teil bewußt, zum Teil unbewußt.
Versuchen wir, den Prozeß durch Anleuchten einiger möglicher Daten im Speicher zu erkennen.
Eltern-Ich: »Hüte dich, aufzufallen!«
»Sei vorsichtig!«
»Man gefährdet sich nicht unnötig!«
»Willst du mit deinem Trotz deine ganze Zukunft aufs Spiel setzen?«

Kindheits-Ich: »Ich habe Angst!«
»Ich brauche Sicherheit!« (Die archaische Angst, aus dem Kindheits-Ich aufsteigend, kann oft sehr viel größer sein, als es die reale Gefahr rechtfertigen würde.)

Das einfachste wäre, die Angst zu beenden durch Nachgeben gegenüber dem Eltern-Ich.
Aber das Erwachsenen-Ich gibt ebenfalls Daten ab, zum Beispiel folgende:

»Gelten die Vorsichtsmaßnahmen, die Vorsichtsregeln der Eltern in jedem Fall?«
»Soll ich dem Mann durch verbale Unterwerfung einmal mehr bestätigen, daß man die ›feige Brut‹ nur energisch anzupacken braucht?«
»Was könnte ich in ihm auslösen, wenn ich standhalte?«
»Wieviel Risiko ist mir meine Selbstachtung wert?«
»Wie würden die Eltern *jetzt* raten, wenn sie mich *hier* sähen?«
»Kann ich den Angstanteil aus dem Kindheits-Ich auf das dieser Szene gerechte Maß reduzieren?«
»Welche Folgen könnten auftreten, minimal – maximal – wahrscheinlich?«
Und anderes mehr.

In unserem Beispiel hatte nun das Erwachsenen-Ich entschieden. Es wählte eine mutige, aber diplomatische Verhaltensweise. Der Lehrer antwortete lediglich: »Hm.« –

Dies veranlaßte den SA-Mann zu einem noch lauteren, provokativeren Wiederholen seines Heil-Hitler-Grußes. Bedrohlich.
Erneuter Entscheidungskampf im Datenspeicher des Lehrers. Erneute Entscheidung des Erwachsenen-Ich: »Hm«; und er las weiter mit dem mimischen Analogsignal: »Ich lese jetzt und es geht gegen die Anstandsregel, mich jetzt stören zu wollen.«

Daraufhin setzte sich der SA-Mann und meinte: »Na – dann eben ›Gelobt sei Jesus Christus!!‹«
Der digitale Kommunikationsinhalt, der Wortinhalt also, signalisierte in seiner schweren Durchschaubarkeit und Paradoxie Alarmstufe eins. Das Analogzeichen des Sich-setzens hingegen deutete Chancen zur Entspannung an.

Das Erwachsenen-Ich im Lehrer entschied für Vorwärtstrategie und er

antwortete *lachend*: »... in Ewigkeit, Amen!«
Der SA-Mann zuckte daraufhin neutralisierend mit den Achseln, hatte offensichtlich keine Lust, sich weiter mit der Sache zu befassen; neue Reisende stiegen zu, die Szene klang harmlos aus.

Diese Szene so darzustellen ist natürlich nicht frei von spekulativem Element. Sie soll lediglich zeitlupenartig, so gut es geht, und hypothetisch Verständnis für die Komplexität der Entscheidungsvorbereitung erwecken, vor dem Hintergrund dieser drei Datenspeicher.

Die Szene läßt darüberhinaus deutlich werden, daß Entscheidung, Prioritätensetzung immer ein Arrangement mit unvollständigem Informationsstand sein muß. Der Entscheider muß immer die Unsicherheit über den Ausgang der Entscheidung ertragen.

Das Kindheits-Ich hingegen will immer Sicherheit.

Transaktionen in verschiedenen Richtungen

Abbildung 14

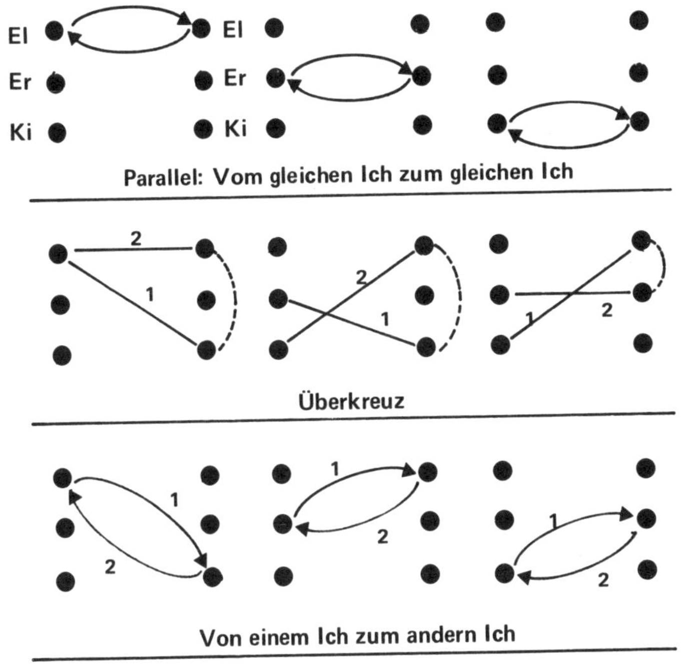

Einige Beispiele:

Reiz durch Person A	Reaktion der Person B
1. »Während meiner Ausbildungszeit hätte keiner mit solchen Faxen zum Chef zu kommen gewagt.«	»Ja, es würde nichts schaden, wenn mal schlechtere Zeiten kämen, damit denen die Flausen vergehen.«

Das war:
Eltern-Ich zu Eltern-Ich und zurück

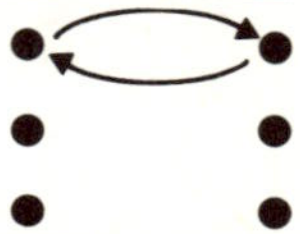

2. »Ich bin der Ansicht, wir sollten wegen der raschen Lieferfähigkeit den Rohstoff wieder bei XX bestellen – oder was sagen Sie dazu?«	»Ich würde lieber bei YY bestellen. Die Warenprüfung meldet, daß die Qualität um so viel besser ist, daß die lange Lieferfrist das kleinere Übel ist.«

Erwachsenen-Ich zu Erwachsenen-Ich und zurück

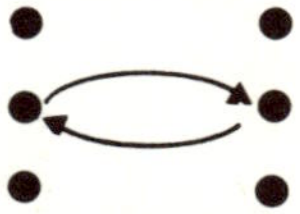

3. »Der Müller will sich durch die Samstagsarbeit doch nur einschmeicheln beim Chef.«	»Genau. Und der Chef fällt auch noch darauf 'rein und lobhudelt öffentlich über ihn.«

Kindheits-Ich zu Kindheits-Ich und zurück

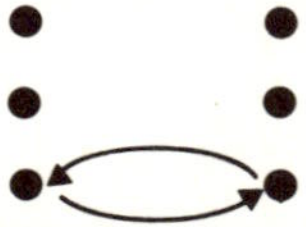

4. »Darf ich Sie fragen, Herr Direktor, wie Sie das Problem lösen würden; ich glaube, hier fehlt mir einfach Ihre so große Erfahrung.«	»Es ist recht, daß Sie fragen kommen; also ich würde es mal so anpacken: ...«

5. »Hier, ich bin fertig mit der Arbeit. Wie finden Sie es?«

»Also, was ich nicht selber tue, das ist nicht getan!«

Erwachsenen-Ich fragt in Richtung Erwachsenen-Ich

es antwortet jedoch das Eltern-Ich in Richtung Kindheits-Ich

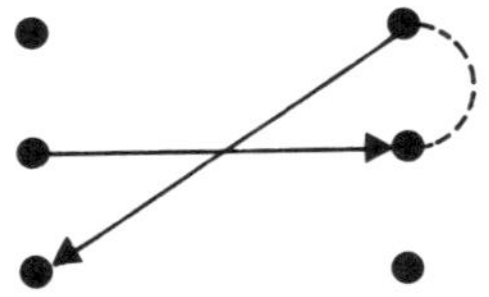

6. Ein Beispiel für verdeckte »Über-Kreuz-Transaktion«, die Demütigung bzw. Entmutigung dem anderen ersparen will und dem Erwachsenen-Ich aufhelfen soll.

Die Geschäftsführung hört sich in einer Konferenz die Präsentation des verantwortlichen Ingenieurs aus der innerbetrieblichen Bauabteilung an, der für die gesamte Installation zuständig ist. Der Mann ist von Haus aus Heizungsfachmann. Er schlägt eine neue Heizanlage vor, denn die alte ist irreparabel verbraucht. Das ist nun *seine* Stunde. Er will imponieren und bringt in seinem Perfektionsdrang einen ungemein aufwendigen Vorschlag daher, der die letzten Raffinessen der Heiztechnik realisieren will; man spürt, er will anerkannt werden für diese Leistung und ist überdies ganz vernarrt in die technischen Details; Sie gehen jedoch viel zu weit und bringen unnötigen Komfort, der nie ausgenutzt werden kann.

Das federführende Geschäftsleitungsmitglied antwortet nach einer Denkpause schmunzelnd: »Also, da steckt viel Arbeit drin! Aber – ich sehe jetzt ein, wir sind ein Spezialunternehmen zum Einbau maximaler Heizungsanlagen...«

Kindheits-Ich an Eltern-Ich

Erwachsenen-Ich sucht mit seiner Aussage das andere Erwachsenen-Ich

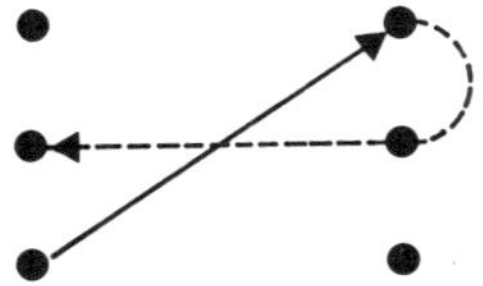

Damit überträgt der Chef im Beispiel Nr. 6 indirekt eine Reihe von Signalen:
Das begleitende Schmunzeln meldet:

- »Ich nehme nicht übel; wir bleiben Freunde...«
- »Du hast Dir viel Mühe gegeben, das anerkennen wir.«
- »Aber Du bist übers Ziel ziemlich hinausgeschossen, kann mal passieren.«
- »Jetzt müssen wir das auf das rechte Maß bringen.«
- »Ich möchte Dir meine Kritik in netter Form sagen, damit sich in entkrampfter Atmosphäre weiterreden läßt und Du Dich vor Deinen Kollegen nicht gedemütigt fühlen sollst, wenn wir jetzt gemeinsam versuchen, den richtigen Weg festzulegen.«

Hätte dieses Geschäftsleitungsmitglied von seinem Eltern-Ich aus an das Kindheits-Ich des Ingenieurs gesprochen, wäre vielleicht folgende Formulierung herausgekommen: »Hören Sie mal, ich hatte bei Ihnen doch etwas mehr Denken in Aufwands- und Ertragsrelationen erwartet. Das ist doch völlig überkandidelt. Bringen Sie das mal bis morgen auf ein vernünftiges Maß und kommen Sie dann wieder!«
Abschließend die Methoden zum Aufbau eines starken Erwachsenen-Ich nach Harris.

1. Lerne dein Kindheits-Ich erkennen, seine verwundbaren Stellen, seine Ängste, die häufigsten Formen, in denen es seine Gefühle ausdrückt.

2. Lerne dein Eltern-Ich erkennen, seine Gebote und Verbote, seine unverrückbaren Grundsätze und seine wichtigsten Möglichkeiten, diese Gebote, Verbote und Grundsätze auszudrükken.

3. Sei aufgeschlossen für das Kindheits-Ich im anderen Menschen, sprich zu ihm, beschütze es und erkenne sein Verlangen nach kreativem Ausdruck ebenso an, wie die Last des Nicht-okay, das es mit sich herumträgt.

4. Zähle bis zehn, wenn nötig, um dem Erwachsenen-Ich Zeit zur Verarbeitung der Daten zu geben, die in den Computer kommen, damit es das Eltern-Ich und das Kindheits-Ich von der Realität trennen kann.

5. Wenn du im Zweifel bist, dann laß' es. Man kann dich nicht wegen einer Sache angreifen, die du nicht gesagt hast.

6. Erarbeite ein Wertsystem. Ohne ethisches Fundament kannst du keine Entscheidungen treffen.

Stellen wir uns Gespräche vor. Mit einiger Übung lassen sich die Ich-Quellen der Gesprächsteile leicht orten:
Grundsätzlich ist festzuhalten, daß Eltern-Ich und Kindheits-Ich nicht a priori »schlecht« sind. Wenn sie jedoch fixiert werden, stekkenbleiben und das Erwachsenen-Ich daran hindern, zu wachsen und langsam das Kommando zu übernehmen, dann können Eltern-Ich oder Kindheits-Ich ein Lebensdrehbuch schreiben, das einen schlechten Lebensfilm ergibt.
Übernimmt aber das Erwachsenen-Ich langsam das Kommando, dann wird entschieden, was sich aus dem Eltern-Ich zu erhalten lohnt und welche Beiträge das Kindheits-Ich leisten darf.
Es mag Kritiker geben gegenüber dem Ansatz der Transaktionsanalytiker – vielleicht auch wegen einer zu starken Einpressung der komplizierten Wirklichkeit in schematische Begriffe und grobe Raster. Dennoch bringt diese Denk- und Diagnose-Richtung gerade für den Mann der Praxis pragmatische Hilfen.
Natürlich kann man jedes Prinzip und System zu Tode reiten. Es wäre eine skurrile Vorstellung, wenn nun alle, die an Menschenkenntnis interessiert sind, den Betrieb durchschweifen würden und jedes Gespräch nach Ich-Formen abklopfen.
Wenn diese Gedanken schon vom Leser im Erwachsenen-Ich gelesen und verarbeitet wurden, wird man auch ohne weiteres das rechte Maß finden, wie und in welcher Weise das Gedankengebäude in der Praxis des Manager-Alltags eingesetzt werden kann.
Wir sprechen also keinesfalls einer »Psychologisierung« des Betriebes das Wort. Nichts liegt uns ferner, als eine neue Art von »Psycho-Taylorismus« auszurufen.
Die Transaktionsanalyse kann jedoch als Diagnoseinstrument für menschliche Konfliktquellen nützliche Dienste leisten.
Wer weiß, wieviel Zeit und Kraft das Management aufbringen muß, um Konflikte zu bewältigen und die Auswirkung solcher Konflikte

zu mildern, der greift gerne nach jeder Möglichkeit zur Konfliktverarbeitung. Wir sind nicht einer unausweichlichen Determination unterworfen; es gibt trotz »unbewußter« Einflüsse und Getriebenheiten durch die archivierte Mitgift frühkindlicher Eindrücke in einem endlosen Geschiebe von Ursachen und Wirkungen doch Möglichkeiten zur Änderung. Das Denken des Erwachsenen-Ich hat die Chance, *selbst Ursache zu werden.*
Ursache für Änderungen.

D. Im Hinblick auf die äußere Umgebung (Organisation)

1. Eine Organisation kann nicht Nichtwirken

Akzeptiert man einmal als Denkmodell den Betrieb als eine Art Organismus mit Aufbau, Struktur und Beziehungsgeflechten, und gestehen wir ihm die Möglichkeit zu, Ausdrucksqualitäten zu haben (wie wirkt er, welches Image geht von ihm aus, welches Klima bietet er?), so könnte diesem Organismus als Theorem ebenfalls ein »Gesamtverhalten« zugedacht werden.
Demgemäß gelte dann auch für ihn der Satz, daß man sich nicht Nicht-verhalten kann. Mit anderen Worten: Alles Äußerliche im Unternehmen, also vom Parkplatz und der Außenfront angefangen über den Raum und den Arbeitsplatz bis hin zum organisatorischen Ordnungsprinzip und den Arbeitsablauf-Formularen, nicht zu vergessen den Schreibstil –, alles dieses »wirkt« im Sinne eines Signales oder Reizes. Alles ist Aussage auch über Psychologisches, über Einstellung, Wertmuster, Verhaltensnormen und Beziehungen zueinander. »Ding« gewordene Aktion – entweder bewußt gestaltete oder laufengelassene Aktion. Die Mitarbeiter reagieren darauf.
Wir haben diesen Zusammenhang schon angedeutet in dem Kapitel über die Auswirkungen der semantischen Deutungsaktivität im Menschen. Um dem Manager Enttäuschungen zu ersparen, wollen wir hier noch einmal mit allem Nachdruck auf diese Wirkkräfte hinweisen, weil sie zu wenig ins Kalkül gezogen werden.
Dabei gibt es dann skurril erscheinende Überraschungen.

Ein Elektrounternehmen – angesiedelt in einer Kleinstadt mit mittelalterlichem Gepräge – war am Stadtrand in einem hoffnungslos veralteten und für heutige Begriffe scheußlichen Fabrikgebäude aus der Gründerzeit untergebracht. Ein verwinkelter, dunkler, unhygienischer Backsteinbau.

Ein leitender Manager wurde aus einem anderen Gebiet dorthin versetzt. Es dauerte nicht lange, da faßte er den Beschluß, unter Anwendung moderner arbeitspsychologischer und medizinischer Erkenntnisse ein neues Werk zu bauen, um endlich menschenwürdige Arbeitsplatzverhältnisse zu schaffen.

Welcher Schock für das Management und die Erwartungen aufgrund seiner Menschenkenntnis, als bald darauf radikaler Undank der Mitarbeiter durchbrach.

Die Mehrzahl der Mitarbeiter wollte nicht in das neue Gebäude umziehen. Greifbare Gründe für diese Ablehnung kamen indessen nicht auf den Tisch.
Verärgerung allenthalben.
Das »semantische Profil« der beiden Werke im Urteil der Mitarbeiter entpuppte sich etwa folgendermaßen:

Altes Werk:
Schmuddelig, aber mollig;
bergend, intim und warm;
Eckchen und Winkelchen;
traditionsgeladen;
kleine Räume;
geschlossene Arbeitsgruppen;
abenteuerlich;
schon als Lehrbub hier gewesen...
Vater war auch schon da, Großvater auch;
das Werk überstand alle Krisen;
Sicherheit...
unsere Fabrik...

Neues Werk:
Schon irgendwie schön, aber ungemütlich;
kalt, Chrom, Beton;
alles offen, nackt, zuviel Glas;
fremd, zu hell alles;
Großräume, Nummerndasein;

es zerläuft alles;
fremd;
unbekannt;
Angeberei;
Denkmal für den Vorstand;
zu Fuß nicht mehr erreichbar;
Mittags zu Hause essen ist nicht mehr drin...

Das Werk war die einzige große Fabrik am Ort, man war seit Jahrzehnten mit ihm verwachsen. Es gehörte dazu. Man wuchs von Kind an in dessen Nachbarschaft auf. Die Fabriksirene weckte seit Generationen auch die Schulkinder. Man erlebte mit dem Werk zusammen Frühling und Winter, Weihnachten und Ostern, Staatsbesuch und Bischofsvisite.
Schließlich und endlich fand sich die Belegschaft widerwillig damit ab, in das neue Werk umziehen zu müssen.
Natürlich (nur aus unserer jetzigen Sicht »natürlich«) entdeckten die Mitarbeiter unentwegt Fehler in der Planung, Mängel in der Ausführung; nichts war richtig in dem neuen Werk. Ärger bei der Geschäftsleitung:
»Diese Millioneninvestition hätten wir uns sparen können!«
Es dauerte unverhältnismäßig lange, bis die ausgelegte Kapazität des Werkes einigermaßen ausgefahren werden konnte. Wer kennt die Menschen?!
Der leitende Manager wurde nach einigen Jahren in ein anderes Werk in einer großen Industriestadt versetzt. Als neues Mitglied der dortigen Geschäftsleitung kam er gerade zurecht, als die Planung für ein neues Werk anlief, weil das alte den Anforderungen nicht mehr gerecht werden konnte und außerdem als scheußlicher alter Backsteinkasten allmählich das Image des Hauses belastete – so sagte das Management. Der neu hinzugekommene Manager wurde nicht müde zu warnen und verwies auf seine Erfahrungen mit ähnlichen teuren Aktionen.
Trotzdem wurde gegen seinen Einspruch das neue Werk gebaut. Der Manager staunte nicht schlecht, als die Mehrzahl der Mitarbeiter mit Begeisterung die neuen Räume bezog und voll Anerkennung die Bemühungen der Geschäftsleitung um bessere Arbeitsplätze honorierte. Alles half mit großem Interesse mit, den reibungslosen Ablauf im neuen Werk so schnell wie möglich zustande zu bringen. Wer kennt die Menschen?!

Nun – hier handelte es sich um relativ mobile Menschen in städtischem Industriegebiet. Man verglich in dieser Stadt die Firmen untereinander. Die Personal-Suchanzeigen verkündeten überall: moderne, gut gestaltete Arbeitsräume.
Das semantische Profil der alten Fabrik ging hier in dieser Stadt etwa in Richtung: alter Laden, unzumutbar, abbruchreif etc.

2. Semantische Profile sind nicht übertragbar auf andere Situationen

Dieses Beispiel soll nicht nur auf das Reiz-Reaktionspotential der Äußerlichkeiten hinweisen, es soll auch gleichzeitig mit aller Deutlichkeit aufzeigen, daß und warum es im Bereich der Menschenkenntnis und der menschlichen Führung keine allgültigen Rezepte geben kann. Es gibt nur ein geduldiges, sich mit Differenzierungen abfindendes Hinhörchen, Beobachten, Klarmachen der wirkenden Kräfte und Zusammenhänge –, um dann mit Wahrscheinlichkeiten besser umgehen zu lernen. Das wäre aber schon sehr viel.
Ein Beispiel von geradezu gigantischer Fehlplanung aufgrund mangelhafter Menschenkenntnis ist zu sehen in einem Großteil der modernen Großstadt-Randsiedlungen wie zum Beispiel das Märkische Viertel in Berlin oder die getto-artigen Randsiedlungen im Raum München (z.B. Taufkirchen).
Immer wenn auf Menschen zu geplant und gedacht wird, rächt sich einseitiges Denken oder die Vorherrschaft nur einer Berufsgruppe. Solches Vorgehen rächt sich nicht nur auf Generationen hinaus, sondern oft in irreparabler Form.
Deshalb ist die wahrhaft zwingende Konsequenz: das Bemühen um bessere Menschenkenntnis.
Es ist psychologisch richtig, die Planungsstäbe für alle investitionsintensiven, langzeitorientierten Vorhaben mit möglichst vielen heterogenen Berufsaspekten zu besetzen, um dem Façettenreichtum des Planungsgegenstandes gerecht zu werden. Wenn nur Architekt, Finanzmann und Energieversorger, eventuell auch Verkehrsspezialist bei der Stadtplanung zugezogen sind, fehlen wesentliche Planungsaspekte.

3. Menschenkenntnis und Planung

Hier verbirgt sich auch ein Reihenfolgenproblem: Wenn zum Beispiel der Architekt in der Reihenfolge der Planung eines Fabrikgebäudes den ersten Entwurf zu Papier bringt, ohne dem Organisator oder Ablaufplaner schon Gelegenheit zur Mitsprache bei der Entstehung dieser Rohkonzepte zu geben, wirkt ein solcher erster Plan oft wie eine Vor-Schrift, an der im wesentlichen nicht mehr gerüttelt wird. Die Anliegen der anderen Berufsgruppen müssen in den vielleicht einseitigen Vorentwurf des Architekten nachträglich hineingeflickt werden.

Ähnlich läuft die Planung, wenn – wie das in der Praxis normalerweise vor sich geht – bei Straßenplanungen zuerst der Straßenbauingenieur die grundsätzliche Planung und den Straßenverlauf plant, ohne eine andere Berufsgruppe schon beim Wachsen des grundsätzlichen Gedankengutes hinzuzuziehen.

Wenn das Konzept des Straßenplanes steht, nützt es nicht mehr allzuviel, wenn hinterher der Landschaftsgestalter oder der Fachmann für Stadt-Soziologie hinzugezogen werden. Sie können lediglich noch kosmetische Verbesserungen anbringen, aber an der grundsätzlichen Idee nichts mehr ändern.

Ein Verantwortlicher mit mehr Menschenkenntnis würde dafür sorgen, daß schon in den ersten Grundsatzüberlegungen der ganze Facettenreichtum der Planungsinformationen ins Spiel kommen kann, für das sich optimale Lösungen besser herauspendeln lassen. Er könnte einseitige oder in der Reihenfolge vorgezogene Planungskonzepte verhindern.

Der ungeschulte »Menschenkenner« würde bei dieser Vorstellung jedoch sofort sagen: »Was soll's? Noch mehr mitreden lassen, noch mehr Konflikte, noch mehr endloses Palaver?«

Die Lösung kann also – wegen der Komplexität und des Façettenreichtums solcher Probleme – nur so lauten:

Mehr Wissensträger mitreden lassen zur Anreicherung des Informationsstandes, dann aber sofort das Reden rationalisieren!

Deshalb unser Exkurs über Kommunikationsvorgänge und Kommunikationsdefekte, hier angewandt auf die Planungstechnik.

Wie könnte man in diesem Zusammenhang zum Beispiel» das Äußere« förderlich arrangieren? Förderlich für den Kommunikationsvorgang?
Wie plant man Planungsräume, damit sie das Planen und das Vorbereiten von Entscheidungen unterstützen können?
Unsere Planungsräume und ebenso unsere Konferenzräume sind in der Regel nicht geeignet, den Vorgang des »Addierens von Spezialgehirnen« zu unterstützen, sondern sind eher noch Ausdruck der indoktrinierend-autoritären Umgangsformen. Die Räume waren bestimmt durch die Tatsache, daß in der Regel der Ranghöchste am besten wußte, wie es gemacht wird (zu Recht, weil er die längste Erfahrung und die umfangreichste Ausbildung zu haben hatte). Das heißt, er mußte indoktrieren. Andere wurden bestenfalls »gehört« und ihre Beiträge unter Umständen eingearbeitet, solange sie dem Verantwortlichen sinnvoll dazuzupassen schienen.

Abbildung 15

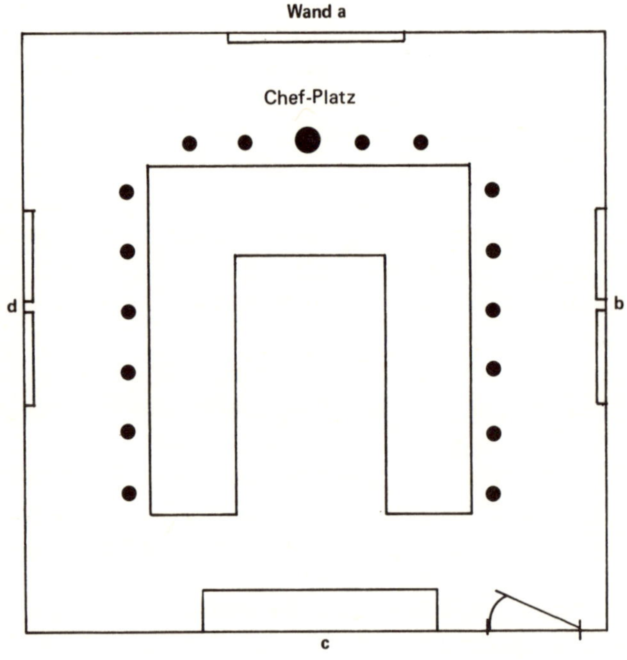

Dieser Vorgang spiegelt sich wider in der üblichen Form der Konferenzräume:

Tischanordnung meist in Hufeisenform. Die Tischordnung gliedert sich ohne Vorbereitung meistens spontan nach der Hierarchie.
Oft hängt dann noch an der Wand a ein Ölbild mit einem Motiv aus dem Werk von dem stadtbekannten Professor XY.
Die Wände b und d tragen meist Portraits erster und zweiter Generation der Gründerfamilie. Bei Wand c vielleicht ein Schaukasten mit Produktmustern.
In solchen Räumen kann man schlecht Probleme lösen. Selbst ein runder Tisch – obwohl schon wesentlich besser – würde noch keine große Veränderung des Verhaltens bringen.
Das Arrangement in solchen Räumen ist im Prinzip nur eine etwas erweiterte Form der Klassenzimmersituation alter Prägung:

Abbildung 16

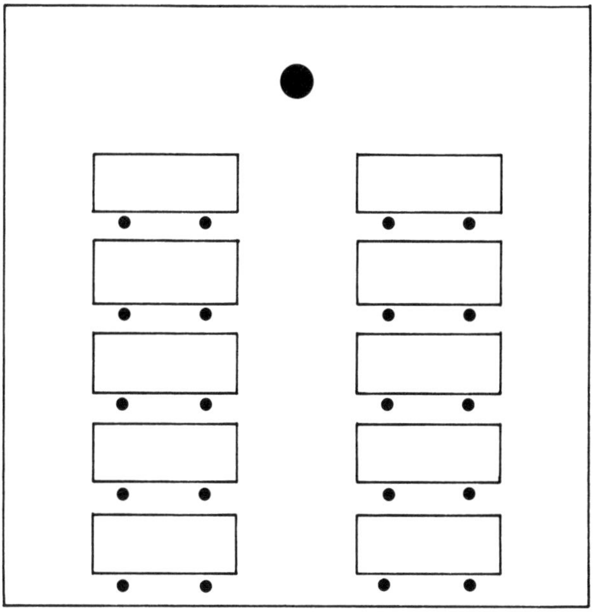

Solche Räume eignen sich nur zur Indoktrination, nicht jedoch zum gemeinsamen Lösen komplexer Probleme, deren Informationsbestandteile in verschiedenen Köpfen verschiedener Spezialisierung eingelagert sind, von dort abgerufen und zusammengebacken werden müssen.
Dem Problemlösungsprozeß kommen Räume sehr viel mehr entgegen, die bewegliches Mobiliar beinhalten, zum Beispiel kleine Modultischchen und Stühle mit Rollen, so daß zu jeder Zeit die Zusammensetzung der Arbeitsgruppe geändert werden kann. Die Räume selbst müssen anregend sein, zum Beispiel durch gutgesetzte Farbwirkungen, und müssen die Möglichkeit zu differenzierter Kommunikation bieten: Jede Art von Ausdrucksmöglichkeiten mit Hilfe großflächiger Papiere, Visualisierungsflächen an Wänden und auf beweglichen Plantafeln. Die Stationen des gemeinsamen Denkprozesses können so für alle sichtbar festgehalten werden als Startbasen für weiteres Vorgehen. Auch der graue Zweireiher wird besser ersetzt durch bequeme Kleidung.
In einen solchen Raum gebracht, wird man Menschen anders kennenlernen, als in allen üblichen Konferenzzimmern.
Die Kreativität hängt also bis zu einem gewissen Grade auch von Äußerlichkeiten ab. Das Verhalten des Menschen kann sich – je nach Umgebung – innerhalb bestimmter Grenzen verändern.

> Ein Betrieb in Norddeutschland besitzt seit fünfzehn Jahren zwei Ferienheime: ein entsprechend eingerichtetes altes Schloß (gleichzeitig ein Firmenbeitrag zur Erhaltung wertvollen Kulturgutes) und einen großen Bauernhof im Gebirge. Die Domizile werden vorwiegend von den jungen Familien mit mehreren Kindern benützt, weil mit Kindern das Reisen ziemlich teuer wird. Nun kommen über viele Jahre hinweg die gleichen Familien mehrmals – einmal ins Schloß, ein anderes Mal in den Bauernhof. Dabei zeigt sich folgende Tendenz: Im Schloß kommt es kaum zu disziplinären Schwierigkeiten und auch kaum zu Beschwerden.
> Man ist höflich (»höfisch«?), nimmt Rücksicht auf andere. Den Verhaltensstil prägt eine seriöse, um nicht zu sagen vornehme Atmosphäre. Die Familien bleiben auch eher unter sich, selbst auf Spaziergängen. Die Eßsitten »geben zu keiner Beanstandung Anlaß« (im Speisesaal stehen repräsentative Stühle mit hohen geschnitzten

Lehnen, in denen man nur aufrecht-vornehm sitzen kann; Lümmeln geht gar nicht).
Anders (mit denselben Familien) im Bauernhof: derbe, deftige Bierhimmelatmosphäre und »Haxen-abkratzen-Stil«; gegenseitige Nekkerei, gemeinsame Ausflüge – aber auch viele Beschwerden wegen lärmender Umgangsformen oder Ruhestörung.

Umgebung hat in nicht zu unterschätzendem Maße verhaltungssteuernde Funktion.

Auch das steingewordene Imponiergehabe feudaler Prachtbauten in den Bank-Vierteln der Städte, ebenso die Einstimmung der Gläubigen durch den ehrwürdigen Kirchenraum, die Behaglichkeit der Tiroler Bauernstube und die Langeweile eines modern tuenden »Nierentisch-Wohnraumes« sprechen für sich.
Im Betrieb nutzen wir diese Kräfte wenig, mit Ausnahme vielleicht der Be-Deutsamkeit von Chef-Etagen und Vortragsräumen.

E. Im Hinblick auf die menschliche Umgebung

1. Der Mensch – das »Pygmäleon«*

Ändert man sich von Chef zu Chef?
Ja.
Die bisherigen Überlegungen geben eine Menge von Hinweisen dafür ab, daß dem so ist.
Damit aber verschwimmen bis zu einem gewissen Grade die Fixierungsmöglichkeit menschlichen Verhaltens und die Möglichkeit für den Menschenkenner, zu sagen: »Der *ist* so...«
So ist er *hier*. Wie ist er woanders? Und wodurch wird diese Veränderung bedingt?
Es ist also anzunehmen, daß um einen gegebenen Kern relativ festgelegter Wesenseigenschaften herum eine Zone beweglicherer Eigenschaften liegt; zumindest beweglicheren Verhaltens.
Felduntersuchungen amerikanischer und deutscher Forscher zeugen davon, daß fähige Vorgesetzte effizientere Abteilungen haben bei geringerem subjektiven Belastungsgefühl der Mitarbeiter (fähiger Vorgesetzter heißt hier: in der Lage sein, leistungsorientiert *und* mitarbeiterorientiert zugleich zu führen und diese beiden Elemente harmonisch miteinander zu verbinden).
Diese Aussagen können als Graphik verdichtet werden: (Abb. 17).
Die Tragweite dieser Erkenntnis kann gar nicht groß genug eingeschätzt werden in seiner Bedeutung auch für das Problem der Menschenkenntnis.
Bittet man zum Beispiel die Gruppe der Felder A und B darum, noch zusätzlich eine Arbeit zu erledigen, die dringend wäre, nimmt

* Pygmalion hauchte bekanntlich seinen Geschöpfen Leben ein und Eigenschaften. Das Chamäleon paßt sich seiner Umgebung an. Wir Menschen können beides: Wir verändern einander – sowohl scheinbar wie substantiell – und wir passen uns an; in »Rollen« und Verhaltensweisen. Deshalb die Verbal-Mixtur »Pygmäleon« . . .

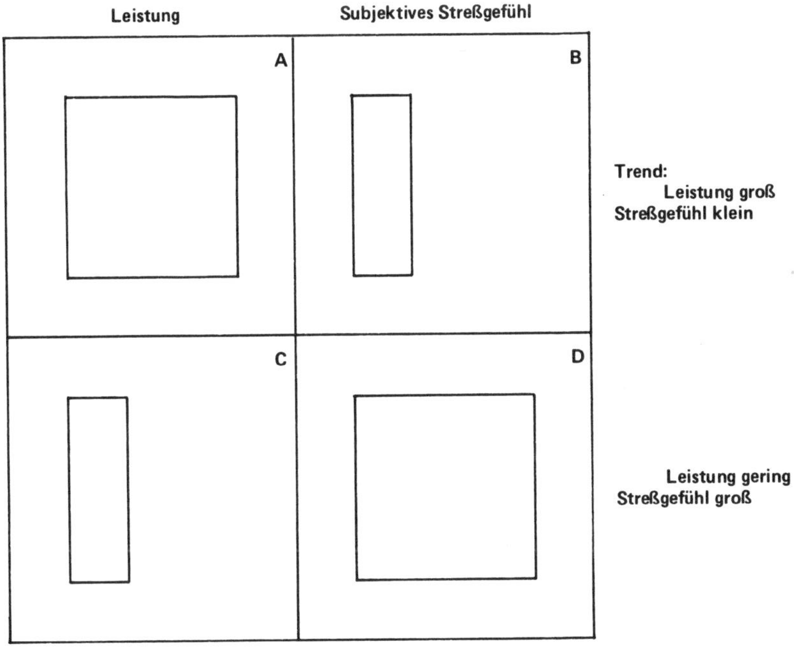

sie diese Arbeit sozusagen im Vorübergehen noch mit, obwohl die Gruppe schon viel geleistet hat.

Die andere Gruppe der Felder C und D wird der Tendenz nach sagen: »Das geht beim besten Willen (!) nicht mehr, wir sind ausgepumpt.« Diese Beobachtungen bestätigen lediglich experimentell das altbekannte Sprichwort: »So du Arbeit unterbringen willst, suche dir einen, der sowieso schon viel arbeitet.«

Hier zeigt sich eine Relativierung von sogenannten Leistungseigenschaften. Sie können in erheblichem Umfang dem beweglichen Bereich der charakterologischen Struktur zugeordnet werden.

Außerdem ist das Ergebnis von politischer Brisanz. Denn es relativiert »Führung und Leistung«, bringt dieses Verhältnis in wechselseitige konditionelle Beziehung. Ebenso Leistung und persönliche Belastung.

Wir kennen den Effekt im Grunde genommen schon immer: Kommt man ausgepumpt und zu nichts mehr fähig nach Hause, ge-

rät dann aber plötzlich an sein Hobby, fließen im Nu neue Kräfte zu und es wird auf dem neuen Geleise möglich, bis in die tiefe Nacht hinein zu »arbeiten«.
Warum? Weil die Arbeit Spaß macht.
Im gleichen Sinne bekommt auch die Arbeit in gutgeführten Hochleistungsgruppen oft sportlich-lustbetonten Charakter; auch diese Arbeit rückt in die Nähe des Hobbys.

Ein Hinweis an dieser Stelle:
Die Tatsache, daß die Sozialpartner periodisch immer wieder neu um die Problematik der Arbeitszeitverkürzung ringen, sollte einmal vor diesem Hintergrund betrachtet werden. Woher kommt diese Entwicklung? Sicherlich auch aus den Folgen der Arbeitsteiligkeit, weil das einseitig-partielle Engagement des Menschen gegenüber der Arbeit das Leben in immer stärkerem Maße zerfallen läßt in die beiden Hälften: Hie »ungeliebter« Job, der nicht ausfüllt – dort das eigentliche Leben in der Freizeit. Ein Vorgang, der sich auch in Fluktuationsziffern und Krankheitstagen niederschlägt. Extrapoliert man diese Entwicklung, wird ablesbar, wann wir – so das volkswirtschaftlich möglich und technisch machbar – auf der 20-Stunden-Woche, auf der 16-Stunden-Woche stehen werden!

Jedoch: Ist der Mensch wirklich daran interessiert?

- Was sagt der Menschenkenner dazu? Ist der Mensch tatsächlich und in diesem Sinne arbeitsscheu?

Der Ruf nach weiterer Arbeitszeitverkürzung scheint eher ein Indiz dafür zu sein, daß in der Grundanlage unserer Arbeitsprozesse etwas nicht stimmt.
Die Frage müßte so lauten: Wie müssen wir den Arbeitsprozeß und das betriebliche Zusammenleben gestalten, damit das Ganze mehr Freude macht, man sich besser darin verwirklichen kann. Dann nämlich käme die Frage nach immer weitergehender Arbeitszeitverkürzung gar nicht mehr in dem Maße und nicht mit dem Stachel von heute auf den Tisch.

Es kann nicht ausbleiben, daß bei solchen Überlegungen sofort die Frage nach der Manipulation auftaucht.
Diese Frage ist wohl nie ganz zu lösen. Aber wir finden Lösungsansätze: Die Frage hinter der Manipulationstendenz ist immer, aus welchem Willen heraus die Aktivitäten kommen und wem das Ganze nützt.

Der Vorgang in den Feldern A und B zeigt, daß hier beide Partner des Arbeitsprozesses – Unternehmer und Mitarbeiter – Nutzen haben, der sich gegenseitig bedingt, verstärkt und wechselseitig zurückwirkt. Wenn ein Vorgang solcher Art *beiden Beteiligten nützt*, dürfte die Gefahr der Manipulation hinlänglich gebannt sein.

Man kann sich von Chef zu Chef ändern.
Aber auch von Gruppe zu Gruppe. Darin zeigt sich z. B., was wir alle täglich beobachten können: Ein erfolgreicher Chef wird versetzt und führt nun eine andere Gruppe von Mitarbeitern. Es ist nicht garantiert, daß dieser Chef mit der neuen Gruppe und anderen Menschen ebenso erfolgreich ist wie bisher.
Oder das Gegenstück:
Ein »schlechter« Mitarbeiter wird versetzt, kommt zu einem anderen Chef und wird plötzlich »gut«.
Ein schlechter Schüler mit »genügend« in Deutsch bekommt einen anderen Lehrer, der ihn begeistert, anregt, – und er schreibt plötzlich gute Schularbeiten usw.
Menschenkenntnis? Wer ist »gut«? Wer ist »schlecht«?

2. Das Prinzip »wechselseitiger Verhaltenssteuerung«

Dieses für die Grundfrage der Menschenkenntnis eminent bedeutsame Prinzip wollen wir am Beispiel unterschiedlichen Führungsverhaltens verdeutlichen: Wir stellen uns einen ausgeprägt autoritären Chef A vor.
Er agiert also in autoritärer Manier.
Die Reaktionsmuster der Mitarbeiter gehen mit hoher Wahrscheinlichkeit in Richtung kühler *Distanz* mit eher mißtrauischer Note; eher *Unselbständigkeit* (weil ja doch hinterher getadelt wird, wer auf eigene Faust handelt);
eher *Verantwortungsscheu* (Sündenbock vermeiden: »Verschon' mein Haus, zünd' andere an.«)
Weil die Mitarbeiter dieses Verhalten zeigen, kann der Chef völlig

Legende:

- Distanz: „Gehe nicht zu Deinem Fürst, eh' Du nicht gerufen wirst . . .
- Unselbständigkeit: „Mal abwarten, was man angewiesen bekommt – man macht ja doch nichts recht . . .
- Verantwortungsscheu: „Ich denk' ja nicht daran, mich in die Schußlinie zu begeben . . .

Abbildung 18

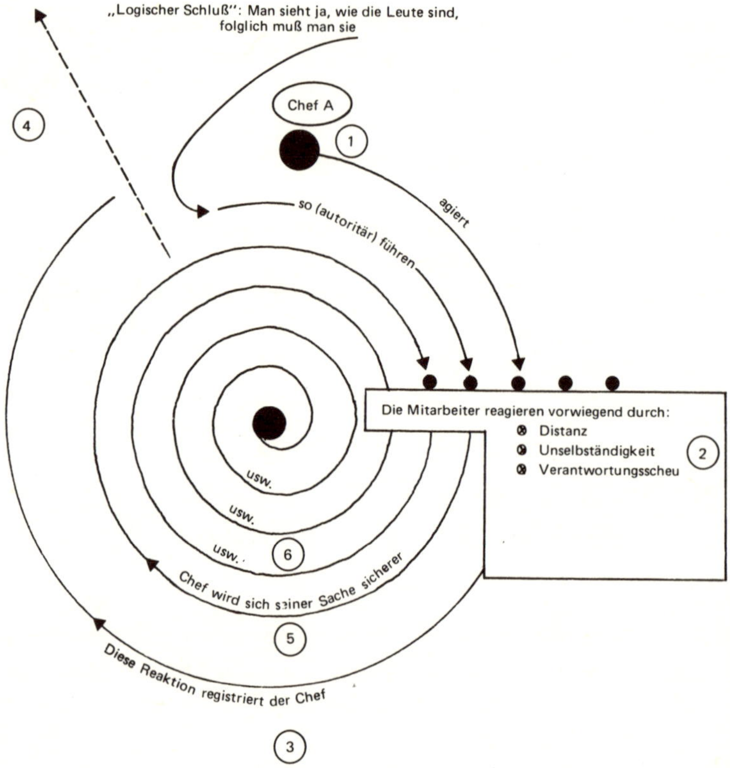

»zu Recht« konstatieren: »Man sieht doch, *so sind die Leute;* folglich muß ich genau so führen, wie ich es immer getan habe.« Der Vorgang ist fatal.

Er lebt mit seinen Mitarbeitern verbunden in einer Verhaltenskette, die sich immer mehr verstärkt und fortwährend in sich selbst bestätigt. Sein Input bedingt schon den Output.

Ähnlich, aber mit anderer Richtung verläuft der Prozeß im Falle eines Herrn B, der die »participative leadership« (Cartwright) verwirklichen gelernt hat.

Abbildung 19

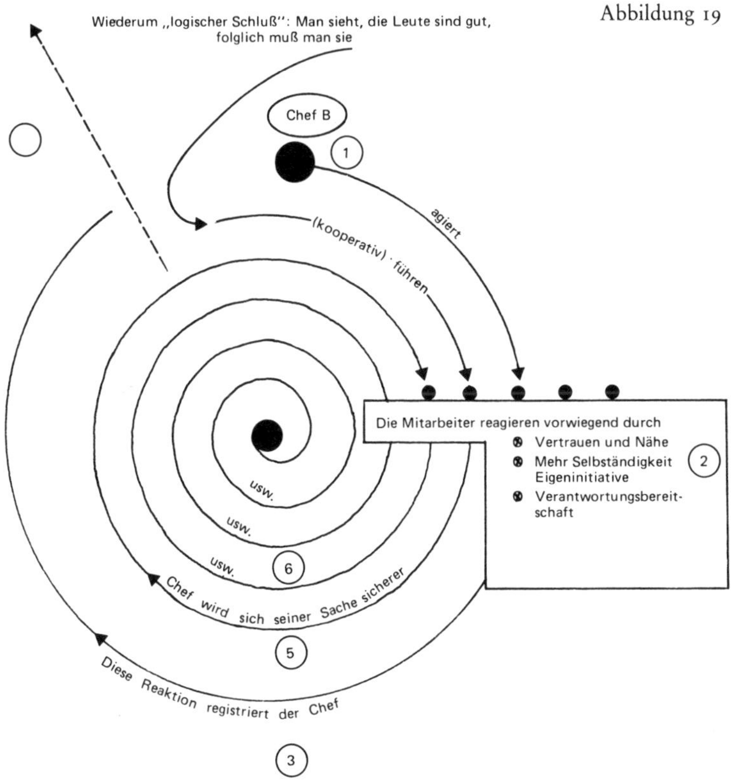

B agiert kooperativ. Seine Mitarbeiter reagieren. Aus der unterkühlten Distanz wird nun in diesem Falle vertraute *Nähe*.

Die intensive Information und Kommunikation in diesem Führungsverhalten und auch die Fähigkeit, intelligent mit Anfangsfehlern der Mitarbeiter umzugehen, läßt bald größere *Selbständigkeit* und mehr *Initiative* entstehen, gepaart mit wachsender *Verantwortungsbereitschaft*.

Dieser Chef kann nun wiederum »zu Recht« melden: »Weil die

Mitarbeiter *so sind*, kann ich getrost fortfahren mit diesem Führungsstil.«
Ein sich in sich selbst verfestigendes System.

Wir müssen allerdings einschränkend sagen, daß wir die gelungene Ausbalancierung des gegenseitigen Verhaltens im Falle B. stillschweigend schon vorausgesetzt haben. Bei fehlender Balance könnte es nämlich durchaus passieren, daß die zur Kooperation hin ausgelöste Bewegung durch das richtige Maß hindurchrutscht, und eine Pendelbewegung ins Extrem der anderen Richtung zum Scheitern der Absicht führt. Dann bekommen wir als Ergebnis nicht vertraute Nähe, sondern plumpe Vertraulichkeit und Abstandslosigkeit; nicht Selbständigkeit, sondern Eigenbrödelei ohne Rücksicht auf die Zielvorstellungen des Chefs; nicht Verantwortungsbereitschaft, sondern ungerechtfertigte Anmaßung von Kompetenzen.

Jede Öffnungsbewegung, jede befreiende Gebärde birgt natürlich in der Mißbrauchsform solche Gefahren.

Es wäre jedoch völlig verfehlt, solcher Risiken wegen die Bewegung selbst nicht in Gang zu bringen oder bei geringstem Risikoanzeichen wieder zurückzufliehen in die alten Verhaltensweisen.

Wer um die Gefahren weiß und im vorhinein darüber nachgedacht hat, also nicht schockartig davon überrascht werden kann, vermag solche Fehlentwicklungen von vornherein zu vermeiden. Außerdem können flankierende Maßnahmen zur Absicherung von Mißbrauch helfen. Z.B. Vereinbarung von Spielregeln, organisatorische oder methodische Stützen.

Wenn sich nun A und B über Menschenkenntnis unterhalten und über zweckmäßiges Verhalten den Mitarbeitern gegenüber, bricht babylonische Sprachverwirrung aus. Denn jeder – und das ist das Tragische an diesem Vorgang – jeder hält den sichtbaren Beweis für die Richtigkeit seines Tuns in der Hand...
Der Semantiker S. J. Hayakawa sagt*: »Der Mensch ist das einzige Wesen, das sich durch das Sprechen in Schwierigkeiten bringen kann...«
Solche Diskussionen, wie sie zwischen A und B vorstellbar sind, stecken voller »Erkenntnisse« über Menschen – und jeder ist stolz auf seine Menschenkenntnis.

---

* S. J. Hayakawa, Sprache im Denken und Handeln. Darmstadt 1964. Präambel

Solche Diskussionen sind aber zugleich der Zeit-Mülleimer, in den wir das Kostbarste und Unwiederbringlichste, nämlich Lebenszeit, in Mengen hineinschütten.

3. Das »Andorra-Phänomen«

Wir kommen auf diese Weise noch einmal zum Problem der selffulfilling-prophecy, der »sich selbst erfüllenden Prophezeihung«. Gemeint ist ein Vorgang, den wir im Prinzip kennen:
Eine Vorhersage spricht sich herum. Weil alle so sagen, muß es schließlich so sein. Weil nun alle sich entsprechend verhalten, realisiert sich die Vorhersage tatsächlich. Sie wäre ohne dieses »Herbei-Prophezeihen« nie realisiert worden. So zu sehen bei veröffentlichten Wahlprognosen, die eventuell eine Veränderung des Wahlausganges bringen, »weil sowieso alles jetzt in dieser Richtung läuft«.
Oder bei Banken, über die das Pleitegerücht umgeht: mit dem Effekt, daß alle Leute nun schnell noch ihr Geld abheben wollen, wodurch die Bank tatsächlich in die Pleite geht.
Oder bei geborenen Pessimisten, durch deren Wahrnehmungsfilter vornehmlich Informationen hereingesaugt werden, die ins pessimistische Erwartungsbild passen; mit dem Ergebnis, daß es prompt schiefgeht (»...wie ich ja von Anfang an gesagt habe«).

Eine köstlich hinterlistige und psychologisch intelligente Verballhornung einer selffulfilling-prophecy, die sogar den eigenen Propheten einholt, ist im folgenden Graf-Bobby-Witz enthalten:
Bobby schaut mit Poldy zum Fenster hinaus auf die Straße.
Bobby zu Poldy: »Mach' ma a Hetz« – und ruft allen Leuten auf der Straße zu: »In der Himmelgass', da lauft a Lachs!«
Wie? In der Himmelgass' da lauft a Lachs?!
Die Leute fangen an zu rennen. Richtung Himmelgass'.
Immer mehr, einer sagt's dem anderen.
Bobby und Poldy amüsieren sich herrlich.
Plötzlich, als immer noch mehr Leute rennen, wird Bobby unruhig, schließlich zieht er den Mantel an und will zur Türe.

Poldy: »Wo willst' denn hin?«
Bobby: »In d' Himmelgass'!«
Poldy: »Bist narrisch wor'n? Wieso denn?«
Bobby: »Mei, schau dir's o: Die Leit' alle, wi's rennen. Ja mei, vielleicht lauft in der Himmelgass' tatsächlich a Lachs?!« – Und schon ist er draußen, Richtung Himmelgass'.

Sehr viel schlimmer zeigt sich solche Dynamik allerdings in der Erziehung – wie schon in der Darstellung der Transaktionsanalyse sichtbar geworden. Wenn zum Beispiel ein Kind immer wieder zu hören bekommt: »Aus Dir wird ja doch nichts.«; »Du wirst schon sehen, wo Du noch landest.«; »Was Du auch machst, es wird doch immer falsch!«. Dann ist die Wahrscheinlichkeit nicht gering, daß dieses Kind sich genau so entwickeln und die Prophezeihung bestätigen wird. (Die Eltern können dann sagen: »Was habe ich immer prophezeiht –, aber auf uns hörte man ja nicht«...)

In der psychologischen Literatur wird dieser Vorgang gerne verdeutlicht an der meisterlichen Demonstration im Schauspiel »Andorra« von Max Frisch.

Ein Bürger eines Landes »Andorra« holt seinen unehelichen Sohn nach Hause, gibt ihn jedoch dort als jüdisches Kind aus, das er aus dem Nachbarland vor den dortigen Judenverfolgungen gerettet habe.

Andorra verfolgt zwar die Juden nicht direkt, die öffentliche Meinung ist jedoch geprägt durch das Vorurteil vom habgierigen, hinterlistigen Kaufmannstyp. Der Sohn, über seine wirkliche Abstammung ebenfalls uninformiert, wächst nun – erst widerstrebend, dann immer deutlicher – in diese Rolle hinein, deren »Erwartung« ihm seine ganze Umgebung entgegenhält.
Als der Vater ihm endlich die Wahrheit über seine Abstammung eröffnen läßt, findet er nicht mehr heraus aus seiner Rolle. Er glaubt die Wahrheit nicht. »Ich bin Jude, das spürt man doch...« Andorra wird von den Soldaten des Nachbarlandes besetzt. Der Junge stirbt für »sein« Judentum eine Art Märtyrertod.

(Gemeint ist in diesem Stück nicht die Republik Andorra in den Pyrenäen, sondern ein Land »Irgendwo«.)

Ein Beispiel für dieses »Andorraphänomen« aus dem Betrieb: Ein Bewerbungsvorgang.

Chef X sucht eine Sekretärin.
Aus welchem Grund auch immer, vielleicht aufgrund seiner früheren Erfahrungen – bevorzugt er mehr stämmig gewachsene Damen mit rundlichen Gesichtszügen und schwarzen Haaren.
Außerdem hat er hervorragende Erfahrung gemacht mit Damen, die von Rechtsanwaltskanzleien kommen (er hatte *einmal* eine solche bei sich gehabt, und sie war tüchtig).
Von schlanken, großgewachsenen Blondinen mit »apartem Äußeren« kann er nur Ungünstiges berichten und warnt auch seine Kollegen vor solchen Sekretärinnen. Sein Sohn ist außerdem mit einer blonden Sekretärin – einer von diesen Brigitte-Bardot-Imitationen – verlobt; will heiraten, bevor das Studium zu Ende ist, und er kann dieses oberflächliche Ding, das nur Partys im Sinn hat, nun mal nicht leiden.

Verfolgen wir nun Schritt für Schritt den Bewerbungsvorgang:

Eine blonde Bewerberin tritt ein...
(»Ach du liebe Zeit, was kann das schon werden. Jetzt bin ich mal gespannt.« Chef X setzt sich schon in leichter Abwehrhaltung zurecht, ist reserviert und relativ kühl.
Sie fängt an, ihren Lebenslauf zu erzählen. Dabei nimmt sie seinen kritisch-prüfenden Blick wahr, seine Reserviertheit; wird etwas nervös, unruhig und verhaspelt sich.
Im Chef »denkt es«): »Klar – sie ist unkonzentriert wie eben alle diese ›modernen‹ Mädchen.
Der Chef unterbricht mit höflich-saurem Lächeln und meint:
»Verzeihung – können Sie bitte in der richtigen Reihenfolge...? Ja?, bitte...«
Sie erschrickt leicht, empfindet den Tadel. Ihre Nervosität steigt. Sie bemüht sich um klaren Ausdruck und exakte Darstellung. Das wirkt steif und wenig souverän (im Chef »denkt es« weiter: »Klar – noch recht unentwickelte Persönlichkeit, hat noch etwas Schulmädchenhaftes an sich; etwas steif; ich wünschte mir mehr Gewandtheit.«).
Diese Gedanken gehen in seine Mimik über. Außerdem setzt er sich um, schlägt die Beine übereinander, atmet tief durch und verschränkt die Arme.

Sie nimmt das wahr, überlegt sich, ob das wohl ein ruppiger Chef sei. Diese Überlegungen lenken sie vom exakten Aufbau ihrer Lebenslaufdarstellung wiederum ab, und sie verhaspelt sich noch einmal.
(Im Chef »denkt es« nun endgültig: »Na – na – ich weiß nicht – ?«)

Eine schwarzhaarige Dame tritt ein...
(Im Chef »denkt es«: »Nun – das sieht schon besser aus.«)
Er steht auf, geht ihr entgegen, ist nett und strahlt Wohlwollen aus.
Diesmal beginnt er zu sprechen:
»Na, wie war denn die Anfahrt, ging alles glatt?
Na gut; also wir wollen uns einfach mal ein bißchen kennenlernen und ...«; sein Redefluß läuft und strahlt wohlwollende Erwartung aus. Inzwischen hat sie genügend Zeit, sich von der Anfangsnervosität zu erholen. Sie erkennt seine wohlwollende Vorleistung und fühlt sich sicher. So beginnt sie denn auch ihre ersten Darlegungen recht flüssig. (Im Chef arrangiert sich der Eindruck: »Sieh' mal an, was sag' ich; klar und exakt.«)
Sein Auge leuchtet. Der Kopf nickt leise bestätigend.
Sie empfängt dieses Signal, wird noch sicherer, wirkt natürlich, spontan, gewandt. Sie findet den Chef prima. Der Chef sie auch usw. usw.

Ist die blonde Dame eine schlechtere Sekretärin als die Schwarzhaarige? Das ist doch sehr die Frage. Zum Glück wirkt sogar das Andorra-Phänomen auch nachher noch, wenn sie ihre Arbeit antritt: Die Chance ist groß, daß sich seine »gute Menschenkenntnis« wieder einmal erneut bestätigt durch seine positive Erwartungshaltung, die wiederum bei ihr das passende Andorra-Phänomen hervorbringt.
Ob die blonde Dame – bei positiverem Vor-Urteil – diese Arbeit nicht genauso gut oder vielleicht noch besser geleistet haben würde, können wir nicht wissen und nicht kontrollieren. Aber die Möglichkeit dazu ist real.
Es ist das Verdienst des Amerikaners D. McGregor*, diese psychologischen Mechanismen auf das Gesamtfeld der gegenwärtigen Unternehmenspolitik und die Organisationsform übertragen zu haben. Er hatte in Untersuchungsreihen über Menschenkenntnis und

* Douglas McGregor, Der Mensch im Unternehmen, Düsseldorf 1973

Einstellungen bei Führungskräften festgestellt, daß die traditionellen Ansichten der Führungskräfte sich etwa so darstellen:

a) Der Durchschnittsmitarbeiter hat eine natürliche Abneigung gegen die Arbeit und weicht ihr nach Möglichkeit aus.
Konsequenz für Führung und Organisation: Er braucht Druck und ein erhebliches Maß an Exekutive von seiten der Vorgesetzten. Er braucht zumindest gelinden Zwang, Lenkung, Lohn-Lockung und notfalls Strafandrohung, damit das Unternehmensziel erreicht wird. »Weiche Welle« und »Demokratisierung« hätten sich nicht bewährt.

b) Der Durchschnittsmitarbeiter drückt sich vor Verantwortung und zieht die sichere Tour vor.
Das Mittelmaß der Massen ist vorherrschend.

Für dieses Bündel von Vorurteilen schlug McGregor die Kennzeichnung »Theorie X« vor.
Frage ist hier: Was ist Henne und was ist Ei? Diese Überlegung scheint vor dem Hintergrund des Wissens um das Andorra-Phänomen, um Verhaltensketten und die semantische Wirkung von Organisationsformen nur allzu berechtigt (und es ist wieder einmal verwunderlich, daß vor McGregor nicht schon längst diese seine Frage gestellt wurde).
Anders ausgedrückt lautet seine Frage: Waren die Menschen in den Betrieben immer schon so »unerfreulich« – oder hat man sie erst dazu gemacht? Und wenn letzteres: Wer ist »man«, und wie hat es sich vollzogen?
Ein einziges, bewußt einfach gewähltes Beispiel mag stellvertretend für den gesamten Fragenkomplex die Zusammenhänge deutlich machen:

> Man stelle sich vor, eine Führungskraft mit der Einstellung der Theorie X in der Seele will ein Schild anbringen mit dem Hinweis, daß man die Türe schließen solle. Wie wird vermutlich sein Schild aussehen? Wahrscheinlich so:
> »Die Türe hat geschlossen zu bleiben!«,
> oder ganz einfach: »Türe zu!!«

Nun stelle man sich vor, er trüge eine andere Vorstellung vom Mitarbeiter in sich, zum Beispiel:

a) Die Anstrengung beim Arbeiten entspricht einer natürlichen Veranlagung wie Spiel und Ruhe; die Lust am Schaffen-können veranlaßt Menschen auch ohne Angetriebenwerden zum Arbeiten.
b) Der Mensch läßt sich nicht nur durch Druck, Lohnziele oder Strafe bewegen, sondern auch durch inneres Engagement an gemeinsame Ziele und auch durch freiwillige Selbstkontrolle.
c) Solches wird ihm wahrscheinlich leichtfallen, wenn die Ziele des Unternehmens mit seinem Bedürfnis nach Entfaltung seiner Persönlichkeit in möglichst weitgehende Übereinkunft gebracht werden konnten.
d) Die Verantwortungsscheu ist nicht angeboren, sondern Ergebnis schlechter Erfahrungen; unter geeigneten Bedingungen sucht der Mensch sogar Verantwortung.
e) Vorstellungskraft, Urteilsvermögen und Einfallsreichtum sind verbreiteter, als allgemein angenommen wird.

Diese Vorstellung von Mitarbeitern entspricht dem Menschenbild, das McGregor durch die Kennzeichnung »Theorie Y« umreißen will.

> Nun zu unserem Beispiel: Wie würde in diesem Falle das Schild auf der Türe aussehen?
> Vielleicht so: »Bitte die Türe schließen (es zieht sonst)«.
>
> Die »Zwischen-den-Zeilen-Information«, die analoge Kommunikation ist deutlich. Der Partner wird sozusagen als mündig akzeptiert, er wird deshalb gebeten, und er wird informiert über den Sinn der Sache.

Dieses Beispiel soll gerade durch seine Trivialität aufzeigen, daß die Einstellung des Managers, sein Menschenbild, die Verhaltenskette auslöst.
Alles andere folgt dann nach. Im Falle X: Die »straffe«, vorwiegend auf Disziplinierung großer Massen ausgerichtete Organisation. Die Druck- und Ordnungsmechanismen, die Formulare, die Arbeitsabläufe, Kontrollen usw. bis hin zum Sprachduktus (das war der Anlaß zu unserem Beispiel) des Managements.
– »Dies hat zu geschehen.«
– »Es wird nachdrücklich darauf verwiesen...«

– »Wir geben der Belegschaft bekannt, daß ab sofort unnachsichtig gegen X,Y,Z-Mißbrauch vorgegangen wird.« Usw.

Alle diese Äußerungen haben im Grunde genommen Eltern-Ich-Form. Das Andorra-Phänomen kommt über Organisation, Führungsverhalten und Sprache in Rotation. Die Arbeiten D. McGregors zeigen an, daß der Mensch so wird, wie man über ihn denkt; daß er sich auf die Einstellung zuentwickelt, die der Vorgesetzte über ihn in sich trägt. Die Beobachtungen McGregors laufen auf einen gigantischen »Andorra-Effekt« hinaus, m.a.W.: Der Mensch der hochindustrialisierten Zeit ist nicht *so*, sondern das herrschende Menschenbild hat ihn so *gemacht*.
Was würde passieren, wenn man versuchen würde, den Andorra-Phänomen-Kreisel anders herum zu drehen?
Inzwischen ist durch viele Versuche der Nachweis schon erbracht, daß dies möglich ist. Denn das Denken des Menschen, oder hier: die Änderung der Einstellung des Managers zum Mitarbeiterbild, besitzt verursachende Kraft.
Denken kann den endlosen, zum Teil heillosen Ursachen-Wirkungen-Kreislauf unterbrechen.
Denken kann selbst Ursache werden.

Abbildung 20

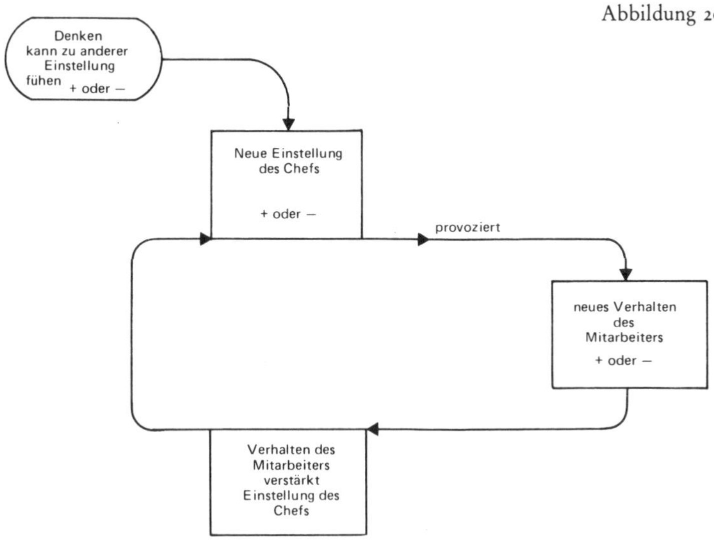

Die Spirale gegenseitiger Verhaltenssteuerung beginnt sich dann nach oben zu drehen.
Der Menschenkenntnis werden sozusagen die guten Früchte zugeworfen.

F. Im Hinblick auf die Wechselwirkung zwischen dem menschlichen und dem sächlich-methodischen Element im Unternehmen

1. Menschen und Sachen als aufeinander zugeordnete und einander bedingende Systemelemente

Nach allen bisherigen Überlegungen schält sich nun die Notwendigkeit heraus, die Wechselbeziehungen zwischen Sachen und Menschen in ein für die Praxis griffiges System zu bringen, um alle bisherigen Ansätze und Hinweise zum Verbessern der Menschenkenntnis abzurunden.
Wir bedienen uns dabei wieder der Metapher und der Visualisierung als Verständigungshilfe.
Das Unternehmen als sozio-technisches System kann auf der technischen wie auf der menschlichen Seite auf folgende Grundpfeiler gestellt werden:

Abbildung 21

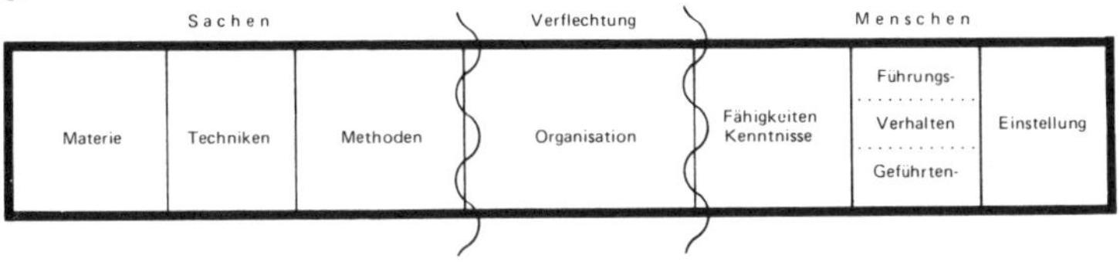

Diese Grundpfeiler stehen in engster Wechselwirkung zueinander. Wer gestalterisch im Betrieb wirkt, kann keines der Einzelelemente verändern, ohne daß diese Änderung auf andere Elemente oder gleich auf alle anderen durchschlägt. Wenn dies unvorhergesehen passiert, können böse Überraschungen auftreten.

Eine *Organisationsänderung* zum Beispiel wird durchgeführt mit großen Erwartungen. Nach einem Jahr erkennt die Organisationsabteilung ihr Werk nicht mehr wieder. Es hat sich völlig verändert. Durch die Mitarbeiter, deren *Einstellung* nicht der Organisationsidee entsprach.

Oder: Man versucht, durch gruppendynamische Seminare das *Verhalten* zu verändern. Übersieht aber dabei, daß hierzu einiges an organisatorischen Stützen und an *Methoden-Arsenal* notwendig wäre. Umgekehrt: Man versucht *Methoden* zu ändern, ohne den erhofften Erfolg, weil das *Verhalten* der Mitarbeiter nicht zu den neuen Methoden paßt.

Wenn wir in den vergangenen Jahrzehnten Enttäuschungen erlebt haben, dann meist deshalb, weil wir in Spezialberufe gezwängt antreten und nicht in der Lage sind zur realen Ganzheitsbetrachtung, zur integrierten System-Übersicht.

Der Organisator stieg im Feld »Organisation« ein und wunderte sich, daß »falsche« Einstellungen und Verhaltensweisen der Mitarbeiter sein Konzept zerbrachen oder verwässerten. Der Verhaltenswissenschaftler, der Betriebspsychologe oder Soziologe, stieg evtl. auf der menschlichen Seite des Betriebes ein und wunderte sich, daß auch er keinen durchschlagenden Erfolg verzeichnen konnte.

Wir halten fest: Ganzheitliche Problemanalyse ist dringend geboten. Jede Änderung eines Systemelementes schlägt auf andere Elemente durch.

Diese Szenerie ist auch seit Jahren zu beobachten im Bereich der Schul- und Universitätsgestaltung. Einführung der »Kollegstufe« als »Verbesserung« eines Systemelementes oder Veränderung der Zulassungsmodalitäten als Verbesserung eines anderen Systemelementes und vieles andere mehr schlagen in nicht vorhergesehener Weise auf andere Systemelemente des Schulwesens durch, so daß – wie ein Hochschullehrer jüngst einmal sagte – die Schulsituation der Bundesrepublik einer einzigen großen Baugrube gleicht.

Einige weitere Beispiele für die Wechselwirkung der »Systemelemente«. Es soll damit noch deutlicher werden, wie weit wir den Begriff Organisation hier fassen müssen.

- Wenn Mitarbeiter in eine Großraum-Organisation umziehen, steigt regelmäßig die Tendenz, sich sorgfältiger zu kleiden. (*Verhalten* wird durch *Organisation* verändert).

- In einer Problemlösungskonferenz, an der ein Vorstandsmitglied teilnimmt, schleppt sich die Diskussion mühselig, zäh und informationsarm dahin. Man kommt nicht vorwärts. Weil der Diskussionsleiter den Eindruck bekommt, daß die allgemeine Müdigkeit durch eine Kaffeepause aufgehoben werden könnte, unterbricht er die Konferenz für einige Minuten. Der Vorstand geht solange in sein Büro, um ein paar dringende Dinge zu erledigen. Innerhalb weniger Sekunden, noch bevor man die Kaffeebestellung aufgeben konnte, ist der Raum erfüllt von munterem, höchst angeregtem Stimmengewirr. Man steht in kleinen Gruppen umher, diskutiert engagiert, tauscht Erfahrungen aus, speist Ideen ein. Der Diskussionsleiter geht von Gruppe zu Gruppe und ist glücklich, weil jetzt genau der Diskussionsinhalt und der Stil abläuft, den er vorher so dringend gebraucht hätte. Die *Einstellung* war die Ursache für ein bestimmtes *Verhalten,* das wiederum durch die Organisation verändert wurde: Die *Einstellung* (»Distanz halten«) bestimmte das *Verhalten* (»ich werd' mir's Maul verbrennen!«), das nun durch die *Organisation* (»Pause, körperliche Bewegung, kleine Gruppen, Inoffizialität«) verändert wurde.

Notabene: Diese Beobachtung führte unter anderem dazu, daß die moderne Problemlösungspsychologie empfiehlt, durch wechselnde Bildung von Kleingruppen und größeren Konferenzen entlastete »workshop-Atmosphäre« zu schaffen. Die dem Stil nach informelle, informativere Diskussion in Kleingruppen ohne hierarchisch-atmosphärische »Störungen« kann evtl. schneller reichere Entscheidungsgrundlagen finden.

2. Die Veränderbarkeit der Systemelemente

Wenn wir uns die Veränderbarkeit der verschiedenen Bereiche erfragen, ergibt sich eine neue, sehr drastische Aussage:

Abbildung 22

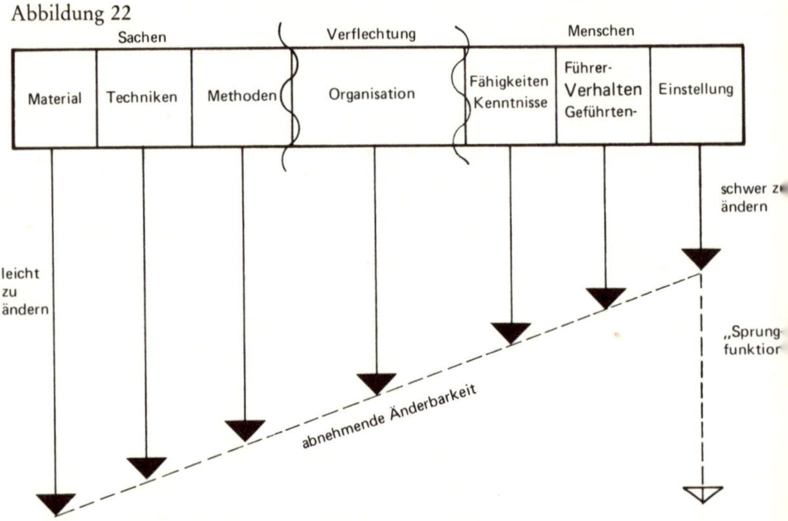

Die sächlichen Äußerlichkeiten lassen sich relativ rasch verändern. Je weiter wir aber ins »Menschliche« kommen, umso schwieriger die Änderung. Material ist schnell in anderer Form gekauft, Techniken und Methoden auch noch relativ rasch zu ändern. Schwieriger wird es schon bei der organisatorischen Änderung, weil komplexer. Sehr hartleibig kann das Verändern bei Verhaltensweisen und Einstellungen werden. Sie sind oft so fixiert, daß Generationen darüber hingehen können, ehe sich einmal eine Einstellungsänderung vollzieht (man denke an die Einstellung der katholischen Iren zu den evangelischen und umgekehrt; an die Einstellung der Araber zu den Israelis und umgekehrt).
Gerade die schwer änderbaren Einstellungen jedoch sind für »Sprungfunktionen« offen, wenn plötzlich neue Informationen oder schockartige Ereignisse auftreten.

Beispiele:

- Die allgemeine Einstellung gegenüber dem Auto erfuhr (zunächst) eine erhebliche Veränderung durch die Ölkrise.

- Die durch das Ölembargo ausgelöste Energiekrise veränderte schlagartig die Einstellung zur Energie und zum Problem der Ressourcen auf unserem Planeten.

- Außerdem bedeutete das Ölembargo, daß plötzlich Staatsregierungen ihre Einstellungen »änderten«, ihre ganz besondere Sympathie und ein »immer-schon-dagewesenes« Interesse an der arabischen Sache »entdeckten« – sehr zum Ärger der »stark« gebliebenen Regierungen wegen soviel Charakterlosigkeit...

- Die Kenntnis psychologischer Dynamik läßt auch mit einiger Wahrscheinlichkeit die Erwartung zu, daß diese anfänglich vielleicht verlogene und recht vordergründige Einstellungsänderung (und deshalb zunächst wohl nur »Verhaltens-Änderung«) allmählich eine »echte« werden kann. Weil sich nun Kontakte anspinnen (Nähe schafft Vertrauensatmosphäre), wodurch wiederum Aggressionen abgebaut und evtl. Vorurteile eingeschmolzen werden. Es kommen Sympathien auf, vielleicht wächst sogar Verständnis füreinander usw. Man entdeckt Gebiete, auf denen »gemeinsame Sache« gemacht werden kann. Kurz: Die Einstellung – vorher scheinheilig opportunistisch – wird allmählich so etwas wie echt. Für wie lange, ist natürlich eine andere Frage.

Verhalten und Einstellung können übereinstimmen, müssen es aber nicht.

- Wenn ein Araber traditionellen Haß gegen alles Israelitische in sich trägt (Einstellung), wird sein Verhalten in mehr oder weniger deutlicher Weise diese Einstellung widerspiegeln.
  Gesetzt den Fall, der Araber will einem Israeli einen Teppich verkaufen, weil er dringend Geld braucht; dann wird seine Einstellung sich deswegen nicht gleich ändern, aber sein Verhalten erheblich. Er wird ihm mit freundlichen Gebärden seinen Teppich anbieten. Einstellung (Haß) und Verhalten (freundliches Gebaren) klaffen auseinander.

- Wenn Mitarbeiter in einer Konferenz sitzen, die stark kopfgesteuert ist, entsteht normalerweise die Tendenz, sich in Richtung auf den »Kopf« (Chef oder Diskussionsleiter, von dem man beruflich abhängig ist) orientiert zu verhalten. Die Konferenzteilnehmer neigen dazu, solche Beiträge zu leisten, die beim dominanten Kopf gut ankommen.
  Andere Beiträge werden zurückgehalten oder nach vorsichtigem Abtasten der Situation als Versuchsballons gestartet. Insofern verliert eine kopfgesteuerte Gruppe viel an Kreativität und Spontaneität.

Wie verhalten sich Einstellung und Verhalten in dieser Situation zueinander?
Das kann sehr verschieden sein:

Herr A zum Beispiel lebt mit der Einstellung: Karriere um jeden Preis. Das heißt für ihn, dem Chef möglichst nicht zu widersprechen, sondern ihn bestätigen, es sei denn, der Chef will einmal »Widersprechen« als sprachliche Übung haben, die aber nur Spiel bedeutet. Bei diesem Herrn A entsprechen sich in diesem Falle Einstellung und Verhalten.

Herr B kam zum Beispiel in die Sitzung mit der Einstellung: Immer die Sache selbst vertreten, ohne opportunistisches Getue. Ich bin wer und kann meine Meinung jederzeit kundtun, auch dem Chef gegenüber.
In der Diskussion wird die Sache jedoch gefährlich und er wählt den einfacheren Weg: Verzicht auf seine ureigene Meinung. Er verhält sich vorsichtigerweise konform zur Chefmeinung oder konform zur Gruppenmeinung, die den Chef bestätigt (die ursprüngliche Einstellung und das Verhalten fallen auseinander).

Der Leser denke bei allen solchen Beispielen immer an das Problem der Menschenkenntnis: Kenne ich diese Situation? Ist mir bewußt, wo sie auftritt?
Wie hätte ich im Ernstfall geurteilt über diesen oder jenen Menschen? Hätte ich die innerpsychische oder die sozialpsychologische Dynamik erkannt und berücksichtigt bei meinem Urteil?

3. Glauben und Wissen

Unsere Graphik muß noch um zwei weitere Dimensionen erweitert werden: Um den Wissensstand der Mitarbeiter – und zum anderen um deren »Glaubensstand«; das heißt, deren Wertmuster, Weltanschauungen, persönliche Philosophien (Basis- oder Grundeinstellungen, die das Erlebnispotential insgesamt einfärben).
Bei den Wertmustern handelt es sich um meist traditionsgebundene Vor-Gaben von wertgebenden Instanzen, die im Menschen archiviert sind; besser gesagt: über ihm hängen und in seine Einstellungen, in seine Urteilsfindung hineinwirken. Und dies in mehr oder weniger erheblichem Umfang.
Wir finden hier, um die Sprache der Transaktionsanalytiker zu be-

Abbildung 23

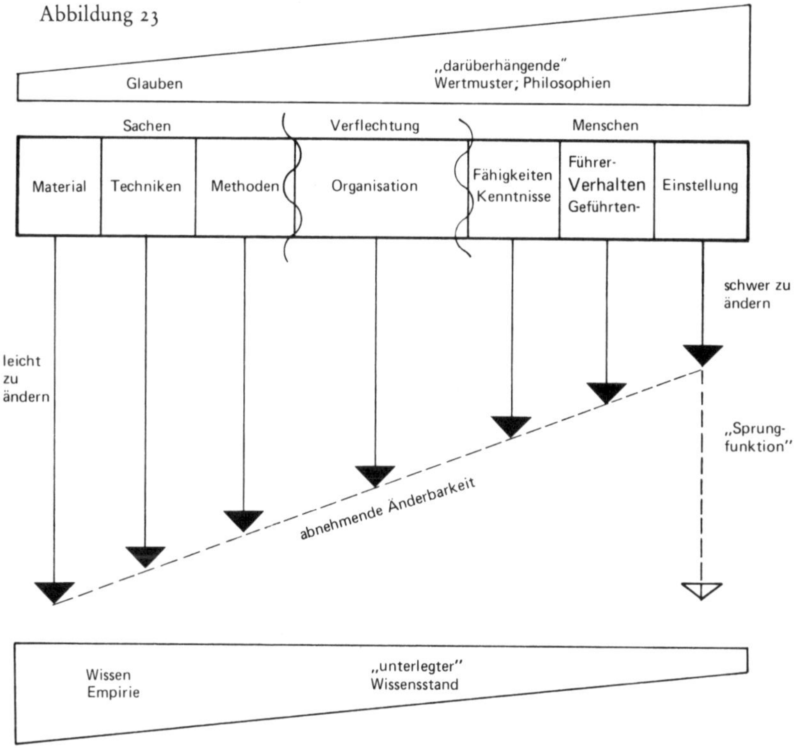

nutzen, ein Eltern-Ich, das durch wertgebende, ethische Normen setzende Instanzen erweitert wurde (auch durch den Zeitgeist, der gerade »in« ist, im Sinne eines modischen Wertmusters).

Hier erscheint allerdings ein Dilemma:
Sich in der Ahnung um die Begrenztheit aller menschlichen Erkenntnismöglichkeiten in die Dimension eines Glaubensaktes zu begeben und sich auch von Normen und Werten leiten zu lassen, bedeutet noch keineswegs, auf Wissensevolution und Lernoffenheit zu verzichten. Wenn jedoch die Orientierung an übergeordnete Wertmuster radikalisiert wird, fällt die Lernoffenheit auf Null zusammen. Wir nennen Menschen, die sich dem hingeben, Sektierer oder Fanatiker. Sie sind als wandelnde Vorurteile wahrhaftig eine Geißel der Menschheit. Weil sie – auf Reize hin nur vorgeformte Schubladen mit vorgestanzten Ideologie-Inhalten öffnend – nicht

nur der Lernoffenheit entbehren, sondern gerade deswegen mit einer fast lästerlichen »Sicherheit« geschlagen sind, gemäß dem chinesischen Spruch: Nur die Weisesten und die Dümmsten ändern ihre Meinung nie. Solche Sicherheit wiederum erhöht bedauerlicherweise den Offensivcharakter ihres Tuns. Für sie ist alles klar und ganz einfach...

Auch im Betrieb finden wir alle Spielarten von Sektiererei: Zum Beispiel Computerhörigkeit oder Computerallergie. Der eine schwört auf dieses, der andere auf jenes. Grundsätzlich: Wer in komplexen Problemen »schwört«, sollte nach Möglichkeit mit ganzen Batterien von Fragen erst einmal verunsichert werden.

4. Polares und skalierendes Denken

Die Vorstellung sektiererischen Übertreibens und der Verlust des rechten Maßes bringt für unsere Graphik noch eine weitere Differenzierung.

Dazu könnten Sie selbst ein Experiment machen: Nehmen Sie mehrere beliebige Problemlösungskonferenzen oder Arbeitsbesprechungen auf Tonband auf. Besonders eignen sich dafür schwierige, vielschichtige Themen mit noch unsicherem Ausgang. Wenn Sie danach das Tonband langsam Stück für Stück auswerten und sich dabei an unsere bisher gefundenen kommunikationspsychologischen Prinzipien erinnern, werden Sie mit hoher Wahrscheinlichkeit selbst feststellen können, daß das sogenannte »Gespräch« sich lediglich als ein Aneinanderhängen von Monologen entpuppt. Die Sendeintensität übersteigt die Empfangsintensität bei weitem. Dadurch sinkt die gemeinsame Lernfähigkeit der Gruppe ab, und es schleift sich ein unentwegtes Wiederholen der Argumente ein, zum Teil nur mit etwas anderen Worten, so daß der sich festfressende Redundanzgehalt der Diskussion stetig erhöht wird.

Weiterhin werden Sie demonstriert bekommen, daß die Mehrzahl der Diskussionsteilnehmer – wenn sich zum Beispiel unterschiedliche Meinungen herauskristallisieren – »schwarz/weiß« formuliert, also sich von extremen Polaritäten her gegenseitig anspricht.

Das normale menschliche Problemlösungsdenken scheint vorwiegend in ziemlich radikalen Pendelausschlägen von Pol zu Pol zu arbeiten. Vielen Menschen fällt es ausgesprochen schwer, in der Form vorzugehen, die wir – im Gegensatz zum »polaren« Denken – das »skalierende« Denken nennen. Vielleicht hängt diese Bevorzugung des »Schwarz-Weiß-Denkens« mit der Tatsache zusammen, daß unsere Sprache nicht viel Mittel-Töne kennt. Es ist leichter, eine extreme Aussage zu machen, als etwas »um die Mitte herum« zu beschreiben.

Ungeübte Problemlöser gehen also vorwiegend digital vor, vollziehen einen einzigen riesigen Meßschritt und »messen«: Schwarz oder weiß. Ja oder nein.

- Konkret am Beispiel: Autoritärer Kindergarten – oder antiautoritärer Kinderladen.
- Diktatur – oder Demokratie total (= »Demokratismus« mit chaotischem Ausgang)

Daß der lebensfähige Kompromiß (Kompromiß nicht als fauler gemeint, den ja im Grunde genommen niemand will, sondern als eingerütteltes Optimum) meist auf einer Skala irgendwo zwischen den Extremen liegt, ist beileibe nicht allgemein gültiges Denkprinzip.

Wir erweitern unsere Graphik (s. Seite 162): In jedem Element – in Methodik, Technik, Organisation, Verhalten, Einstellung, Wertmustern und Wissensstand – gibt es Extreme, die kaum lebensfähig sind, und dazwischen eine Skala, auf der meistens mehrere lebensfähige Lösungen liegen. Jenseits der Extreme lauert meistens Gefahr.

Solche Gefahren sind häufig angezeigt in einem »Zuviel« oder in einem »Zuwenig«. Beispielsweise »Organisation«: Zuviel organisatorische Reglementierung wird zur Bürokratisierung, zur Überregelung; zuwenig Reglementierung würde Unordnung und Chaos bedeuten. Oder zum Beispiel die Einstellung »Gerechtigkeit«: Zuviel davon würde bedeuten: Um des Rechtes willen zerstörerisch wirken (Michael Kohlhaas...); zuwenig: Ungerechtigkeit.

Oder zum Beispiel »Wertmuster«: Zuviel wird Sektiererei; zuwenig wird Bindungslosigkeit.

Immer wieder die Frage: Ist man noch auf der Skala mit lebensfähi-

Abbildung 24

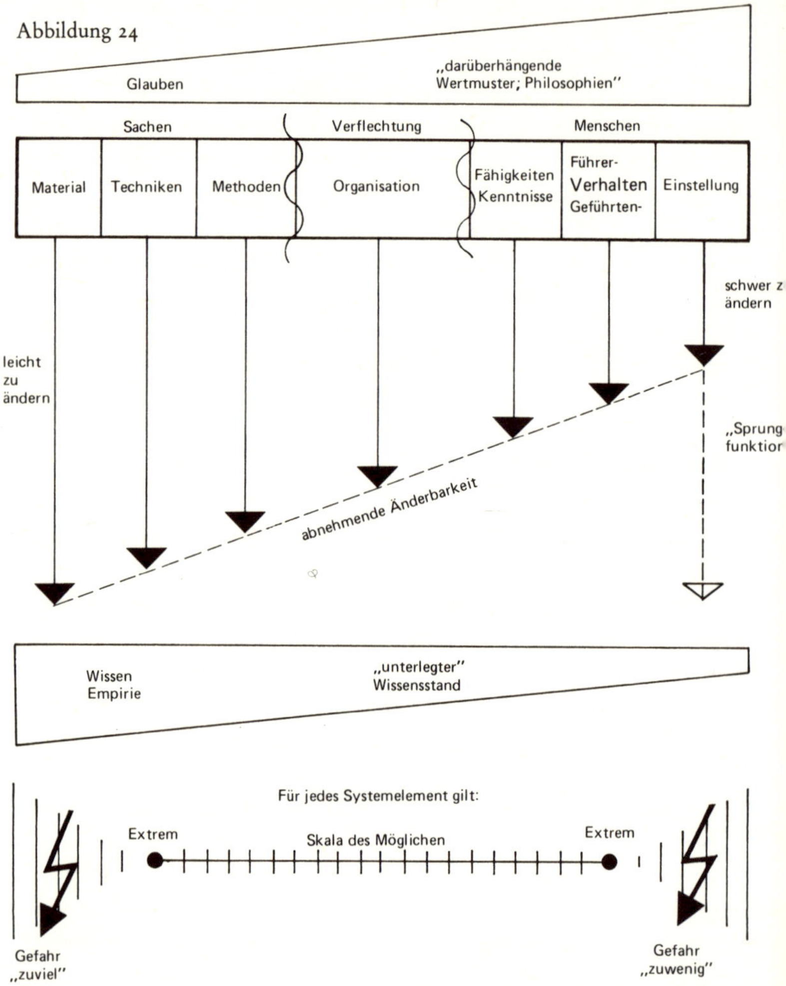

gen Lösungen – oder auf dem Extrem, oder sogar jenseits des Extrems in der Gefahrenzone?

Bleibt zum Schluß die Frage nach der Kreativität. Wiederum läßt sich jedes Systemelement getrennt abfragen: Kommen z. B. Methodik und Techniken in unserem Unternehmen der Kreativität entgegen oder sind sie kreativitätsfeindlich? (s. Seite 163)

Wie wirkt die Organisation des Betriebes? Kreativitätsfördernd oder -hemmend?

Wie wirken sich Verhaltensweisen und Einstellungen bei Führenden und Geführten auf die Kreativität aus? Wie die Mehrzahl der

Abbildung 25

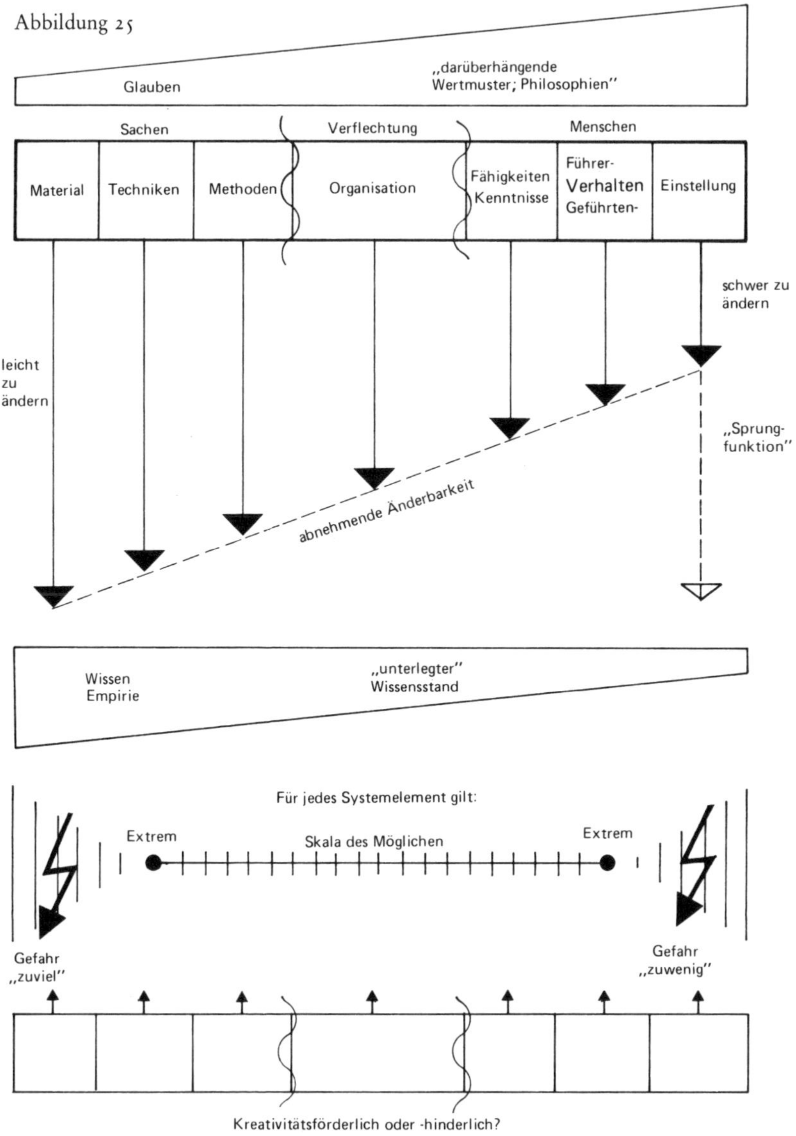

Wertmuster? Wie das Wissen, die Kenntnisse? (Wissen kann sehr wohl kreativitätshemmend sein, wenn es zu sicher macht und keine neuen Lernstoffe oder Informationen aufzunehmen duldet. Virchow: »Ich habe schon viele Körper geöffnet und noch keine Seele gesehen« ...)

5. Eine Checkliste zur Integration von Menschen-Kenntnis und Sachen-Kenntnis

Die Graphik eignet sich nun als eine Art Checkliste in jeder Kreuz- und Querkombination gleichermaßen für Fragen der Menschenkenntnis wie für Fragen der Problemlösung und Organisation:

Liegt die beabsichtigte *Organisationsänderung* noch auf der Skala zwischen den *Extremen* – oder schon auf dem Extrem?
Wenn auf der *Skala* dazwischen: wo?
Passen die *Methoden* dazu?
Sind die *Techniken* darauf eingerichtet?
Wird das *Verhalten* der Mitarbeiter dies alles stützen?
Welche *Einstellung* wäre nötig?
Ist sie vorhanden?
Wenn nicht: kann diese Einstellung geändert werden?
Wenn die Einstellung nicht änderbar ist, kann ich den Organisationsentwurf ändern, damit er etwa auf die vorhandene Einstellung paßt?
Oder könnte die aufgedrückte Organisationsneuerung allmählich Einstellungsveränderungen entstehen lassen?
Wie schlagen die *Wertmuster* der Menschen durch?
Setzt die Neuorganisation eine *ethische* Grundhaltung voraus, die nicht erwartet werden kann?
Wenn ja, kann ich die Organisation so abwandeln, daß sie mit der vorhandenen ethischen Substanz zusammen lebensfähig wird?
Ist das notwendige *Wissen* da?
Entsprechen die *Kenntnisse und die Fähigkeiten* dem Organisationsentwurf?
Wenn nicht, was müßte ich tun? Soll ich das *Wissen* schulen?
Genügt das, oder muß ich auch das *Verhalten* trainieren?
Welche Auswirkungen auf die *Kreativität* wird die neue Organisation haben?
Stützt das derzeitige Verhalten die Kreativität?
Welche neuen Verhaltensweisen sind zu erwarten und wie wirken diese voraussichtlich auf die Kreativität?

Kommen die Wertmuster der Kreativität entgegen oder ist das Gegenteil der Fall?

So oder ähnlich könnte unsere Graphik als Prüfprotokoll verwendet werden zum Einkreisen von Problemstoffen durch ein organisationspsychologisches Fragen-Arsenal.
Zweck der Übung ist, *richtige Fragen zu finden.* Das gehört zu den schwierigsten Aufgaben des Managements, auch im Bereich der Menschenkenntnis. Leider sind Manager allzuoft mit bedrückend viel Fleiß damit beschäftigt, *auf falsche Fragen richtige Antworten zu suchen...*
Wer hingegen die richtigen Fragen formulieren kann, dem laufen die richtigen Antworten meist schon von selbst nach.
Zumindest wird durch die »Stoßrichtung« der zielsuchenden Fragestellung das potentielle Antwortfeld richtiger oder reichhaltiger angepeilt.

G. Im Hinblick auf die Leistungsmotivation

1. »Über-sich-hinaus-wachsen« und »Unter-sich-drunter-schrumpfen«

Ich hoffe sehr, daß es gelungen ist, die psychische Beweglichkeit und relative Änderbarkeit des Menschen aufzuzeigen. Menschenkenntnis sollte also viel mehr unter dem andragogischen, dem Entwicklungsaspekt betrieben werden: Wie sieht es *jetzt* aus und was kann daraus werden?

Unter welchen Umständen? Unter welchen Bedingungen?

Damit wird die Menschenkenntnis als Manageraufgabe dynamisch, und der urteilende Manager wird nicht zum Richter oder »Ja-Nein-Computer« (die Guten ins Töpfchen, die Schlechten ins Kröpfchen...), sondern zum Menschen-Erkenner zur Erfassung des jeweils

Menschen-Möglichen.

Zugleich mit dem Rückkopplungseffekt: Und was müßte ich als Manager tun, um das *Mögliche möglich zu machen?*

Der Mensch kann sich auswachsen, er kann in günstigen Fällen sogar über sich hinaus wachsen.
Er kann aber genauso unter seinen Möglichkeiten bleiben, er kann »unter-sich-drunter-schrumpfen«.
Vieles – allzu vieles führt zu letzterem.
Der Manager sollte sich verstehen als Entdecker und Entwickler menschlicher Möglichkeiten, die ohne ihn verschüttet oder brachliegen würden.

Überspitzt ausgedrückt: Es liegt zum Teil am Manager selbst, was es in einem Mitarbeiter zu erkennen gibt. Er bestimmt zu einem er-

heblichen Teil selbst das Ergebnis seiner Menschenerkennungsarbeit vorweg.

Statt einer Zusammenfassung:

Die bisherigen Kapitel dienten einer »kreativen Desillusionierung«. Sie sollten uns aus der naiven Vordergründigkeit landläufiger Menschenkenntnis-Rezepte des Vade-mecum-Stils herausführen.
Wer sich aus Spekulation und Naivität löst, sich dafür dem Streß der Unsicherheit öffnet, kann eine neue Startbasis gewinnen, die neue Dimensionen und eine andere Qualität eröffnet.
Bei der dann einzuschlagenden Richtung lassen wir uns am besten durch ein Wort des Thomas von Aquin leiten, nach dem das Hinken auf kümmerlichem Wege zum wirklichen Ziel besser sei als das rasche Voranschreiten auf einer Prachtstraße in der falschen Richtung. Doch zum Trost: Dies sei nur heilsame Grundeinstellung, denn so kümmerlich sind die Wege gar nicht.

Die gefundenen Kategorien der Verhaltensketten, Kommunikationsketten und Wahrnehmungsketten lassen das Prozeßhafte der gegenseitigen Wahrnehmung deutlicher werden, so daß wir in der neueren Charakterkunde die Vorstellung verlassen, der andere sei ein von meinem Fixpunkt aus wahrnehmbares Objekt, das mit geeigneten Beobachtungs- und Meßmethoden mehr oder weniger objektiv zu erkennen und zu erfassen sei.
Menschen erleben und Menschen kennenlernen ist ein Vorgang, der real nur denkbar wird als prozessuales, fluktuierendes Geschehen mit wechselseitigen Beeinflussungen und interaktionellen Bewegungen – ein »reaktives« Geschehen also:
Wir beobachten einen Beobachter
Wir kommunizieren mit einem Kommunikator
Wir haben einem Fühlenden gegenüber Gefühle
Wir sind einem Motivierten gegenüber motiviert
Wir stoßen als Eingestellte auf Einstellungen
Wir verhalten uns gegenüber Sich-verhaltenden
Und wir tragen einem Rollenträger gegenüber unsere Rolle.

Diese Ernüchterung wollen wir uns gönnen – auch wenn dadurch die Problemlandschaft komplizierter wird. Wir schaffen uns damit die Voraussetzung für bessere Beurteilungsfähigkeit. Denn wir werden uns in Kenntnis der Problemlandschaft hüten, als Rezeptologen der Kategorie »Menschenkenntnis leicht gemacht«... aus fragwürdigen Details und aphoristischen Behauptungen unser Urteil zusammenzubauen.

Zu dieser Relativität des Geschehens eine Metapher in Form einer kleinen Aufgabe (gewissermaßen als Denkspaß):

Eine Mücke fliegt in einer Paternoster-Kabine unentwegt vom Einstiegshandgriff zur Rückwand und wieder zurück. Hin und her. Her und hin.
Das Paternostersystem befindet sich in einem großen Luftschiff und verbindet drei Stockwerke in dessen Innenraum. Das Paternostersystem rotiert quer zur Fahrtrichtung. Die Kabinen sind zum Bug des Luftschiffes hin offen.
Das Luftschiff selbst steigt und sinkt abwechselnd auf seinem Flug, es fliegt also auf einer langgezogenen Wellenlinie. Die Fluggeschwindigkeit der Mücke soll der Einfachheit halber der Geschwindigkeit des Luftschiffes entsprechen.
Angenommen die Mücke könnte so etwas wie einen kleinen Kondensstreifen hinterlassen und alles wäre durchsichtig aus Plexiglas: Wie sähe die Fluglinie der Mücke aus?

a) Für einen Betrachter in der Paternosterkabine selbst?
b) Für einen Betrachter im Luftschiff – seitlich vom Paternostersystem?
c) Für einen Betrachter im Luftschiff, der den Paternoster von vorne sieht?
d) Für einen Betrachter, der auf einem Kirchturm stehend das Luftschiff in einiger Entfernung an sich vorüberfliegen sieht?

Die Lösung finden Sie auf der nächsten Seite.

Die Parallele zur gegenseitigen menschlichen Wahrnehmung ist evident. Wenn z. B. zwei sich streiten in unserer Gegenwart, sehen wir oft »von außen« schon längst den Kernpunkt des Konfliktes, könnten ihn genau aufzeigen. Die unmittelbar Beteiligten an dem

Abbildung 26

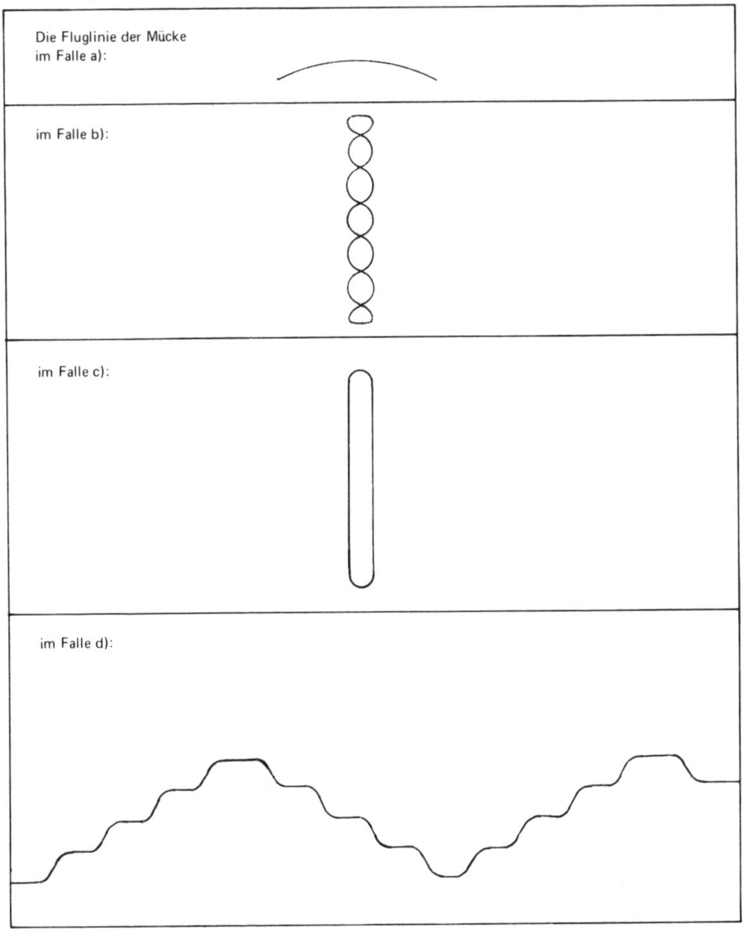

Disput jedoch reden unentwegt aneinander vorbei und erkennen »ihr Problem« nicht.

Wenn wir uns mit dieser Relativität der Eindrücke als einer Grundtatsache des Seelenlebens arrangieren, erhöht sich die Chance, einer Art von Objektivität näher zu kommen. Denn das Bewußtsein der Relativität und der eigenen Subjektivität läßt uns den »Mut zur Vorläufigkeit« der Eindrücke fassen. Dieser Mut hält uns von zu frühen Fixierungen zurück, vor »terrible simplification« im charakterologischen Bereich.

Der Satz, daß kontradiktorisch entgegengesetzte Aussagen nicht beide zugleich wahr sein können, gilt im psychischen Bereich nicht oder nur mit Einschränkungen. So kann zum Beispiel eine Mutter ihr Kind als »Engel« erleben, der Lehrer dasselbe als »Teufel«. Ein autoritärer Vorgesetzter sieht von oben, also von seinem Chef her gesehen, evtl. großzügig und rücksichtsvoll, reif, anpassungsfähig, sensibel, auf alle Nuancen eingehend, dabei aber sehr zielstrebig, zuverlässig und eminent fleißig aus. Von unten, vom Mitarbeiter her gesehen, rundum gegenteilig.
Welches ist das »wahre« Kind? Welches ist der »wahre« Vorgesetzte?
Das Erregendste bei diesen Überlegungen ist die Beobachtung, daß wir einander verändern können. Daß die Einteilungsschemata, Ordnungskategorien und »Erfahrungen«, von denen wir ausgehen, nicht nur als passive Wahrnehmungsfilter wirken, sondern aktiv auf den wahrgenommenen Menschen verändernd wirken.*
Der mit raschem Urteil über einen Leisten geschlagene Mensch besitzt die fatale »Fähigkeit«, sich tatsächlich nach dem Leisten zu entwickeln. (Andorra...)

Schockierend wirkten hier die Untersuchungen des Amerikaners Rosenthal (1968) über Lehrerurteile und Schülerintelligenz:**

> Alle neuen Schüler einer Grundschule wurden zu Beginn des Schuljahres mit einem Intelligenztest untersucht.
> Danach stellte Rosenthal per Zufallswahl eine Schülergruppe zusammen, die er den Lehrern gegenüber als Gruppe mit den besten Testergebnissen ausgab. Dieser »Elite« wurde – ebenfalls per Zufallswahl – eine Kontrollgruppe gegenübergestellt mit Schülern, die er als unintelligent bezeichnete.
> Bei erneut vorgenommenen Intelligenzuntersuchungen am Ende des Schuljahres stellte sich heraus:
>
> a) bei den als intelligent bezeichneten Schülern war im Durchschnitt

* Vergl. die Arbeiten N. Hofers: »Zur impliziten Persönlichkeitstheorie von Lehrern« in: Zeitschrift Entwicklungspsychologie und pädagogische Psychologie, 1970, Heft 2, Seite 197–204).
** Rosenthal, R. und Jacobson, L.: »Pygmalion in the classroom: teacher expectation and pupils intellectual development. New York 1968.

tatsächlich ein Intelligenzzuwachs zu erkennen (ob es sich um einen echten Intelligenzzuwachs handelt oder nur um bessere Übung oder bessere Nutzung der Gedächtniskapazität, steht noch in der Diskussion; diese Frage ist jedoch für unsere Betrachtung hier zweitrangig).

b) Die Lehrer gaben über diese »intelligenten« Schüler gute und lobende Urteile ab.

c) Die Kontrollgruppe der »unintelligenten« Schüler blieb im wesentlichen gleich; diejenigen Schüler jedoch, die in dieser Gruppe auch Fortschritte gemacht hatten, galten im Urteil der Lehrer als frech und mit Anpassungsschwierigkeiten behaftet. Es ist anzunehmen, daß hier die Erwartungshaltung der Lehrer in den Kindern bestimmte psychische Potentiale wachgerufen haben. Ähnlich Pygmalion, der seinen Figuren Leben einzauberte.*
Und es ist weiter anzunehmen, daß die auslösenden Mechanismen bei der »intelligenten« Gruppe in der lobenden, anregenden, ermutigenden Grundhaltung der Lehrer liegen (»Du bist doch gut, das weiß ich doch«). Wahrscheinlich wird mit dieser Haltung auch die Toleranz gegenüber Fehlhaltungen größer und damit der Tadel geringer.

Die Untersuchungen Rosenthals sind noch in der Diskussion. Weitere werden folgen. Natürlich kann die Übertragung der Effekte auf das betriebliche Leben nur mit Vorsicht vorgenommen werden (Jugendliche sind zweifellos noch prägbarer als die »fertige« Erwachsenenwelt unserer Betriebe). Trotzdem: Wer kennt nicht vergleichbare Abteilungen, die sich in ihrer Leistung unterscheiden im Verhältnis 1 zu 3?
Wer kennt nicht einen »schlechten« Mitarbeiter, der unter einem anderen Vorgesetzten plötzlich anschob und »gut geworden« ist? Mit dieser Erkenntnis wird ein Signal zum Wachstum und zur Entwicklung gesetzt. Der Blick wird auf menschliche Kraftreserven gelenkt, man verabschiedet sich von der Vorstellung, die Schuld an ungenügenden unternehmerischen Leistungen läge an den schlechten Mitarbeitern. Es räumt mit der naiven Vorstellung auf, das Führen sei kein Problem, wenn man nur gute Mitarbeiter hätte. Es wird

* Deutsche Ausgabe: »Pygmalion im Unterricht, Weinheim 1971.)

phänomenologisch nachweisbar, daß der Urgrund für »schlechte Mitarbeiter« in erheblichem Maße in den Methoden der Organisation und in der Führung selbst liegen. Und in nicht zu übersehender Konsequenz wird man sich dem Wort stellen müssen: Jeder hat die Mitarbeiter, die er verdient.

Die Empfehlungen der Sozialpsychologie für die Führungskraft laufen nun tatsächlich darauf hinaus, sich (und sei es nur »versuchsweise«) das Bild vom Mitarbeiter einmal so zurechtzulegen, wie es die Theorie Y (McGregor) darstellt. Eine Änderung der Führungsaktivität, natürlich auch der Organisationsformen und -methoden, muß notwendigerweise die Folgen sein.

Die Prophezeihung, daß sich dann die Mitarbeiter im Durchschnitt eher in die Richtung der Theorie Y entwickeln werden, kann man mit guter Aussicht auf Erfolg wagen. Voraussetzung ist allerdings, daß man vom Management her den ersten Schritt tut und keine sofortige Generaländerung erwartet, sondern dem Prozeß die nötige Entwicklungs- und Reifezeit gönnt und nicht bei der ersten Enttäuschung schon wieder kurzatmig zurückschaltet; ebensowenig den Prozeß an den Ausnahmen mißt.

In Abwandlung eines bekannten Sprichwortes könnte man die hier wirkenden psychischen Kräfte und Mechanismen abschließend auch so ausdrücken:

Wie der Herr (denkt)
so's G'scherr (sich lenkt).

II. Teil
Wege zum anderen

1. Methodisches

a) Das Prinzip der Rotation

Zur Erkennung fremden Seelenlebens können wir uns auf zwei Wegen bewegen: systematisch-logisch-diskursiv-analytisch
oder
intuitiv-einfühlend.

Beide Vorgehensweisen können wir im vorwissenschaftlichen oder im wissenschaftlichen Sinne anwenden – wobei im Bereich des Intuitiven besser von »geschulter Intuition« als von »wissenschaftlicher Intuition« gesprochen wird.

Abbildung 27

	Intuitiv	Systematisch
vorwissenschaftlich	(A) „Erster Eindruck" Sympathie-/ Antipathieregungen	(B) Checklists; Merkmalsammlungen; oft auch simplifizierende Persönlichkeitstheorien; Vergleiche mit Bekanntem; Laien-„Tests"
wissenschaftlich	(C) „geschulte Intuition" Bewußtes Erleben des anderen in verschiedenen Situationen; langsames „Einfühlen", beobachten; Eindrücke kombinieren	(D) Einzeltest („Sonden") als Stichproben oder umfassende Testbatterie; erfordert fachpsycholog. Ausbildung, ebenso Faktorenanalyse

Zu Feld A:

Daß der erste Eindruck und das Gefühl für einen Menschen trügen können, ist sicherlich deutlich genug geworden. Wenn dieser Eindruck allerdings sehr stark ist, sozusagen »überlaut klingelt«, sollte man diesem Zeichen Beachtung schenken und versuchen, darüber zu reflektieren und weiter zu beobachten bzw. bewußter zu orten, woher dieser starke Eindruck herrühren könnte.

Es ist auch völlig ausgeschlossen, Sympathie und Antipathie auszuschalten (wie das in theoretischen Abhandlungen über den Bewerbungsvorgang z. B. so leicht zu fordern ist). Das ist auch nicht nötig. Wenn man darauf achten gelernt hat und z. B. um den »primacy ef-

fekt« weiß, ist es möglich, die spontanen Eindrücke vorläufig »auf Eis« zu legen und offenzuhalten für weitere Eindrücke, aus denen sich evtl. eine Revision ergibt.
Wenn ein Partner für intensive Zusammenarbeit gesucht wird, sollte man sogar besonders auf starke Sympathie- bzw. Antipathieregungen achten. Wenn die Antipathieregung bleibt oder sich noch verstärkt, ist die Prognose für gute und effiziente Zusammenarbeit nicht gerade günstig.
Im Prinzip gilt für die Praxis: Wenn man bei der Suche eines neuen Mitarbeiters oder Partners zwischen zwei Personen wählen muß, und der Sympathischere erscheint in seiner fachlichen Kompetenz etwas weniger fundiert als der andere: dann entscheidet man sich am besten für den Sympathischeren. Denn hier wirkt ein nicht mehr erklärbares »Naturereignis« mit, um zu guter Zusammenarbeit zu kommen. Weil jedoch Zusammenarbeit im allgemeinen als Leistungsfaktor ersten Ranges gelten muß, wiegt dies schwerer als geringfügige Wissens- oder Erfahrungslücken.
Anders liegt der Fall natürlich, wenn die Wissensunterschiede beträchtlich sind und Kooperationsmöglichkeiten wie auch die Aufgabe selbst von entsprechendem Wissensstand abhängen.

Zu Feld B:

Systematik hilft meist weiter, wenn sie im vorwissenschaftlichen Bereich zum Beispiel als vorbedachte Fragen-Strukturierung oder als Gedächtnisstütze dient. Gefährlich: fixierte, simplifizierende »Theorien«; zu frühe und einseitige Gewichtung diagnostischer Details ohne generalisierende Aussagekraft; gerichtete Erwartungshaltungen oder vorurteilsgebundene Ordnungsschemata.

Zu Feld C:

Geschulte Intuition ist chancenreich, wenn man um die Gefahren der Subjektivität und des Wahrnehmungsfilters weiß und geübt hat, während der Begegnung mit dem anderen gewissermaßen aus sich herauszutreten und die ganze Szene zweimal zu erleben: einmal als agierender Gesprächspartner im Kommunikationssystem – und noch einmal aus dem Abstand des bewußten Beobachters »von der Seite her«.
Das klingt kompliziert, ist aber bis zu einem gewissen Grade durchaus möglich und auch erlernbar, wenn die möglichen Fehler vorher bewußtgemacht worden sind (aus diesem Grunde haben wir ja auch

der Fehleranalyse im ersten Teil des Buches verhältnismäßig viel Raum gegeben).

Das geschulte intuitive Erleben des anderen ist insbesondere chancenreich, wenn wir eine Persönlichkeit in verschiedenen Situationen erleben können: in einer entspannten Freizeitsituation, im Streß, in Gefahr, freudig bewegt, in ärgerlicher Situation usw.

Es gehört mit zu den interessantesten Fällen im Rahmen psychologischen Sehens, wenn ein »abgestempelter« Mensch in einer veränderten Situation plötzlich ganz neue Züge zeigt. Auch ein Ehepaar kann unter Umständen jahrzehntelang nebeneinander herlaufen und glaubt sich zu kennen – in Wirklichkeit ist der gegenseitige Erkenntnisstand doch recht gering. Jeder kennt am anderen nur ein bestimmtes Rollenbild. Plötzlich passiert etwas, ein anderes »Ich« tritt zutage und es heißt: »So kenn' ich Dich ja gar nicht...«

Zu Feld D:

Zweifellos ist die fachpsychologisch durchgeführte Testbatterie – wo man diese Methode anwenden kann – die derzeit sicherste Möglichkeit zur Erkennung fremden Seelenlebens, insbesondere der Begabungsstruktur (so konnten wir z. B. in einem Betrieb im Bereich der Facharbeiterausbildung die Quote der Jungen, die das Ausbildungsziel nicht erreichten, von 26 % auf 2 % senken.)

Die Sicherheit und die »Trefferzahl« bei der Einsatzplanung leitender Angestellter stieg durch den Einsatz fachpsychologischer Eignungsdiagnostik und Berufsberatung deutlich an. Solches Ansteigen kann gemessen werden durch Daten wie z.B. Kündigung während der Probezeit, Gehaltsentwicklung, Karriereentwicklung, Verweildauer im Betrieb usw.

Wenn man sich bewußt macht, wieviel Lebenszeit verlorengeht und wie psychische Not den »Fehlstartern« zu schaffen macht, ganz abgesehen von den Kosten und den Schwierigkeiten, die sich für den Betrieb ergeben –, dann sind solche Ergebnisse schon von einiger Bedeutung.

Gefahr besteht jedoch, wenn solche Methoden mit einem »wissenschaftlich-naiven« Glauben an die Unfehlbarkeit der Methode angewandt werden – oder wenn die angewandte Methode sich nicht eignet.

So ist es uns zum Beispiel in einem Betrieb gelungen, einen – in der Wirtschaft häufig verwendeten – Intelligenztest in seiner Aussagefähigkeit deutlicher zu differenzieren: Er war nur aussagefähig im Niveau des städtischen Mittelstandes, führte aber zu falschen Ergebnissen im Bereich der technischen Hochbegabung. Wer ihn in diesem Bereich anwandte, war in der Gefahr, genau diejenigen Personen auszuschließen, die in hohem Maße für technisch anspruchsvolle Aufgaben geeignet gewesen wären.

Grundsätzlich hat sich die Rotationsbewegung durch die Felder hindurch bewährt. Für den psychologischen Laien im vorwissenschaftlichen Bereich die Rotation zwischen den Feldern A und B; bei der Anwendung wissenschaftlich-psychologischer Methodik die Achterschleife durch die Felder A, B, C und D, evtl. in wiederholtem Durchgang. Alle vier Erkenntnisquellen können einander ergänzen und verdichten: Gleichartiges läßt sich abrunden und bestätigen (natürlich immer auf der Hut vor Fehlern des Typs »Andorra«); Widersprüchliches läßt sich aufdecken, noch einmal hinterfragen und zum Problem erheben. Daraus ergibt sich:

b) Das Prinzip der Vorläufigkeit

Man könnte es auch das »Bleistift-/Radiergummi-Prinzip« nennen: Alles Diagnostizierte wird nur – real *und* symbolisch gemeint – mit Bleistift aufgenommen, in der anderen Hand den Radiergummi. Das Verfahren der Menschenkenntnis, die psychologische Diagnostik, ist gekennzeichnet durch ein tastendes, sich fortlaufend verbesserndes, wiederholt revidierendes Vorgehen, das die Erkenntnis des anderen einspielt, sozusagen einkreist.

c) Das Prinzip der Reduzierung

Jeder Mensch ist eine »einmalige Ausgabe«, ein absolutes Unikat. In bezug auf seine charakterologische Struktur und die notwendige Menschenkenntnis zu deren Erfassung würde dies bedeuten, daß wir eine Unzahl von Eigenschaften und Persönlichkeitsmerkmalen aufnehmen müßten. Doch damit nicht genug: Wir müßten diese auch nach Art, Ausprägung, Verflechtung und Kombination in ein Strukturbild bringen. Ein theoretisch zu forderndes, aber praktisch fast unmögliches Unterfangen.

Deshalb sind wir auf Vereinfachung, auf »Reduzierung« angewiesen. Das heißt, wir versuchen, die »Charakterologische Dominante« eines Menschen zu erfassen, als Erklärungsschlüssel auch für andere Felder in seinem Persönlichkeitsbild.

Abbildung 28

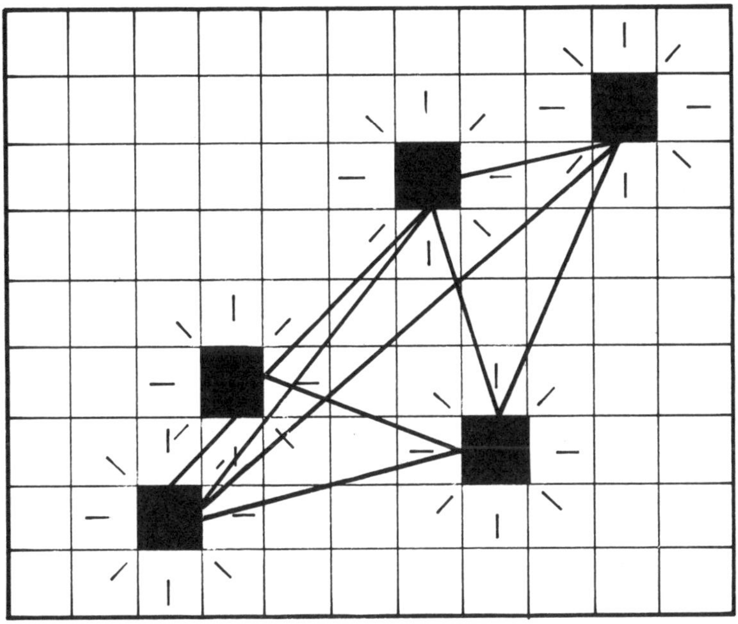

Solche charakterologischen Dominanten oder Kerneigenschaften ergeben ein individuelles, relativ konstantes Grundmuster und erlauben aufgrund des Integrationszusammenhanges Schlüsse auf wahrscheinlich vorhandene benachbarte Eigenschaften. Wir nennen sie nach Philipp Lersch »affine« Eigenschaften.
Charakterologische Dominanten lassen natürlich auch umgekehrt den Schluß zu, welche Eigenschaften in deren Nachbarschaft selten oder nie auftreten (»diffuge« Eigenschaften).
Die Dominante »ehrgeiziges Strebertum« z.B. schließt höchstwahrscheinlich »soziale, mitfühlende Zuwendung« aus: hier also diffuge Eigenschaften.
»Ehrgeiziges Strebertum« und »Hartherzigkeit« hingegen sind wesensverwandt (hier affin).
»Stilles Genießertum« und »Fanatismus« oder »Haß« schließen sich aus (diffug).

Sind die charakterologischen Dominanten gefunden und definiert, läßt sich deren Umfeld mit einiger Sicherheit ableuchten. Diese *psycho-logische* Schlußfolgerungsmöglichkeit erlaubt in gewissen Grenzen eine Persönlichkeitsbestimmung.
Die Effekte der Reduzierung auf wesentliche Eigenschaften, unter Umständen eine unerlaubte Simplifikation bedeutend, können also durch die Umfeld-Absteckung genügend »geheilt« werden. Gefahr zeigt sich jedoch allzu deutlich, wenn der Beurteiler – selbst in Schwierigkeiten mit der Objektivität – die falschen Dominanten ausmacht.
Nun fehlt noch der Begriff der *Struktur*.
Einzelne Züge und Eigenschaften stehen in einem bestimmten Ordnungsverhältnis, sind aufeinander zugeordnet, einander über- oder unterstellt. Unter Struktur verstehen wir also eine Anordnung, *die das Sammelsurium der psychischen Grundtatsachen auf ein integriertes Ganzes hin in Zusammenhang bringt.*
Damit wird deutlich, daß sich Einzeleigenschaften immer nur vom strukturierten Ganzen her deuten lassen. Wie in jedem »System«, so sind auch hier die Einzelelemente des Systems *nur verstehbar in ihrer Bezogenheit und Kohärenz zu anderen Systemelementen.*
So erklärt sich noch einmal – von anderer Seite her – das »rotierende« Vorgehen im »Bleistift-Radiergummi-Prinzip« der Vorläufigkeit. Weil wir als Beobachter selten oder nie auf Anhieb Strukturen wahrnehmen können, sondern Einzeleindrücke *nacheinander* sammeln müssen wie beim Aufreihen von Perlen auf der Schnur, brauchen wir die Offenheit während des Sammelns; damit jederzeit revidiert, neu geordnet werden kann zur Erfassung der Struktur.
Wenn ich aufgrund eines Anforderungsprofils bei einer Person eine geforderte Eigenschaft stur und ausschließlich suche und dann lediglich deren zu geringe Ausprägung feststelle, übersehe ich womöglich eine Reihe von Kompensationsmöglichkeiten in dessen Persönlichkeitsbild. Der Betreffende hätte die fehlende Eigenschaft eventuell ersetzen können durch andere.
Es kann in diesem Falle passieren, daß man in einem anderen Unternehmen an derselben Aufgabe einen eminent erfolgreichen Mann kennenlernt, der über die gesuchte Eigenschaft ebenfalls nicht ver-

fügt... (wir gehen dabei von der Voraussetzung aus, daß diese Aufgabe nicht nur den gleichen Namen trägt, sondern auch vom Inhalt her dieselbe ist). Er kann auf andere Weise erfolgreich sein; er spielt auf einem anderen Instrument dieselbe Melodie.

2. Das Anforderungsprofil

Es steht außer Frage, daß – insbesondere vor dem Suchen eines neuen Mitarbeiters – ein Anforderungsprofil nützlich bzw. notwendig ist; damit überhaupt klargestellt wird, wen man suchen muß und auf welche Charakteristiken es ankommt, auf welche Dimensionen, Ausprägungen etc.

Da in der personalwirtschaftlichen Literatur eine Fülle von Anregungen zur Erstellung von Anforderungsprofilen aufzufinden ist und deren Problematik ausgiebig diskutiert wurde, dürfen wir hier in unserem Exkurs über die Menschenkenntnis auf die technische Seite des Problems verzichten.

Ein Beispiel aus der Praxis möge jedoch lehren, das Problem des Anforderungsprofils in einem viel größeren Zusammenhang zu sehen als dies normalerweise der Fall ist. Es gibt hier höchst interessante Zusammenhänge zu entdecken.

> In einem Großbetrieb der Elektroindustrie herrschte ein drückender Mangel an sog. Prüffeld-Ingenieuren (sie überwachen den elektrischen bzw. elektronischen Teil der Gerätefertigung).
>
> Nun rangierte das Prüffeld in diesem Betrieb in der (semantischen) hierarchischen Bedeutsamkeit immer etwas unterhalb der Entwicklungs- und Forschungsabteilung. Deshalb war es für die Personalleitung nicht leicht, dorthin Ingenieure zu vermitteln. Denn wer als Ingenieur auf sich hielt, strebte in die Entwicklungsabteilung. Allmählich sammelte sich in den Prüffeldern eine Mannschaft von braven, aber eher mittelmäßig qualifzierten Ingenieuren, die sich dann letztlich doch bereit erklärt hatten, dort zu arbeiten.
>
> Als nun die Technik weiterschritt und komplizierter wurde, reichten die Fähigkeiten der Prüffeld-Ingenieure nicht mehr

ohne weiteres aus. Es war allgemeine Forderung, daß die Qualifikation der Prüffeld-Besatzung angehoben werden müßte.
Die Personalabteilung wurde angewiesen, mit allen Mitteln zu versuchen, mehr und vor allem qualifizierte Ingenieure in die Prüffelder anzuwerben. Der Erfolg war – wie sich denken läßt – gering. Denn die mangelnde Reputation der Prüffelder im Wertmaßstab der Ingenieure blieb eine nahezu unüberwindbare Barriere. In dieser Blockade schlingerte die Situation jahrelang dahin. Von seiten der technischen Leitung immer wieder der Aufschrei: Mehr und bessere Ingenieure ins Prüffeld! – Von seiten der Personalabteilung immer wieder die resignierte Konstatierung: Qualifizierte Ingenieure sind dort nicht hinzukriegen!
Eine von uns durchgeführte Anforderungsanalyse und die Erstellung eines Anforderungsprofils für die gesuchten Prüffeld-Ingenieure änderten die Situation schlagartig:
Es stellte sich nämlich heraus, daß die Qualifikation der Prüffeld-Ingenieure nicht wegen des Fortschritts der Technik mangelhaft geworden war, sondern weil in der vor dem Prüffeld liegenden Entwicklungsabteilung durch ein Übermaß an neuen Aufträgen eine Situation entstanden war, die zu einer rascheren, damit aber auch oberflächlicheren Entwicklungsarbeit führte.
Waren früher Geräte, die von der Entwicklungsabteilung an die Prüffelder gingen (d.h. in Serienproduktion gegeben wurden) weitestgehend ausgereift und für den Produktionsprozeß »fertig«, so kamen jetzt auf die Prüffelder unreife Novitäten zu unter dem Motto: »Das Gerät ist ja nahezu fertig entwickelt, die Prüffeld-Ingenieure sollen eben die kleinen Ungereimtheiten noch zurechtbiegen.« Mit anderen Worten: Die Prüffeld-Ingenieure wurden immer mehr zur Nachentwicklung fertigungs-unreifer Geräte eingesetzt.
Da nun der Chef der gesamten Prüffelder ein exzellenter technischer Kopf war, wehrte er diese Entwicklung nicht nur nicht ab, sondern kam ihr sogar entgegen. Er empfand dies als eine Herausforderung. Diese Haltung des Chefs übertrug

sich natürlich auf die Prüffeld-Ingenieure, die darin eine Aufwertung ihrer Berufssituation erblickten. Außerdem war dies abwechslungsreicher und interessanter als die routinemäßige Fertigung von serienreifen Geräten.
All dies hatte sich jedoch mehr oder weniger von selbst eingestellt, eingeschlichen und wurde nicht weiter reflektiert. Die gesamte Struktur der Prüffelder hatte sich höchst ungünstig verschoben: Die Prüffeld-Ingenieure fummelten an einer Arbeit herum, die sie im Grunde genommen überforderte (denn gerade das Hintrimmen der letzten Feinheiten, das sog. finish der Geräte, gehört zu den schwierigsten Arbeiten in diesem Bereich überhaupt). Da man einige Zeit versucht hatte, dem Problem durch Quantität beizukommen, waren die Prüffelder mit zu vielen Ingenieuren besetzt, die entweder reine Technikerarbeiten vollzogen oder Entwicklungsarbeiten, die sie eigentlich nicht leisten konnten. Dies wiederum ließ die Gehaltssumme der Prüffelder in die Höhe schnellen, weil alle diese Mitarbeiter ja ingenieurmäßig bezahlt wurden. Gleichzeitig stieg die Fluktuation altbewährter Techniker, weil diese in dem Pulk von Ingenieuren nicht mehr richtig zum Zuge kamen. Sie waren früher beachtete Koryphäen gewesen; jetzt wurden sie zu Handlangern der Ingenieure. Kurzum: Eine Unbill zog die andere nach.
Der Versuch, ein Anforderungsprofil zu entwerfen, spülte nun alle diese Dinge an die Oberfläche. Als das Problem erkannt war, konnte man sofort grundlegend organisatorische, arbeitsmethodische und berufspsychologische Änderungen treffen.
Das Ausreifen der Geräte bis zur Serienreife wurde wieder eindeutig in die Entwicklungsabteilung verlegt, denn nur sie war wirklich dazu in der Lage.
Weil danach eine verhältnismäßig unproblematische Serienproduktion in den Prüffeldern möglich wurde, konnte man dort das zahlenmäßige Verhältnis der Techniker zu den Ingenieuren drastisch verändern zugunsten der Techniker. Für deren Ausbildungshöhe war diese Arbeit vielseitig und interessant, so daß man sie leicht dafür gewinnen konnte. Außer-

dem ging die Fluktuation nahezu auf Null zurück. Die wenigen Prüffeld-Ingenieure, die dann noch notwendig waren, bekamen leitende und steuernde Funktionen, wodurch wiederum das Problem der Reputation eines Prüffeld-Ingenieurs gelöst war. Dieser Umbau wiederum senkte den Gehaltsaufwand der Prüffelder erheblich, weil die Techniker in einem anderen Tarif standen.

So löste also die Erstellung eines Anforderungsprofils eine organisatorische Veränderung aus, die zu einem erheblich größeren und reibungsloseren Ausstoß führte, den Lohnkostenpegel erheblich absenkte und den beteiligten Menschen Zufriedenheit in der Arbeit verschaffte.

Ein weiterer wichtiger Hinweis: Anforderungsprofile sollte man niemals als »Sperrprogramm« verwenden. Man lasse sich nicht von Formalismen einengen. Sonst wird auch der Kreis der in Frage kommenden Personen unnötig begrenzt.

Es ist zweckmäßig, zu differenzieren:

Was ist unabdingbare Eigenschaft (»muß«)?

Was wäre wünschenswert (»sollte...«)?

Was ist kompensierbar durch andere Eigenschaften?

Die Warnung, sich nicht zu sehr einengen zu lassen durch Anforderungsprofil-Vorgaben, soll natürlich nicht heißen, daß man sie mißachte – das gerade nicht. Man benütze das Anforderungsprofil jedoch mehr im Sinne eines Lotsen. Immer offen für die Frage, ob man nicht auch auf anderen Wegen zum Ziel kommen kann. Vielleicht zeigt das Anforderungsprofil den kürzesten Weg. Es gibt aber auch andere Wege, eventuell längere, dafür aber mit anderen Vorteilen. Das Anforderungsprofil kann gerade beim Auffinden anderer Wege Entscheidungshilfen geben, weil es als Richtmaß deutlich werden läßt, wo und wann und wie weit man sich bei der Auswahl auf andere Wege einlassen will.

Daß es dabei absolute »Muß-Faktoren« gibt, sog. »Knock-out-points«, ist selbstverständlich. So wird man einen hoch spezialisierten, introvertierten Wissenschaftler im Normalfall nicht unbedingt als Fertigungsboß einsetzen; und einen smarten Verkäufer mit einem Schuß Schlitzohrigkeit nicht unbedingt als Hüter der Kasse;

ebensowenig wie man einen einfallsreichen, aber nervösen Tüftler nicht unbedingt als Lokomotivführer einsetzen wird.
Man beachte noch ein weiteres Problem aus dem Bereich der Sozialpsychologie: Es gibt auch eine »gruppencharakterologische Dominante«, d.h. das Verhaltensmuster, wodurch eine Gruppe geprägt wird. Bevor die Gruppe in der Realität nicht zusammengetreten ist, existiert jedoch dieses Verhaltensmuster noch nicht. Insofern ist es auch nicht von vornherein in ein Anforderungsprofil einzuarbeiten. Bevor die anderen noch nicht sichtbar sind, können wir nicht überlegen, wer warum zu wem passen würde.

Dazu folgendes Fallbeispiel:

Ein Betrieb suchte für eine Gruppe von Ingenieuren einen weiteren Mann. Ein Anforderungsprofil war vorhanden.

Das entscheidende Kriterium für diese Position stand jedoch nicht im Anforderungsprofil. Es konnte nicht darin enthalten sein, weil es sich vorher nicht abstrahieren ließ, sondern erst aus der gruppendynamischen Situation aktuell wurde – also nur »life« entstehen konnte. Der dominierende Mann dieser Gruppe (nicht der Vorgesetzte) war ein außerordentlich zuverlässiger, fast pedantischer Typ, ernst und pflichtbewußt. Die ganze Gruppe wurde in ihrer Arbeitsatmosphäre durch ihn geprägt. Das wirkte sich so aus:

Die technischen Lösungen der Gruppe waren im Prinzip gut, aber in fast skrupulöser Form und übertrieben auf Zuverlässigkeit bzw. letzte Perfektion getrimmt. Das erforderte einerseits viel Zeit und zum anderen fehlte diesen »braven« Lösungen der geniale Wurf, der kreative Witz, den man gerade bei diesem Gerätetyp als Verkaufshilfe dringend gebraucht hätte.

In einem solchen Fall wäre das Anforderungsprofil akutell und ad hoc zu ergänzen. Dieser Gruppe würde ein neues Mitglied förderlich sein, das eine gute Portion natürlichen Humors besitzt, ideenreich ist und einen eher spielerischen Hang zu pfiffigen Lösungen zeigt.

Haben Sie schon einmal ein Anforderungsprofil gesehen, in dem von Humor die Rede war?

Das wäre hier auch nicht sinnvoll, weil es nur das Grundprofil des Aufgabengebietes einzufangen gilt, nicht unbedingt das Aktualprofil, welches erst aus der »life-Situation« erkennbar wird als gruppendynamische Komponente.

In einem anderen Falle könnte es zum Beispiel notwendig sein, einen ernsten, etwas peniblen Mann zu suchen, weil die Gruppe zwar einfallsreich arbeitet, aber etwas mehr Disziplin in Richtung auf Perfektion brauchen würde.

Wir unterscheiden also zwischen dem *Anforderungs-Grundprofil* und dem *Aktualprofil,* das sich im Sinne einer Ergänzung aufgrund der realen Situation erst ergibt.

Je komplexer eine betriebliche Aufgabe und je höher die hierarchische Position, umso verschiedenartiger und vielfältiger werden die charakterologischen Wege, auf denen man zum Ziel kommt.

Man vergleiche einmal bekannte Unternehmer: ein unerhört differenziertes, buntgemischtes Bild unterschiedlichster Veranlagungen, die jeweils in ihrer Eigenart zum Erfolg geführt haben.

Halten wir uns also nicht an Allerweltsmeinungen, die uns den Reichtum der Möglichkeiten in unbilliger Weise einschränken.

Abschließend zwei Beispiele aus der Industrie:

- In einem Großbetrieb (Apparatebau) sollte die Position eines Vertriebsstellenleiters besetzt werden. Man stellte sich einen gutaussehenden, repräsentativ wirkenden, dynamischen Mann vor, der – parkettsicher, eloquent und auch fachlich sicher – die Firma am Markt vertreten sollte.

  Aufgrund der Annonce in einer führenden Tageszeitung meldete sich ein Herr aus dem eigenen Hause. Ein klein gewachsener introvertierter Ingenieur, der etwas linkisch wirkte, im Gebaren eher schüchtern – allerdings mit ausgezeichneten technischen Kenntnissen.

  Man schmunzelte in der Geschäftsleitung zunächst verzeihend und lehnte ab, weil dieser Mann nicht im entferntesten dem Bild entsprach, das man sich von dem gesuchten Vertriebsmann und Repräsentanten einer Weltfirma machte. Erst als man trotz eifriger Suche keinen geeignet erscheinenden Herrn finden konnte, reifte nach vielen mühseligen Bedenken der Entschluß, es doch mit diesem

Manne zu versuchen, der im Kreise der übrigen Vertriebsleiter wie ein weißer Rabe wirkte.
Ergebnis: Der Mann erzielte hervorragende Verkaufserfolge. Durch seine schüchterne Art, verbunden mit seinem grundsoliden technischen Können, wirkte er derart vertrauenschaffend, daß er bei dem qualifizierten Kundenkreis, der vorwiegend technische Problemlösungen suchte, Verkaufsrekorde erzielen konnte.

- Ein von der Hochschule kommender junger Diplomingenieur bewarb sich in einer Firma für eine Arbeit in der Entwicklungsabteilung (wie sich später herausstellte, weil alle anderen Semester-Kollegen sich ebenfalls für Entwicklungsabteilungen beworben hatten; das war der übliche Weg, man kannte nichts anderes).
Die Entwicklungsabteilung lehnte ab; sein Wissensstand sei völlig unzureichend.
Der Personalchef wollte ihn mit höflichen Worten wieder nach Hause schicken. Da es aber Essenszeit war und der junge Mann ihm auch leid tat, lud er ihn noch zum Essen in die Kantine ein. Im Gespräch stellte sich allmählich folgendes heraus: Der junge Mann wollte ursprünglich Journalist werden und hatte schon während der Oberschule in der Schülerzeitung mitgewirkt. Der Vater allerdings – selbst in einem technischen Beruf – war nur bereit, ein »ordentliches« Studium zu finanzieren. So wurde der Junge, mehr aus Gehorsam denn aus Neigung, Ingenieur im Sinne eines Brotberufes – und dies mit sehr mäßigem Erfolg.
Der Personalchef erinnerte sich plötzlich, daß bei ihm seit zwei Jahren die Stelle eines technischen Redakteurs zur Betreuung der technischen Dokumentation des Hauses unbesetzt war und schon dringende Mahnungen der Geschäftsführung vorlagen. Bisher blieben sämtliche Versuche, diese Position zu besetzen, erfolglos. Das Anforderungsprofil dieser Position war in groben Zügen: Ein technisch versierter Ingenieur, der sich in Schriftform bestens ausdrücken kann. Was der Personalchef bisher ge-

funden hatte, waren entweder technisch versierte Ingenieure, die keine gute Feder hatten und sich dafür auch nicht interessierten – oder Journalisten, die von der Technik nichts verstanden.

In seiner Not beschloß der Personalchef nun, es mit diesem Mann zu versuchen (zumindest hätte er dann die Mahnungen der Geschäftsführung für eine Zeitlang los). Er unterschlug einfach die dürftigen technischen Kenntnisse des Bewerbers; denn er sagte sich – das Anforderungsprofil teilweise mißachtend –, daß der technische Redakteur nicht unbedingt selbst »Technik machen« müsse, sondern nur die Sprache der Techniker sprechen, um die technischen Könner befragen zu können.

Aus diesem jungen Mann, der vorher nichts von diesem Beruf gehört hatte, wurde in kurzer Zeit der unentbehrliche Chefredakteur für die gesamte technische Dokumentation des Hauses (und – man scheut sich fast, es zu sagen – er verdiente mehr als seine zugleich mit ihm gestarteten Kollegen in der Entwicklungsabteilung; denn die Kombination Technik/Journalismus kommt offenbar verhältnismäßig selten vor als Begabungsbild).

Es geht hier im Grunde genommen um das alte betriebspsychologische Prinzip:

Der Mensch muß zur Arbeit passen;
die Arbeit muß zum Menschen passen;
der Mensch muß zum Menschen passen
und den nicht-anpassungsfähigen Rest gilt es möglichst klein zu halten.

3. Das Gespräch als Methode zur Menschenkenntnis

Das Gespräch – entweder in Form eines zweckgerichteten Interviews oder als ungerichteter Versuch zum Kennenlernen – gilt immer noch als wichtigster und am häufigsten gebrauchter Weg zum

anderen.* Damit ist er auch, wenn man die Gesamtwirtschaft betrachtet, der teuerste Weg:
Überwiegend, wenn nicht ausnahmslos, dient das Gespräch als wichtigster Bestandteil der Ausleseverfahren in Wirtschaft und Verwaltung.
Ausgerechnet dieses Verfahren ist jedoch mit einem extrem hohen Unschärfefaktor versehen. Gleichwohl findet man im deutschen Sprachraum verhältnismäßig wenig Arbeiten zum Problem des Gesprächs als einem Teil der Eignungsuntersuchung oder als Methode zur Menschenkenntnis.
Der Unschärfefaktor des Gesprächs ist so bedeutsam, weil der psychologische Laie im Betrieb das Gespräch mehr oder weniger als zentrale Methode zur Eignungsfeststellung benützen muß (abgesehen von Leistungsnachweisen oder Arbeitsproben).
Den Anforderungen, die von der wissenschaftlichen Psychologie an ein Verfahren zum Kennenlernen von Menschen gestellt werden müssen – insbesondere wenn es um Vorhersage beruflichen Erfolges bzw. beruflichen Verhaltens geht –, kann das Interview nach allen bisherigen Erfahrungen über seine Zuverlässigkeit und Gültigkeit nicht einmal entfernt genügen.

> Ein Beispiel für viele:
> Während der Planungsphase zur Konstruktion und Einführung eines Personalbeurteilungssystems in einem Großbetrieb entwarfen wir einen Beurteilungsbogen mit 15 Kriterien; also Eigenschaften, die beurteilt werden sollten. Jede Eigenschaft konnte auf einer 10-Punkte-Skala bewertet werden (von »sehr schlecht« bis »sehr gut«).
> Wir stellten nun über 100 Manager des Unternehmens vor folgenden Versuch: Die Teilnehmer bekamen in schriftlicher Form drei Personenbeschreibungen, konnten jedoch die Personen nicht persönlich kennenlernen. Sie waren darauf ange-

---

* Vergleiche z. B. Ulrich, L., Trumbo, D.: The Selection Interview since 1949 Psychol. Bull. 63, 100–116, 1965.
Bellows, R. M., Estep, M. F.: Employment psychology: The interview. Holt, Rinehart & Winston, New york 1954.
In einer von der Zeitschrift »Capital« im Septemberheft 1970 veröffentlichen Befragung gaben 50 von 100 befragten deutschen Großfirmen dem Einzelgespräch in der Bewerberauslese das größte Gewicht.

wiesen, sich ihr Urteil aufgrund sprachlicher Deutung zu bilden. Danach sollten sie die drei Personen jeweils mit Hilfe des Bogens beurteilen durch das Bewerten der 15 Kriterien. Das Ergebnis war ernüchternd. Die Urteile differierten erheblich. Es kam vor, daß dieselbe Person bei einer bestimmten Eigenschaft sowohl gut als auch schlecht eingestuft wurde.

Bei etwa der Hälfte der erfragten Eigenschaften reichten die Bewertungen fast über die ganze Skala hinweg, von eins bis acht. Wir ergänzten dann diesen Versuch durch normale Interviews von Personen ohne mitgelieferte Beschreibung. Das Ergebnis war nicht viel besser.

Nota bene: Diese Erkenntnis soll nicht heißen, daß Beurteilungssysteme unsinnig wären. Es zeigt sich lediglich, welch hohe Anforderungen an ein wirksames Beurteilungswesen gestellt werden müssen – Anforderungen, die leider in der Praxis nur selten erfüllt sind. Deshalb »wirken« so viele (teure) Beurteilungssysteme auch nicht. Es geht damit wie bei der Berliner Kongreßhalle, der sog. schwangeren Auster, von der die Architekten sagen: »Sie steht da und sieht aus«. So ähnlich auch viele Beurteilungssysteme. Die Beurteilungen liegen im Büro des Personalchefs. Niemand traut ihnen so recht. Was tut man damit?

Und da liegen sie dann und sehen aus.

Wie schon im ersten Teil des Buches sichtbar wurde, gibt es zwei Möglichkeiten, der Menschenkenntnis aufzuhelfen: Systematische Methoden der Erfassung fremden Seelenlebens anwenden bzw. verbessern –

oder Fehler beim Vorgang des »natürlichen« Erfassens des anderen verringern. Der letztere Weg bringt schnelleren Erfolg und ist dem Laien leichter zugänglich. Deshalb gehen wir wieder in dieser Reihenfolge vor: Erst Fehlervermeidung, dann systematische Methodenverbesserung. (Wobei der Rückkopplungseffekt natürlich wichtig ist, daß durch die Fehlervermeidung schon automatisch eine Methodenverbesserung eintritt.)

Bei der psychologischen Arbeit während des Gesprächs stellen sich uns folgende Aufgaben:

Informationen sammeln und ordnen.
Informationen strukturieren und verarbeiten.
Informationen kombinieren, werten und deuten.
Welche »Ausrutscher« hat uns nun die Natur hier mitgeliefert?*

In jedem Gespräch, das aktiv-bewußt oder passiv-beiläufig dem Zweck der Menschenkenntnis dient, erhalten wir zunächst einen diffusen Gesamteindruck. Auch wenn einzelne Details sich abheben, es fehlt doch weitgehend das »geistige Band«. Dieser verunsichernden Diffusität des Gesamteindruckes will der Interviewer möglichst rasch entfliehen durch Gewinnung von sicheren Aussage-Konturen für ein Urteil. Gerade hierbei liefert uns »die Natur« offensichtlich Schwierigkeiten mit.

a) Der Gesprächsführer neigt dazu, negative Informationen schneller und tiefer aufzunehmen als positive.

Warum?

Es ist naheliegend, daß Rückmeldungen über »Versagen« von ausgewählten Mitarbeitern leichter und schneller gekommen sind als positive Bestätigungen (wenn alles gut geht, wird dies – lautlos – als Selbstverständlichkeit bzw. Normalfall hingenommen).

Aus den Impressionen »es-ist-schief-gegangen« (die *sicher* kommen und mehr oder weniger schmerzlich sind) entstehen vermutlich im Gesprächsführer Warnsignale und Schutzvorrichtungen, die leicht reagieren. Schließlich möchte man sich auch vor Vorwürfen schützen, ein schlechter Menschenkenner zu sein. Solche Vorwürfe kommen recht schnell, wenn der Ausgewählte sich später anders darbietet, als erwartet.

b) Die Regulierung des Gesprächsverlaufes in Richtung auf »Ablehnung« vollzieht sich deshalb schneller als umgekehrt.

Bildhaft ausgedrückt: Der Gesprächsführer sitzt auf einem Beurteilungs-Waage-Balken. Bei negativen Informationen

---

* Wir stützen uns bei dieser Analyse vorwiegend auf eine kritische Literaturübersicht von Johannes K. Triebe, Das Interview im Kontext der Eignungsdiagnostik, Bern 1976.

genügt geringeres Gewicht, um den Waagebalken nach Minus absinken zu lassen. Für die gleiche Bewegung auf der Plus-Seite bedarf es stärkeren Gewichtes.
c) Wenn sich während des Gesprächs der Waage-Balken des Urteils auf eine Seite senkt, verläßt der Gesprächsführer oft rasch seine lernoffen-abwartende Haltung und fixiert sein Urteil (denn das erlöst vom Streß der Unsicherheit). Je deutlicher er sich auf einer Seite festgelegt hat, umso unwilliger seine Reaktion auf weitere Informationen, die seine sich anbahnende Sicherheit wieder gefährden könnte.
In dieser Eigenschaft, Unsicherheit nicht ertragen zu können und rasch zum Urteil durchstoßen zu wollen – unterscheiden sich die Menschen jedoch erheblich.
Der Manager sollte darauf achten, wenn er darüber zu entscheiden hat, daß für Interviews und Gespräche mit anschließendem Urteil über Menschen nur solche Mitarbeiter ausgewählt werden, die Urteils-Unsicherheit längere Zeit forschend ertragen können und nicht allzu schnell nach erlösenden Urteilen gieren.
d) Diese Bereitschaft, das Urteil schon nach kurzer Zeit zu fällen, zieht außerdem eine weitere Vernebelung nach sich: die »selektive Wahrnehmung«. Denn das schnell gesetzte Urteil saugt von diesem Zeitpunkt an vorwiegend Informationen an, die das Urteil bestätigen. Alle anderen werden abgeblendet, weil sie urteilsgefährdend wirken würden.
e) Hinzu kommt nun noch der »primacy-effect«: in der zeitlichen Reihenfolge haften die ersten Eindrücke stärker als später folgende. Auch in diesem Falle wirkt die selektive Wahrnehmung verfestigend.
Damit ist jedoch nicht ausgeschlossen, daß Eindrücke am Ende eines Gespräches, und zwar insbesondere wenn sie massiv sind, das Urteil plötzlich verändern können.

f) Bei Gesprächen mit hierarchischem Gefälle beherrscht in der Regel der Ranghöhere die Szene. Ähnlich bei Bewerber-Auslese-Interviews, wo ja der Bewerber als Antragsteller erscheint und (von Ausnahmen abgesehen) kaum dominieren

wird. Auch in dieser Situation ist der Interviewer von vornherein »hierarchisch« überlegen.
In beiden Fällen ist meßbar, daß der hierarchisch Höhere den Gesprächsverlauf, die Themen, die Zeiten, die Pausen bestimmt. In der Auslese-Situation: Die Neigung zur Annahme des Bewerbers führt zum vermehrten Sprechen beim Interviewer; die Sprechpausen werden kürzer.
Mit anderen Worten: Entstehende Sympathieregungen laufen dann dem Kontaktbedürfnis und der Sprechintensität entgegen.
Wenn ein Bewerber dies registrieren muß, tut er am besten daran, nur noch zuzuhören. Denn das wird sich auf das Urteil des Interviewers noch weiter positiv auswirken.
Bei Neigung zur Ablehnung des Bewerbers stockt das Gespräch eher, die Pausen werden länger.
Dies alles hat der Bewerber nicht oder nur kaum in der Hand.
g) Gesprächsführer haben ihren eigenen Maßstab. Auch ihre »Stereotypen«, ihre Denkschemata.
Was muß der andere getan haben, tun, sagen, damit er als »gut« gilt?
Wie gültig ist das Urteil des Gesprächsführers bei der Frage, was gut oder schlecht sei?
Ähnliches gilt auch für die Werbung: wenn z. B. ein Werbender seine Botschaften so aussendet, wie er sie am schönsten findet, damit aber eventuell an den Wertmaßstäben des Umworbenen völlig vorbeigeht. Oder wenn ein Architekt der Innengestaltung eines Hotels sein urpersönliches Geschmacksdiktat aufzwingt – und sich dann die Mehrzahl der Gäste darin nicht wohl fühlen.
h) Man läßt sich unter Umständen durch Äußerlichkeiten (stattliche Erscheinung) oder Wortgewandtheit beeindrukken. Frage ist immer, ob solche Kriterien Voraussetzung für die gute Erfüllung der späteren Aufgabe sein können.
i) Der Schönfärb-Effekt ungünstiger Daten oder Fakten geht oft unmerklich in das Gespräch ein, d. h. Ungünstiges wird geschickt verbrämt dargeboten.
k) Der »Halo-Effekt« führt zu einer Verzerrung: Eine gün-

stige oder ungünstige Eigenschaft, die den Interviewer besonders beeindruckt, überstrahlt die ganze Person und verändert das Bild.

l) Der soziale Kontext verändert die Eindrücke. Mit anderen Worten: Erlebt man Gesprächspartner nur einzeln, fehlt ein Vergleichsmaßstab.

Allerdings: In einer Kette (z.B. bei mehreren Auslese-Interviews hintereinander) beeinflussen die Vorangegangenen das Urteil über die Nachfolgenden. Unter Einäugigen ist der Blinde König bzw. unter Supermännern fällt das qualifizierte Mittelmaß unverhältnismäßig ab.

m) Bei hoher Einstellquote und geringer Bewerberzahl sinkt das Anforderungsniveau des Interviewers deutlich ab.

So viel über die natürlichen Gefahrenstellen im Gespräch. Im Erkennen, Benennen und Gegensteuern liegt schon eine beträchtliche Verbesserungsmöglichkeit.

Wir wollen jedoch nach diesem »Abschlagen der Krusten« noch nach systematischen Verbesserungsmöglichkeiten suchen.

4. Verbesserungsmöglichkeiten des Gesprächs

Das Gespräch als Methode zur Urteilsfindung über Menschen zu verwenden, ist vorwiegend für die Bewerbungssituation interessant. Zweifellos ist für den Manager die Urteilsmöglichkeit über den Einsatz eines Mitarbeiters und die Vorhersage der erfolgreichen Aufgabenerfüllung von existentieller Bedeutung.

Im einzelnen ergeben sich folgende Verbesserungsmöglichkeiten: Man mache sich zuerst einmal klar, in welcher psychischen Situation der Bewerber ankommt – und wie demgegenüber die eigene aussieht.

Für den Bewerber kann die Bewerbung von schicksalhafter Bedeutung sein; sie zieht unter Umständen erhebliche Auswirkungen auf die Familiensituation nach sich. Er spielt eventuell mit hohem Einsatz.

Man selbst sitzt im sicheren Boot.
Das Gegenüber ist nur ein Fall von vielen...

Der Bewerber steht in gespannter Erwartungshaltung.
»Was kommt hier auf mich zu?«
»Was kann daraus werden?«
»Bin ich den Anforderungen gewachsen?«
»Was müßte ich mindestens erwarten können?«
Seine Gespanntheit kann von schnuppernder Neugierde bis zur nervösen Unruhe oder Verklemmtheit gehen.

Man selbst ist eher ruhig, ungeachtet des Bedürfnisses, rasch aus der Unsicherheit des Noch-nicht-urteilen-könnens herauszukommen. Man selbst befindet sich eher in einer Routinesituation.

Beide Gesprächspartner stehen in einem Rollenspiel. Was ist echt und taugt zur Beurteilung? Was ist Effekthascherei und lediglich Situationsanpassung?
Der Bewerber geht unter Umständen in Schutzhaltung, wenn er sich unsicher fühlt (vielleicht deshalb ruppig, forsch, gedrückt, reserviert?)

Man selbst befindet sich eher in »bohrender Suchhaltung«.

Vor allem: Der Bewerber ist vermutlich in dieser Situation sensitiver als normal: vergleichbar einem Schwamm, der alles aufsaugt – auch Dinge, die er gar nicht soll...
Er muß sich ja innerhalb kürzester Zeit, unter Umständen innerhalb von Minuten, ein Urteil bilden, ob er hier anlanden soll. Er diagnostiziert mit semantischer Sonde.
Was bedeuten für ihn das Wartenmüssen, die schmutzigen alten Zeitungen im Warteraum, die Unterbrechungen durchs Telefon usw.?
Nicht nur die Gesprächssituation, sondern all die vielen Eindrücke – vom Briefstil der Einladung, vom Empfang an der Pforte bis hin zum Gespräch selbst, werden als Urteilssignale aufgenommen. Das Gespräch selbst ist für ihn zwar wohl ein wichtiges, aber nicht das einzige Informationselement.

Aus langer Praxis heraus und gestützt durch eine Reihe von Untersuchungen, insbesondere im amerikanischen Raum, läßt sich für den Manager, der das Gespräch als Weg zum anderen benützen

will (insbesondere das Bewerbungsgespräch) folgendes empfehlen:
a) Von allen Interviewformen bringt das Gruppengespräch (board-interview) den besten Erkenntniswert. Dieses Verfahren ist zwar teuer, aber der Wert des zustandekommenden Urteils rechtfertigt diese Kosten fraglos. Dabei ist vorausgesetzt, daß die Erhebung der Fakten, der persönlichen Daten etc. schon vorab geschehen ist, eventuell in schriftlicher Form mit kurzer persönlicher Nachfrage zur Arrondierung der Angaben.
Dann wird mit dem Bewerber in einer Gruppe gesprochen: In der Regel sind die Teilnehmer der Personalmann, der suchende Vorgesetzte, eventuell dessen Stellvertreter und auch ein Partner aus einer anderen Abteilung, mit der dieser Bewerber später viel zu tun haben wird.
Die Dreiergruppe ist vom Verhältnis Aufwand zu Effekt besonders günstig.
Es kommt darauf an, den Bewerber wirklich in ein Gespräch einzubinden und nicht eine Verhör-Situation aufkommen zu lassen. Deshalb, wenn irgend möglich, die Sitzordnung am runden Tisch. Beim Gruppengespräch können die betrieblichen Partner in der Informationsaufnahme, -verarbeitung und -deutung abwechseln.
Die unterschiedlichen Sichtweisen, Deutungen, Reaktionen der Teilnehmer können in der anschließenden Manöverkritik besser und vor allem sofort erkannt und problematisiert werden. Fehler der einzelnen lassen sich in der Gruppe leichter korrigieren.
Durch das Abwechseln wird die Gruppe eventuell einfallsreicher und kreativer im Fragenkonzept. (Man sage nicht, dies sei unfair – drei »gegen« einen. Einmal geht es darum, Fehlbesetzungen zu vermeiden, was für den Betroffenen ebenso qualvoll wie für den Betrieb ungünstig sein kann. Und zum anderen ist ein solches Gespräch, wenn es nicht als Verhör läuft, sondern mehr als Problemlösungsgespräch, eine vergleichsweise geringe Belastung; diese Belastung kann aber gerade in der Bewerbersituation zugemutet werden. Sie zählt damit als weiteres Diagnostikum.)
Die Gruppe bietet durch ihre Vielfalt und ihren größeren Facettenreichtum eine breitere und damit günstigere soziale Situation für den Bewerber. Es kann mehr von ihm ins Spiel kommen, so daß mehr Informationsinhalte zur Verfügung stehen.

b) Formal als besonders günstig erweist sich immer wieder das sog. halbstandardisierte Gespräch.
Nicht so günstig ist das frei assoziierende Gespräch, denn es erlaubt kaum Vergleiche; die Zuverlässigkeit und Gültigkeit der Aussagen sind absolut ungenügend.
Ebenso ungünstig ist aber auch das stark strukturierte Gespräch, nach einem festen Frageschema vorgehend. Diese Gesprächsform bringt zwar Vergleichsmöglichkeit, engt aber unter Umständen den Freilauf des Bewerbers zu sehr ein, so daß für den Interviewer wieder eine ungünstige Informationsverarmung eintritt.
Zum standardisierten Teil des halbstandardisierten Gesprächs:
Zunächst: Über das Anforderungsprofil muß Klarheit herrschen unter den Beteiligten. Welche Kriterien sollen erfragt werden? Welche Fähigkeiten, Kenntnisse, welche Leistungseigenschaften, welche Sozialeigenschaften sind erwünscht und in welchem Ausprägungsgrad?
Es hat sich als hilfreich erwiesen, wenn die Interviewergruppe – falls ein solches Anforderungsprofil schon vorliegt – *vor* dem Interview darüber debattiert. Sie wird feststellen, daß man über die Begriffe beileibe nicht auf Anhieb einig ist, auch nicht über den Ausprägungsgrad.
Hier eine Sprachklärung wenigstens einigermaßen herzustellen ist die Basis des Interviews. Schon gleich, wenn keine Kriterienaufstellung vorliegt und man sie erst schaffen muß.

Es hat sich als günstig erwiesen, wenn die Kriterienraster nicht am Schluß eines Interviews ausgefüllt werden, aus dem Gesamtrückblick heraus, sondern step by step aus dem unmittelbaren Eindruck. Es kommt gerade in dieser Situation oft auf Kleinigkeiten an. Zum Beispiel wird die Szene sehr ungünstig, wenn jeder Interviewer mit gespitztem Bleistift dasitzt und fleißig seine Kriterien einträgt...
Dieselbe Szene ergibt sich viel zwangloser und wie von selbst, wenn man bei erster Gelegenheit dem Bewerber sagt, daß man die vielen Informationen nicht behalten könne und ihn ganz offen bittet, sich nicht gestört zu fühlen, wenn man mitschreibt.

Weiterhin ist vorteilhaft, den Effekt der »Bi-soziation« (also von verschiedenen Standpunkten aus betrachten) in der Form auszunützen, daß jedes Gruppenmitglied seine Bewertung der Kriterien getrennt vornimmt. Danach läßt sich dann vergleichen. Übereinstimmungen können noch einmal »hinterklopft« und Unterschiedliches problematisiert oder erneut abgeleuchtet werden.

Zum freien, nicht standardisierten Teil des Gesprächs:
Dieser Teil kann ein eignungsdiagnostisches Gespräch zur Kunst werden lassen, die den Einsatz dieser Methode zur Menschenkenntnis trotz aller Bedenken doch letztlich rechtfertigt; vor allem, wenn der Gesprächsführer die Sprechzeiten zugunsten des Bewerbers steuert!
Zunächst wieder Warnungen, danach Empfehlungen.

Die Warnungen:

- Keine »Klipp-Klapp-Fragen« stellen, d.h. keine »Responsesets«, die ein exaktes Antwortmuster schon mitliefern. »Sie glauben also, diese Aufgabe schaffen zu können«... (Wer sagt hier schon nein!?)

  Am Rande: So genußvoll es sein kann, einen klugen Journalisten z.B. bei einem politischen Interview elegante und griffige Fragen stellen zu hören, so quälend öde ist es, wenn ein phantasieloser Interviewer töricht unfruchtbare Responsesets am laufenden Band bringt. Etwa von der Sorte: »Herr Minister, glauben Sie wirklich, daß Ihre Entscheidung den gewünschten Erfolg bringen wird?« (Was wird er nein sagen!?)

  Ich warte immer noch auf den Politiker, der bei einer solchen Frage einmal den Humor hätte, schlicht und kurz nur »nein« zu sagen.

  Er könnte sich nicht nur die Freude bereiten, mit großer Wahrscheinlichkeit einen wenigstens kurzfristig fassungslosen Journalisten zu sehen, sondern auch ziemlich sicher sein, daß er die Sympathie seiner Zuhörer oder Zuschauer gewänne.

- Keine »billigen Allerweltsfragen«:
  »So, so, Sie wollen also einen neuen Wirkungskreis anstreben?«...

Dann lieber einmal schweigen und überlegen, wie es weitergehen soll.
Keine Verlegenheits- oder Überbrückungsfloskeln.

- Standardfragen in wohlfeiler Münze vermeiden; sie werden wahrscheinlich so erwartet und lösen in der Regel nur vorgestanzte Antworten aus ohne nennenswerten Informationsgehalt:
  »Haben Sie ein Hobby?«
  Wenn schon solches Interesse besteht, dann in veränderter Form und mit anders facettierten Fragen.
- Stereotyp-Äußerungen vermeiden
- Kein Überlegenheitsgebaren, kein Imponiergehabe, keine Dominanz-Floskeln
- Keine »einfärbenden« oder Suggestivfragen: »Sie sind ja wohl auch gegen den § 218?«
- Alternativfragen nicht einengen auf zu wenig Alternativen
- Intimsphäre achten

Die Empfehlungen:
Grundsätzlich: Lernoffenheit und »Bleistift-Prinzip«, damit man Eindrücke wieder revidieren kann.

- Eindrücke nur registrieren, offen lagern und zum Weiterfragen verwenden.
  Das Endurteil erst allmählich »einkreisen«.
- Das Gespräch lenken, wo nötig; und sich lenken lassen, wenn es informativ ist.
- Aktives Zuhören kultivieren.
- Die stimulierende offene »Projektionsfrage« führt meist weiter. Man könnte sie auch »Segeltuchfrage« nennen: Dem Partner wird durch die Frage ein Segel aufgespannt, in das er hineinblasen kann, so daß das Gespräch in Fahrt kommt und der Informationsstand zur Urteilsbildung angereichert wird.

Solche Fragen sind kenntlich an folgenden Formulierungen:
»Könnten Sie einmal... darstellen?«
»Wie sehen Sie...?«
»Was würden Sie tun, wenn...?«
»Es würde uns interessieren, wie das damals...?«

Die Antworten lassen meist ein problemorientiertes Gespräch in Gang kommen, das viele Informationen ermöglicht.
Wie baut der Gesprächspartner seine Antwort auf?
Wie geht er dabei vor? Primitiv? Differenziert? Sammelnd-systematisch oder intuitiv-einfallsreich-springend? Oder tastend-strichelnd?
Hat er Meinung? Urteil? Ist er problemfreudig? Denkt er selbständig oder hängt er sich an?
Ist sein Urteil eigen oder aufgesetzt?
Übernimmt er vorwiegend Denkschemata oder kann er kritisch wägen und würdigen?
Sucht er vorwiegend unsere eigene Meinung zu erspüren und opportunistisch wiederzugeben oder geht er selbst seinen Weg? usw.

Beispiele für offene Projektionsfragen:

- Welche Eigenschaften müßte Ihrer Meinung nach ein guter Vorgesetzter vor allem haben?
- Welche Eigenschaften müßte ein guter Mitarbeiter vor allem haben?
- Sie kennen jetzt die Aufgabe; wie würden Sie – nur in groben Zügen gedacht – hier vorgehen?
- Was war in Ihrem Berufsleben bisher das aufregendste (das positivste, das schönste...) Ereignis?
- Was hat Sie in Ihrem Berufsleben bisher am meisten verletzt oder getroffen?
- Was war Ihr wichtigstes berufliches Erlebnis?
- Was war Ihre bisher schwierigste berufliche Situation?
- Welcher von all Ihren bisherigen Chefs hat Ihnen am meisten imponiert?
- Und warum?
- Wo liegen Ihre beruflichen Ziele in der Langfristbetrachtung, beispielsweise in 10 Jahren?
- Haben Sie sich auch schon mit dem Betriebsverfassungsgesetz befaßt? Wie ist Ihr Urteil?

(Bei Fragen vom letzteren Typ wird es allerdings gefährlich. Denn oberstes Gebot ist dabei »fair play«! Keinesfalls sollte man irgendeine Parteinahme signalisieren, geschweige denn eine Parteinahme seinerseits ablehnen. Hier geht es nur um die intellektuelle Auseinandersetzung mit einem Problemstoff. Im Zweifel lieber nicht fragen.)

– Wo sehen Sie *Ihre* Gebiete und in welchen Aufgabengebieten fühlen Sie sich *nicht* wohl?

Keine dieser Fragen ist natürlich frei von der Gefahr, eine »verkappte Intelligenzfrage« zu werden, d.h.: der Partner versucht intelligent dahinter zu kommen, was ich als Interviewer (und Entscheider) gerne hören möchte...

Diese Gefahr läßt sich jedoch abmildern, wenn man sich durch weiteres Nachfragen immer weiter in die Problemlandschaft hineintragen läßt. Denn verkappte Intelligenzfragen sind im allgemeinen nur kurzfristig opportunistisch durchzutragen.

Zum Abschluß der Interview-Empfehlungen möchte ich eine »Selbstverständlichkeit« anmahnen, weil jahrelange Beobachtungsmöglichkeit mich gelehrt hat, daß hier von Selbstverständlichkeit in der Praxis kaum gesprochen werden kann: ich meine die Zielvorstellung für ein Gespräch.

Was muß am Ende des Gespräches bekannt sein, was muß gewußt sein?

Vor dieser Frage reguliert sich das Urteil über das Gelingen des Gesprächs ganz von selbst. Andererseits spielt uns gerade hier das starke Bedürfnis nach Sprechen (Senden) eventuell einen Streich, weil wir oft zu wenig zuhören. Dann tritt der Effekt ein, daß der Interviewte mehr über den Interviewer gelernt hat als dieser über jenen.

Beispiel: Gesprächsziel könnte sein, über folgende Fragen mehr Erkenntnisse zu gewinnen:

- Fachlicher Hintergrund und Qualität der Ausbildung
- Erfolgs-Horizont; Begabungen; Fähigkeiten, Können, Kenntnisse
- Bisheriger Berufsverlauf und Werdegang
- Seine Ziele; Erwartungen (Aufstieg); Interessen
- Seine Wünsche und Bedingungen; Bevorzugungen und Abneigungen
- Seine »Knock-out-Signs«; Signale, die absolut »nein« bedeuten

- Stärken und Schwächen; wo sind Kompensationsmöglichkeiten?
- Seine Wertmuster; Attitüden; Weltanschauung
- Sein Arbeitsstil; der Arbeitscharakter
- Sein Verhaltensstil; mitmenschlicher Bezug; Kontaktfähigkeit; Umgangsformen
- Agieren in der Gruppe; Kooperationsart und -fähigkeit; zu wem paßt er? zu wem nicht?
- Seine Lernoffenheit? Sein Festgelegtsein? Stereotyp-Neigung?
- Sein Problemlösungsverhalten; sein Entscheidungsstil?
- Sein Führungsverhalten? Durchsetzungsform?
- Seine außerbetrieblichen Interessen?
- Familiärer Hintergrund – früher und jetzt? Elternhaus; pädagogische Randbedingungen seines Werdeganges?
- Zugehörigkeiten (Gruppen; Richtungen)
- Wünsche in Richtung Schulen, Freizeit, Kultur
- Persönlichkeitswirkung; was geht von ihm aus? (Vorsicht! *Sie* urteilen. Kontrolle: Wie wirkt er auf andere?)

5. Sprach-Codes oder Babylon im Betrieb

Abschließend zum Gespräch als Diagnostikum ein Sonderproblem: *Welcher Sprach-Code wird benützt?*
Wenn sich Menschen verschiedener Sprachkreise verständigen wollen, aber nur über die eigene Muttersprache verfügen, können sie sich helfen durch Zeichen, Gebärden, Skizzen. So lange es sich dabei um konkrete Vorgänge mit geringerem Abstraktionsgrad handelt, gelingt das im allgemeinen auch ganz gut. Zumindest ist man in diesem Fall auf Mißverstehen gefaßt und verzeiht sich dies auch, vielleicht lachend oder mit bedauerndem Achselzucken.
Verständigen sich jedoch Menschen gleicher Sprache, »passiert« unter Umständen Mißverstehen, aber dann eher unterschwellig. Der Kommunikationsdefekt liegt nicht so deutlich im Blickfeld wie im ersteren Fall. Das kann gefährlich sein.

Solchen Fragen gehen bestimmte Fachgebiete der »Linguistik« nach.
Ob schon innerhalb der Linguistik ein Fachgebiet geschaffen wurde, das die unterschiedlichen Codes der verschiedenen *Fachsprachen* zum Problem erhebt, ist mir zur Zeit nicht bekannt.

> Wie verständigen sich die Spezialisten verschiedener Fachgebiete untereinander? Spricht heute ein Mediziner mit einem Soziologen – um nur ein Beispiel zu nehmen – werden sie es schwer haben mit der Verständigung, wenn sie ihre jeweiligen fachlichen Codes benützen. Sie benötigten eventuell schon einen Übersetzer. Ähnliches geschieht, wenn zum Beispiel junge Fachleute der Datenverarbeitung den alt gedienten Betriebsangehörigen die Computer-Fachsprache in die verschreckten Ohren schmettern.

Die Beispiele häufen sich, wo die monatelange Arbeit etwa einer beruflich heterogen zusammengesetzten Planungsgruppe plötzlich Makulatur wird: Man entdeckt, daß die Spezialisten verschiedener Fachgebiete einen Begriff benutzten, der im jeweiligen Fachgebiet unterschiedliche Bedeutungen besitzt.
Die Möglichkeit, auch in Zukunft zu raschen, treffsicheren Entscheidungen zu kommen, hängt vorwiegend von unserer Fähigkeit ab, durch mehrere Köpfe hindurch – in denen jeweils das zur Entscheidungsbildung notwendige Teilwissen gelagert ist – eine Verständigung zu erzielen und zu einer gemeinsamen Willensbildung zu kommen.
Ähnliche Schwierigkeiten tauchen auf in der »Verständigung« zwischen *verschiedenen soziologischen Schichten.*
Dieses Problem ist bereits untergebracht: Die »Soziolinguistik« – angeregt durch den Engländer Basil Bernstein* – nimmt sich seiner an. Bernstein wies nach, daß im englischen Sprachraum die untere soziale Schicht andere Sprachgepflogenheiten besitzt und andere Codes benützt als der städtische Mittelstand. Syntax, Wortspeicher, Satzzeichenverwendung, Anbindung der Satzteile, grammatikalische Strukturen weichen jeweils erheblich voneinander ab.
Die einfachere, wenig differenzierte Sprache der Unterschicht be-

* Bernstein, B.: Social class, linguistic codes and grammatical elements. Language and Speech 5/1962, S. 221–240

zeichnet er als »restringierten (engen, begrenzten) Code«; den Sprachgebrauch des Mittelstandes als »elaborierten (angereicherten, differenzierten) Code«.

Ein kurzer Vergleich:

Restringierter Code	*Elaborierter Code*
– Einfache Sätze, kurz	– Komplizierte Sätze, lang
– Satzverknüpfungen einfach und mitunter leiernd	– Satzverknüpfungen vielfältig und komplizierter
– (»...und dann hab' ich..., ...und dann habe ich noch...«)	
– Der Wortschatz stammt eher aus dem Bereich konkreter Lebensbewältigung	– Der Wortschatz ist abstrakter und stammt eher aus der Schul- und Universitätssprache
– Bevorzugung von Dialekt-Worten oder Benutzung wohlfeiler Sprachmünze (irre, toll, »logisch«)	– Wortwahl eher kompliziert, mitunter gespreizt, artifiziell
– Häufiger Gebrauch von ichbezogenen Begriffen	– Sprache ist eher verallgemeinernd, entpersonalisiert (»man«)
– Häufiger falsche Analogieschlüsse	– Aussagen eher logisch aufgebaut Analogien, Kausalitäten, Konsequenzen werden exakter gebraucht
– Die Geste unterstreicht hauptsächlich; größere Bewegungen mit wenig Variationen.	– Die Geste hilft den komplizierten Satzbau zu verdeutlichen, zu konturieren, ist feinnerviger (Sprachmelodie dirigieren...)
– Fixierung auf Meinungen, Normen, vorgegebene	– Reagibler auf soziale und intelektuelle Anregungen

Wertmuster, Denkschemata, Floskeln;	
– Statusorientierte Sprache	– Orientiert sich weniger an Status, mehr an Personen
– Weniger Lernoffenheit	– Größere Lernoffenheit
– Beweglichkeit nur innerhalb des Dialekts, in der Schriftsprache begrenzt.	– Angereichert, beweglich

Frage für uns: Welchen Code benutzt der Gesprächspartner? Ist Verständigung erschwert?
Wie spricht der Direktor mit dem Pförtner und dem Hilfsarbeiter? Und umgekehrt?
Für gelungene Verständigung ist eigentlich immer Voraussetzung, den Code des anderen zu kennen. Dem Verwender des elaborierten Code dürfte es in jedem Falle leichter fallen, sich auf einen restringierten Code einzustellen, als umgekehrt. Aber man muß das Problem erkennen und notfalls die Verständigung mit dem anderen Code üben.
Dieses Problem ist landauf, landab in den Betriebsversammlungen zu beobachten: Mit welch traumhafter »Sicherheit« und welcher Ahnungslosigkeit von der Aufnahmefähigkeit der Zuhörerschaft sprechen unsere Manager oft über die Köpfe der Zuhörer hinweg oder an ihnen vorbei. Der Ärger über jeweils den anderen ist in derlei Ansprachen vorhersehbar programmiert.

> Eine kleine Übung:
> Hören Sie einmal – wenn Sie die Möglichkeit dazu haben – als stiller Beobachter eine Debatte im Betriebsrat an, der sich aus Angestellten, Akademikern und Arbeitern zusammensetzt. Achten Sie darauf, ob Sie den restringierten vom elaborierten Code unterscheiden können. Notieren Sie sich eventuell typische Formen und Redewendungen.
> Wenn Sie keinen Zugang zu einer Betriebsratssitzung haben, setzen Sie sich in die nächste Sitzung eines Gemeinderats. Die meisten dieser Sitzungen sind öffentlich. Das Studienfeld ist ähnlich, vor allem in kleineren stadtnahen Gemeinden mit gemischter soziologischer Struktur. Die Konflikte zwischen

den verschiedenen Code-Benützern sind – nicht unbedingt abhängig von der Parteizugehörigkeit – fast automatisch programmiert.

Man sieht: Gelungene und lebendige Demokratie hängt auch von der Übersetzung unserer verschiedenen Codes ab. Wenn Gemeinderätin Meier, von Beruf Bügelfrau, mit Gemeinderat Müller, seines Zeichens Physikprofessor und dem Gemeinderat Huber, der ein Architekturbüro betreibt, über die Planung eines Kindergartens ratschlagen – und dies über drei Parteigrenzen und zwei Religionsschranken hinweg –, dann schlägt an der Basis der Demokratie die Stunde der Wahrheit für die christliche Nächstenliebe; und zwar in Form von Code-Übersetzungen.

Welch eine Konfliktlandschaft tut sich da auf!

Aus eigener betrieblicher Erfahrung darf ich sagen: Allein schon die Kenntnis dieser Problematik verringert die Konfliktsubstanz und verbessert die Fähigkeit zur Menschenkenntnis. Denn wer darum weiß, wird plötzlich neugierig auf den anderen, offener für seine Sendungen, seine Wahrnehmungsart, wird interessierter am Erkennen seines Codes, am Hinterfragen seiner semantischen Kategorien – kurz: sucht wirklich zu verstehen, was der andere meint. Diese Einstellung kann die Situation wahrhaftig schlagartig und deutlich verbessern. Man rennt nicht mehr so heillos und blindlings in die Konfliktlandschaft hinein, sondern erhält eine Erkenntnisbrille, die den Kommunikationsnebel zumindest teilweise zu durchdringen ermöglicht.

Es gehört vor allen Dingen fair-play dazu. Der Benutzer des restringierten Codes kann oft schwer exakt ausdrücken, was er meint. Der Verwender des elaborierten Codes vermag die Verständigung zu verhindern durch die Ausbreitung einer wortreichen, aber inhaltlosen »Suada.«

6. Welche Bedeutung hat die »Wellenlänge«?

Dem in den USA lebenden Jesuiten Conel* gelang in sorgfältigen Langzeituntersuchungen der Nachweis, daß in der grauen Gehirn-

---

* Conel, I. L.: Live as revealed by the microscope. New York 1970

rinde nur während der ersten drei Monate nach der Geburt noch Zellteilung bzw. -vermehrung stattfindet. In dieser Zeit bildet sich das zur Aufnahme von Informationen dienende faserige Netzwerk im Sinne von »Verdrahtungen« fast vollständig aus.
Danach hört das Wachstum auf und die graue Gehirnrinde ist sozusagen »fertig«, steht hinfort zur Speicherung von Eindrücken zur Verfügung.
Das bedeutet:

- Im Gegensatz zu anderen Zellen des Körpers wird die Zellteilung in der grauen Gehirnrinde schon früh beendet. Die »Verdrahtung« des Erwachsenen-Gehirns hat sich gegenüber dem Säuglingsalter kaum mehr geändert. Dies scheint Voraussetzung dafür zu sein, daß wir lernen können und das Gespeicherte nicht mehr verlieren (durch Absterben und Erneuerung von Zellen).
- Es wird vorstellbar, welche Bedeutung die ersten drei Lebensmonate haben. Denn Conel konnte nachweisen, daß das Zellwachstum der grauen Gehirnrinde während dieser ersten drei Monate durch die Umwelt beeinflußt wird, d. h. individuell verschieden wächst, je nach Umwelt. Ein erheblicher Teil unserer »Verdrahtungen« im Gehirn wächst also nicht von innen her durch vorgegebene Erbstruktur, sondern wird von außen her »gestaltet«.

Die Entdeckung ist von einer Tragweite, die sich vielleicht noch gar nicht ganz absehen läßt. Sie wird für das Zusammenleben der Menschen vielleicht in den kommenden Jahren noch entscheidende Impulse geben. Wenn sich die über die Sinnesorgane einströmenden Umwelteindrücke als Wirkkräfte für die Formierung des Gehirns verstehen lassen und zu dauerhaften Verdrahtungen zwischen den Zellen führen, läßt sich leicht vorstellen, was dies bedeutet; wie sich diese Erkenntnis auf die Familiengestaltung, auf die Frühpädagogik, auf die Schulgestaltung auswirken könnte. Wie groß nun allerdings der genaue Anteil des durch die Umwelt stattfindenden psychischen Formierungsprozesses ist, wissen wir nicht. Vergl. gegenläufige Ergebnisse bei Eysenck (S. 250).
Für unser Problem der Menschenkenntnis und der Kommunikation zwischen Menschen im Gespräch bedeutet dieser Vorgang, daß die Grundmuster unseres Denkens und unseres Verhaltens wohl eben-

falls schon in den ersten Monaten unseres Lebens fixiert sind durch die Prägung der in dieser Zeit agierenden äußeren Einflüsse. Das wäre z. B. auch eine plausible Erklärung dafür, daß sich bei der Begegnung zweier einander bisher unbekannter Menschen sofort Sympathie- oder Antipathieregungen vollziehen. Wenn sie ziemlich rasch nach dem Kennenlernen spüren: mit dem »kann ich«, der hat die gleiche Wellenlänge...;
oder das Gegenteil: der liegt mir überhaupt nicht...
Das würde also bedeuten, daß sich sehr ähnliche bzw. sehr verschiedene Grundmuster des Gehirns gegenüberstehen.
Wenn wir weiterhin davon ausgehen, daß Verständigung vorwiegend durch sprachliche Kommunikation, durch linguistische Prozesse stattfindet – und zugleich uns mit Hayakawa klar darüber sind, daß Worte nur symbolhafte Zeichen in unserem Gehirn darstellen, die sich zur Wirklichkeit so verhalten wie eine gezeichnete Landkarte zum realen Gelände, dann ist leicht vorstellbar, daß Menschen mit verschiedenen Grundmustern oder Verdrahtungen auch sehr verschiedene Landkarten für dasselbe Gelände haben können.
Eine Entdeckung von höchster Aktualität, wenn von Menschenkenntnis, von Gespräch, von Kooperation und Kommunikation im Betrieb die Rede ist.
Interessant übrigens, daß in der Weisheit des Volksmundes derlei Neuentdeckungen schon allemal bekannt waren, nur schlichter ausgedrückt: »Was des einen Veilchen, ist des anderen Käse.« Oder: »Des einen Uhl ist des anderen Nachtigall.« Bleibt also in jedem Falle als Nutzanwendung für denjenigen, der sich um Menschenkenntnis bemüht: Sich immer wieder in verbesserter Kommunikation üben. Durch aktives Zuhören versuchen, die Grundmuster und Landkarten des Partners kennenzulernen, um besser verstehen, besser agieren und besser reagieren zu können.
Für das Gespräch mit dem Bewerber heißt das, den Versuch machen, auch die Atmosphäre und die prägenden Faktoren des Elternhauses kennenzulernen; weil sich daraus wieder mehr Verständnis für die Grundmuster und die Informationsverarbeitung des Partners ergeben könnten.

7. Lebenslauf-Analyse

Auch auf diesem Wege zum anderen müssen wir – um in unserer Metapher zu bleiben – zuerst wieder die »Kruste« des Gefäßes abklopfen.

Immerhin: Der Lebenslauf eines Menschen ist eine schicksalhafte Spur – einem Geleise vergleichbar, wobei der eine Geleis-Strang die Erbanlagen, der andere die Umwelteinflüsse bedeuten könnte. Eine Spur, aus deren Konturen und Verlauf, wenn schon nicht gesicherte Aussagen zur besseren Menschenkenntnis ablesbar sind, so doch zumindest Anregungen für gezielte Fragen kommen, die dann zu weiteren Einsichten führen.

Zunächst das Ausgangsmaterial: Ob der Lebenslauf erzählt wird oder in schriftlicher Form kommt (wie etwa bei der Bewerbung): Immer erscheint darin eine höchst subjektive und individuell gebzw. verfärbte Aussagensubstanz.

Damit gleicht die Szene dem Vorgang, durch eine verrußte Scheibe, die lediglich bei einigen Kratzern Sehschlitze zum Durchblick freigibt, ein kompliziertes Uhrwerk betrachten zu wollen. Solche »Sehschlitze« könnten sein:

a) *Die äußeren Daten der Ausbildung und des Werdeganges.*

Deutungsansätze:

aa) *Der Lebenslauf verlief in geordneten Bahnen, in logischem Aufbau; er läßt zielstrebiges Planen vermuten.*

Positivdeutung: Klare, gefestigte Persönlichkeit; planungsfähig; zielstrebig, diszipliniert, gefestigt, zuverlässig; eine Person, die weiß, was sie will; die man auch in selbständigen Aufgabengebieten allein lassen kann, weil sie sich selbst zu steuern weiß.

Negativdeutung: Wohlfeile Anpassung an die Schablonen des von der Umwelt vorgezeichneten Karriereplanes. Unter Umständen wenig Belastbarkeit bei plötzlichen, unvorhersehbaren Änderungen tiefgreifender Art. Mangel an urwüchsiger Kraft zur Individualgestaltung des Lebens, oder Mangel an Spontaneität und Kreativität; unter Umständen Phantasielosigkeit, »Sich-schieben-lassen« und opportune Einordnung. Solche Formulierungen können jedoch nur Hinweise geben und sind Schwarz/Weiß-Malerei – Pole also, zwischen denen alle Schattierungen möglich sind.

ab) *Der Lebenslauf zeigt Sprünge, Fehlstarts, »Umbauten«.*
Positivdeutung: Es wird darauf ankommen, ob sich nach solchen Sprüngen Konsolidierung eingestellt hat. Dann kann dieses Verlaufsbild häufig ein Indiz für schöpferische Unruhe sein; oder auch – verbunden mit Intelligenz – ein breites Interessen- bzw. Begabungsspektrum anzeigen, welches am Anfang das Einpendeln auf eine (dann festzulegende und damit begrenzende) Aufgabe zur Folge hat. Dieser Prozeß kann für den Betroffenen sehr schmerzlich sein, gerade wenn die Gesamtpersönlichkeit eine differenzierte und problemfreudige charakterologische Struktur aufweist.
Denn für jede Person mit breitem Begabungs- und Interessenspektrum bedeutet die Fixierung auf *eine* Berufsaufgabe das Zurückschneidenmüssen aller anderen Möglichkeiten zugunsten dieses einen einzigen Astes.
Liegen eindeutige Begabungsschwerpunkte vor, ist die Qual der Wahl geringer –, jedoch »bezahlt« der Betreffende dann eventuell durch tiefgehende Spezialisierung, die wiederum eine Verengung bzw. Begrenzung bedeuten kann (Fachidiotie).
Negativdeutung: Sprunghaft, evtl. sogar haltlos; Mangel an Selbststeuerung und Disziplinierung.
Grundsätzlich gilt: Obwohl ein Ausbildungsverlauf bzw. Werdegang in wohlgeordneten Bahnen, die einen sinnvollen Aufbau zeigen, in der Regel zweifellos das günstigere Bild darstellt, wird man bei starken Schwenkbewegungen und abrupten Richtungsänderungen im Lebenslauf zunächst einmal nur seine Neugierde anwärmen lassen und versuchen, Motive zu erkennen bzw. die Verarbeitungsform zu sehen.
Dabei wird man allerdings davon ausgehen müssen, daß auf mehr oder weniger direktes Befragen hin der Partner nur wohlklingende Münze herausgeben wird.
Da in unseren Breitengraden der wohlgeordnete Lebenslauf bevorzugt wird, könnte er zu erspüren versuchen, was der Interviewer gerne hören will.
Dann sollte man dem Partner erst einmal die eigene Bereitschaft zum »fair play« deutlich machen und zu erkennen geben, daß man auch schleifenförmige Entwicklungen nicht a priori als schlecht brandmarkt.

Das danach folgende Gespräch kann den gesamten Komplex lebensnaher beleuchten.
Einmal falsch gestartet zu sein und nach der Erkenntnis dieser Tatsache einen starken Schwenk gemacht zu haben: *Dies kann*, insonderheit wenn der Schwenk gelungen ist, unter Umständen auf eine reifere und interessantere Persönlichkeit hindeuten, als sie sich hinter einem wohlgeordneten Bilderbuch-Lebenslauf verbirgt.
Zumindest ist zu fragen, ob diese Person nicht über ein breiteres Verhaltensrepertoire verfügen gelernt hat durch unterschiedliche Anforderungen und Sichtweisen.

Ein weiteres maßgebliches Element:
Unsere Epoche, deren Stigma ja die rasche Veränderung der Umweltbedingungen, der Erkenntnisse, Maßstäbe und damit auch der beruflichen Möglichkeiten ist, erzwingt in zunehmendem Maße Veränderungsbereitschaft und Mobilität.
Immer weniger kann das alte Bild des geordneten, gewachsenen, logisch aufgebauten Werdeganges als selbstverständlich gelten.
Wie ja auch die Erfahrungen nicht mehr wie ehedem in Ruhe von Generation zu Generation weitergegeben werden können, weil sie in einer Generation schon verfallen, oft sogar mehrmals hintereinander. Es gilt hier also immer, aus einer Skala zwischen starrer Über-Regelung und haltlosem Schlingern den richtigen Punkt zu finden, der die Persönlichkeit treffend kennzeichnet.
Jedes Leben steht unter dieser Polarität: Was ist pflichtbewußtes Sich-Einbeugen unter die Aufgaben, die das Leben heranträgt – und was ist mutloses oder wohlfeiles Sich-Unterwerfen unter Zwänge, die zu einem personalen Substanzverlust führen und *mögliches* Leben verdrängen? Was ist kreatives Durchbrechen von unguten Umweltzwängen, damit eigene Möglichkeiten verwirklicht und eigenes Begabungspotential freigesetzt werden kann – und was ist haltloses Hin- und Her-Springen, weil man nie gelernt hat, auch konsequent das Joch einer Pflicht auf sich zu nehmen?
Somit wird auch bei der Lebenslauf-Analyse die Wahrung der »Äquilibration« das wichtigste sein; und wir werden alle Informationen und Signale aus dem Lebenslauf zunächst einmal nur als Anregung zu weiteren Fragen benützen.

Es ist anzunehmen, daß insbesondere in der amerikanischen Wirtschaft durch die massenhafte und häufig wohl auch allzu gläubige Anwendung von testartigen Persönlichkeitsfragebogen bei der Bewerberauslese von Managern viele Jahr lang ein Traumbild vom erfolgreichen Manager hochstilisiert wurde: Er kann einen geordneten Lebenslauf nachweisen, stammt aus dem bürgerlichen Mittelstand, gehört halbwegs aktiv zu einer Religionsgemeinschaft und opfert sich vorbehaltlos für die Prosperität seiner Firma auf.
Es gibt Psychiater, die den Zwang zur Einordnung in solche Normierungen mit der Tatsache in Zusammenhang bringen, daß in den USA jeder neunte Bürger psychiatrische Hilfe in Anspruch nimmt.
Es mehren sich auch die Fälle, wo erfolgreiche Manager auf dem Höhepunkt ihrer Entwicklung zwischen dem vierzigsten und dem fünfundvierzigsten Lebensjahr von heute auf morgen plötzlich alles hinschmeißen und z. B. eine Hühnerfarm in den Bergen eröffnen.

b) *Die »analogen« Signale bei der (schriftlichen oder mündlichen) Darstellung des Lebenslaufs.*

Mindestens so wichtig wie der Inhalt – der im allgemeinen als schöngefärbt gelten darf – ist die *Form* der Darstellung; oder auch der Ton, der die Musik einer mündlichen Lebenslaufschilderung macht. Beispielhaft einige »Erkenntnis-Fragen«:
Ist die Darstellung umständlich, langatmig, gespreizt – oder originell und informativ?
Ist sie unnötig schweifend und ausufernd, so daß die Unfähigkeit des Urhebers erkennbar wird, Situationen richtig einzuschätzen (in diesem Falle die Situation der Selbstdarstellung) durch fehlendes Augenmaß?
Ist sie knapp, straff – aber dennoch informativ durch eine präzise und sichere Auswahl der wesentlichen Dinge; oder knapp in einem aufdringlich-demonstrativen Sinne: Zeichnung eines Bildes männlich-markiger Brisanz und kerniger »Hau-Ruck-Philosophie«?
Zeigt die Darstellung – bei allem verständlichen und auch erlaubten Herausstreichen der eigenen Verdienste und des Könnens noch ge-

schmackvolles Maß bei dieser Offerierung – oder handelt es sich mehr um verbales Imponiergehabe?
Stützt sich die Darstellung mehr auf eigene Leistungen, die nachweisbar sind – oder eher auf das Durchsichtigmachen von Beziehungen und Präferenzen aufgrund der Herkunft?

c) *Spezielle Informationen*
ca) Sehr aufschlußreich sind im allgemeinen die Stellen im Lebenslauf, wo der Betreffende von Konflikten berichtet. Zum Beispiel: Bruch mit einem Vorgesetzten oder einem Mitarbeiter, Konflikte mit den eigenen Kindern, oder auch Ehescheidung etc.
Auch solche Vorgänge sollten nicht von vorneherein negativ begutachtet werden. Viel wichtiger wäre, darauf zu achten, *wie* der Partner von seinem »Gegner« spricht.
Verrät die Darstellung Augenmaß? Verrät sie eine gewisse Überlegenheit, Verarbeitungsfähigkeit einer solchen Situation? Klingt die Darstellung fair?
Kann die Situation problematisiert werden, differenziert erkannt? Oder zeigt sich nur primitive Einseitigkeit bzw. Betroffenheit – so daß nur einer und zwar nur der andere die Schuld zugeteilt erhält? Kann der Konfliktfall auch abstrahiert werden?
cb) Wie spricht der andere über die Menschen, die ihm *nahestehen?* Spielt er sie hinauf, bzw. gibt er mit ihnen an? Oder stellt er sie bloß, gibt er sie preis und verletzt ihre Intimsphäre? Wie spricht er über seine Kinder?
Ein wichtiger Hinweis: Was ein Manager über pädagogische Probleme zu sagen weiß und *wie* er es sagt, zeigt einiges über seine Fähigkeiten, Menschen zu führen. Menschenführen hat viel mit Pädagogik zu tun.
Welche Urteilsfähigkeit über pädagogische Prozesse zeigt die Art seiner Darstellung? Begrenzt-einseitig? Vorschnell? Wenige Variablen zulassend, einschichtig?

Wie berichtet er über seine Eltern?
Übersteigerte Verklärung bis hin zur Lobhudelei? Imponierbedürfnis? Oder despektierliche Abwertung?
Findet er das rechte Maß – sowohl im negativen wie im positiven

Urteil? (Nur zur Übung: Wenn wir selbst als Interviewer nun bei all diesen Fragen urteilen müssen, was das richtige Maß wäre: liegen wir richtig? Halten wir uns also offen, um nicht selbst zu früh zu fixieren?)

> Die Art, wie wir hier in polarisierender Form unsere Frageliste aufbauen, zeigt noch einmal deutlich: Es ist umso leichter, im Rahmen der Menschenkenntnis über einen anderen Menschen zu sprechen, je mehr er aus der Mittelmäßigkeit heraustritt und deutliche psychische Profile zeigt; sowohl in der negativen wie in der positiven Richtung. Je »normaler« er uns vorkommt, umso schwerer ist er beschreibbar.
>
> Diese Beobachtung soll uns jedoch nicht dazu veranlassen, das häufige Vorkommen des »normalen« Mitarbeiters zu bedauern...

cc) *Welchen Anspruch sich selbst oder anderen gegenüber offenbart die Darstellung?*
Ist Einfühlungsvermögen (social sensitivity) für andere spürbar? Welche Sprache wird benützt? Banaler Alltagsslang? Unoriginelle Übernahme billigen Sprachgutes mit Allerweltsbegriffen? Oder künstlich geschraubte, gestelzte Diktion?
Zackigkeit, durchsetzt mit allzu deutlichen Imponiersignalen? Oder larmoyantes Ausbreiten von Schwierigkeiten und Nöten?
Wie behauptet er sich bei *unterschiedlichen Auffassungen?* Verläßt er schnell und allzu willfährig eigene Positionen oder verteidigt er sich stur und mit windigen Argumenten in einseitiger Manier?
Kann er nur senden oder auch aktiv empfangen?

Zum Verfahren:
Diese polarisierende Fragetechnik soll deutlich machen, daß man als Denkansatz die Polarisierung nützlich einsetzen kann zum Zwecke des »Einpendelns«. Die wenigsten Fälle werden sich auf solchen extremen Polen ansiedeln lassen. Die Liste ist natürlich auch nicht vollständig. Sie stellt jedoch eine auf die Manager-Praxis bezogene Auswahl aus vielen Möglichkeiten dar, um mit der Vielfalt leichter fertig zu werden; dazu hilft besagtes Einpendeln.

Man bewahrt sich auf diese Weise vor allzu schnellen Fixierungen und Urteilen, indem man konsequent übt, immer erst die Kehrseite einer Medaille anzuleuchten. Denn auch in der Charakterologie gilt: Alles im menschlichen Bereich ist Chance und Gefahr zugleich.
Wo Licht, da ist auch Schatten – und wohl auch umgekehrt.

8. Die Botschaft des Körpers – der ausdruckspsychologische Weg

Wir haben in allen vorausgegangenen Kapiteln eine schon fast bedrückende Vielzahl erkenntniskritischer Bedenken auf dem Wege zur Menschenkenntnis gefunden. Skepsis gegen die Vorstellung, der andere sei ein von meinem Fixpunkt aus beobachtbares Objekt, das man mit Fleiß und rechtem Bemühen erfassen könne, wie es *wirklich* sei – »wahr-haftig« sei; als ob es eine objektivierbare und über der Polarität »Ich(Urteiler) – Du(Beurteilter)« stehende Wahrheit gäbe. Denn wenn der andere meine Beurteilung hört, meine Erwartungshaltung erkennt, meine Ausdruckssignale sieht, beeinflußt ihn das. Die »Wahrheit« löst sich in dynamischen »actio-et-reactio-Prozessen« teilweise auf.* Wenn man verantwortlich mit anderen Menschen umgehen will, ist Skepsis in ganz besonderem Maße angebracht bei der Deutung der Körpersprache, also des unmittelbaren Ausdrucks: Mimik, Gestik, Pantomimik (Bewegungsstil, Gang, Sitzweise), Sprechweise. Im erweiterten Sinne gehört dazu das Äußere wie z. B. Kleidung, Statussymbole, Prestigeabzeichen etc. Aber wie ebenfalls schon in den vorausgegangenen Kapiteln dürfen wir auch hier wiederum »gleichwohl« schreiben: Gleichwohl ist die Körpersprache ein wichtiger Weg zum anderen, der vor allem dem psychologischen Laien zur Verfügung steht. Skepsis dient als Sicherheitsnetz.
War die Generation der Wissenschaftler einer wiederentdeckten Ausdruckspsychologie in der ersten Hälfte dieses Jahrhunderts mehr deduktiv von philosophisch-anthropologisch angelegten Phi-

---

* Vergleiche Jahnke, J.: Interpersonale Wahrnehmung. Stuttgart 1975

losophien ausgegangen (z. B. Klages), und hatten weniger ernstzunehmende Autoren ebenfalls unter der Fahne »Wissenschaft« durch frisch-fröhliche Deutungsprosa diesen Zweig etwas in Verruf gebracht, geht die heutige Generation der Ausdruckswissenschaftler mehr auf induktivem Wege vor.

Wie oft in solchen Fällen ist zu erwarten, daß sich in absehbarer Zeit die spekulativen Theoriekonzepte und das induktiv gesammelte Einzelmaterial gegenseitig korrigieren, integrieren und »vernähen« lassen. So findet z. B. Paul Ekman (University of California, San Francisco) in einer Studie über den Gesichtsausdruck wieder Anschluß an Charles Darwin. (Ein Lächeln ist ein Lächeln. In: Z. Psychologie heute, 6/1976 Weinheim).

Darwin war davon ausgegangen, daß die Verknüpfung von Gefühlsregungen und Gesichtsausdruck bei Menschen und Primaten biologisch erklärbar ist durch Verknüpfung der beiden Vorgänge im Laufe der Evolution. Die Konsequenz wäre, daß die mimischen Äußerungen für bestimmte menschliche Gefühlsregungen in allen Ländern und Rassen der Welt gleich sein müßten. Er ließ in einer ersten Studie Japaner, Brasilianer, Chilenen, Argentinier und Amerikaner anhand von Fotos eine Reihe von benannten Gefühlsregungen den Fotos zuordnen, die entsprechende Gesichtsausdrücke zeigten. Die Menschen dieser fünf Kulturkreise konnten weitestgehend die mimischen Darstellungen mit den zugehörigen Gefühlsregungen identifizieren – und darüber hinaus sogar deren Intensität gleichartig einschätzen. Die Gesichtsausdrücke der Fotografien drückten aus: Glück, Furcht, Überraschung, Zorn, Ekel, Trauer. In weiteren Versuchen dehnte Ekman das Experiment auf England, Deutschland, Schweden, Frankreich, die Schweiz, Griechenland und den afrikanischen Raum aus; später auch auf Analphabeten in Neuguinea (um dem Argument zu begegnen, daß Versuchspersonen aus Kulturen mit hohem Sprach- und Schriftniveau durch die Massenmedien gleichartige mimische Muster angezüchtet bekommen haben). Die Ergebnisse waren überall etwa gleich.

Die Beweisführung für die Universalität mimischen Ausdrucksgeschehens im Gesichtsfeld kann sich nun auf Untersuchungen in dreizehn Kulturkreisen mit hoher Zivilisation und zwei nicht zivilisierten Kulturen auf Neu-Guinea stützen. Es zeigte sich jedoch, daß in fernöstlichen Kulturkreisen (Japan) die altbekannte, maskenhafte Bindung des mimischen Geschehens dann eintritt, wenn die Gefühlsregungen nicht mehr spontan und »unbeobachtet« (wie z.B. bei den Reaktionen auf das Betrachten eines Films) stattfinden konnten, sondern im konventionellen Rahmen der asiatischen Verhaltensnormen abliefen. Daß aber auch bei Menschen, die keine Regung zeigen, der mimische Ausdruck von Gefühlsregungen trotzdem in den Gesichtsmuskeln sozusagen »zur Aktion bereitsteht«, konnte Garry Schwartz (Harvard University) nachweisen (nach einem Bericht von Brian Weiß in Z. Psychologie heute, 6/1976 Seite 33). Schwartz »hat mit seinen Kollegen das elektrische Potential von vier Gesichtsmuskeln untersucht: Am Kinn, an der Stirn, am Mund und an den Augenbrauen. Mit Hilfe von Elektroden konnte er so ablesen, was Menschen fühlten, auch wenn ihr Gesicht ausdruckslos blieb«. Ein weiterer Versuch ergab den Hinweis, daß Menscheen vor allem den Gedanken Ausdruck geben, von denen sie am meisten bewegt werden. »Schwartz forderte eine Gruppe von depressiven Frauen sowie eine nicht-depressive Kontrollgruppe auf, sich einfach vorzustellen, daß sie glücklich, traurig und zornig seien.« In beiden Gruppen zeigten sich Veränderungen des elektrischen Potentials in den Gesichtsmuskeln, jedoch so schwach, daß sie noch nicht als muskuläre Aktivität im Sinne eines Ausdrucks auf den Gesichtern erschienen. Als die Frauen der Kontrollgruppe z.B. gebeten wurden, sich einen »ganz normalen Tag« vorzustellen, »zeigten die Elektroden einen (verdeckten) glücklichen Gesichtsausdruck. Die depressiven Frauen wiesen ähnliche Veränderungen in den Muskel-Aktivationen auf, wenn sie ›Zorn‹ oder ›Trauer‹ ausdrücken sollten«. Als sich die depressiven Frauen ebenfalls einen ganz normalen Tag oder den Gedanken an Glück vorstellen sollten, registrierten die Muskelmessungen jedoch dieselben Werte wie bei der Vorstellung »Trauer«.

Hier könnten sich Meßwerte ergeben für die altbekannte Tatsache, daß sich bevorzugte Gedanken, ritualisierte Erlebnisse und dauerhafte Vorstellungen allmählich in bleibenden mimischen Spuren äußern (wie z.B. der verkniffene, in den Mundwinkeln herabgezogene Mund des Misanthropen).

Andererseits könnte in diesen Ergebnissen auch ein Hinweis stek-

ken, daß die Erfolgsmethodiker und »Mental-Positivisten« mit der Sentenz »Der Mensch ist, was er denkt« doch recht haben? Daß also Gedanken und Vorstellungen nicht nur mimische, sondern generelle Formkraft besitzen könnten? Beweisbarkeit und Meßbarkeit in solchen Fragen könnten interessante Impulse geben für Pädagogik, Psychotherapie, aber auch Berufsausbildung und Erfolgsmethodik.
In der gegenwärtigen Phase der Wissenschaft vom Ausdruck ist eine bezeichnende Ambivalenz interessant: Einerseits nimmt in der neuen, 1973 geänderten Prüfungsordnung für Diplom-Psychologen das Fach »Ausdruckslehre« nicht mehr den Rang eines Pflichtfaches ein, sondern wird eher dem vorwissenschaftlichen Bereich zugeordnet. Andererseits erfreut sich jedoch dieses Fach unter dem Begriff »Kinesik« (griechisch: κινεῖν = bewegen) seit der Mitte der fünfziger Jahre einer geradezu stürmischen Entwicklung.* Ersteres mag mit der mehr mathematisch-statistischen Orientierung der Psychologie der letzten zwei Jahrzehnte zusammenhängen – wofür sich das Gebiet der Kinesik ja nicht unbedingt anbietet. Letzteres mit der allgegenwärtigen Zugänglichkeit ausdruckspsychologischer Phänomene, die für die Menschenkenntnis von sehr praktischer Bedeutung ist. Hinzu kommt vermutlich die Experimentierfreude der Verhaltenspsychologie, die sich dieses Spezialgebietes mehr und mehr annimmt. Die Schwierigkeit liegt darin, daß dem Gesamteindruck des Beobachters der Gesamtausdruck des Beobachteten gegenübersteht. Beide Vorgänge sind im spontanen, unmittelbaren Geschehen diffus und flüchtig. Wenn jedoch versucht

---

* Ardrey, R.: The Territorial Imperative. New York 1966, Athenium Birdwhistell, R. L.: Introduction to Kinesics. University of Louisville Press, 1952
– Background to Kinesics. In: ETC: A Review of General Semantics 1955, Vol. 13,1
Cherry, C.: On Human Communication. New York 1961, Science Editions Inc.
Fast, J.: Körpersprache. Hamburg 1974
Goffman, E.: Behavior in Public Places. The free Press 1969
– Interaction Ritual. New York 1967, Anchor Books
Hall, E. T.: The Hidden Dimension. New York 1966, Doubleday Mehrabian & Wiener
Scheflen, A. E.: Human Communication. In: Behavioral Science 1968, Vol. 13
Wachtel, P. L.: An Approach to the Study of Body Language in Psychotherapy. In: Psychotherapy 1967, Vol. 4

wird, diesen diffusen Gesamteindruck bzw. -ausdruck durch Aufspaltung in Einzelzüge einer wissenschaftlichen Klärung zuzuführen, besteht wiederum die Gefahr, daß das geistige Band verlorengeht.
Das Deutungsinteresse des kinesischen Geschehens geht in zweifacher Richtung:

a) *Die psychologisch-aktuelle Deutung als Antwort auf die Frage, welche psychischen Vorgänge bzw. Gehalte sich in einem beobachteten Ausdruck widerspiegeln.*
Indem der psychologische Ausdruckssinn gesucht wird, stellt sich sofort die Frage nach echt oder unecht. Denn Verhalten bzw. Ausdruckgeschehen kann auch gestellte Fassade sein, die dem seelischen Vorgang nicht entspricht.
b) *Die charakterologisch-dispositionelle Deutung.*
Sie versucht, dispositionelle Wesenseigenschaften zu entdekken, die sich eventuell durch häufig wiederkehrende Ausdruckerscheinungen zu erkennen geben und vielleicht als Dauerhaltungen schon feste Spuren – z. B. im mimischen Ausdruck – hinterlassen haben.

Wir können weiterhin davon ausgehen, daß der größere Teil des Ausdruckgeschehens spontan und unbewußt abläuft (»Ausdruck« im engeren Sinne), der kleinere Teil bewußt-adressiert (Darstellungsprinzip).
In unserem Beispiel vom Chef, bei dem sich zwei Sekretärinnen bewerben – eine blonde mit Vorschuß-Ablehnung und eine schwarze mit Vorschuß-Lorbeeren – wurde schon deutlich, daß das menschliche Ausdruckgeschehen als sprach-lose Kommunikation höchst bedeutsam ist. Man kann davon ausgehen, daß in einem Gespräch wahrscheinlich die Verständigung zur Hälfte über non-verbale Kanäle geht. Jedoch nicht nur die Verständigung, auch die Beeinflussung. Der Lehrer beeinflußt durch Mimik, Gestik, Tonfall die Leistung der Schüler, ebenso die mimischen Äußerungen des Testers die Leistung der Versuchsperson.
Viele Manager ahnen gar nicht, in welchem Maße sie ihre Mitarbeiter unbewußt steuern durch sprachfreie bzw. »körpersprachliche«

Vorgänge. Wenn ein Chef mit einem adressierten Sozial-Lächeln auf den Lippen morgens durch seine Abteilung schreitet, vollzieht sich mit Sicherheit sofort eine Menge non-verbaler-Kommunikation. Ist der Chef heute gut aufgelegt? Kann man heute mit einem Gehaltserhöhungsantrag bei ihm landen? Wird er wohl für die Akte XX heute ein offenes Ohr haben?

Die gegenseitige Beeinflussung durch non-verbale Signale ist ein schlechthin faszinierender Vorgang. Gedanken, Sympathieregungen, Gefühle, Dominanz-Signale, Unterwerfungshinweise – all dies wird durch das sprachfreie Kommunikationsmedium »Ausdruck« übertragen – und kann somit auch Weg zum anderen sein.

Robert Rosenthal, bekannt geworden durch seine Arbeiten über die Auswirkungen von Lehrer-Erwartungshaltungen* im Sinne des Pygmalion-Effektes, arbeitet an der Harvard-University seit einiger Zeit an dieser Frage.

Ihn interessierte vor allem, ob es für die Aufnahmefähigkeit und Deutungsgenauigkeit unterschiedliche »Begabungen« gibt.

Die ersten Ergebnisse bestätigen dies.

Im einzelnen kommt Rosenthal zu folgenden Ergebnissen:**

- Non-verbale Kommunikation kann unter Umständen in Sekunden-Bruchteilen und trotzdem differenziert vor sich gehen.
- Die Genauigkeit steigt, wenn die Vorführzeit verlängert wird. Jedoch nur bei einfachen mimischen Äußerungen. In komplexeren Situationen sinkt die Genauigkeit der Deutung.

  Vermutlich erkennt man im ersten Falle beim »Darüberhuschen« intuitiv das Wesentliche.

  Im zweiten Falle könnte die intensivere Beschäftigung mit der Szene weitere Details liefern, die nun intellektuell problematisiert werden, den ersten Globaleindruck komplizieren, ihm widersprechen und für Verwirrung sorgen. Man »sieht« mehr hin-

---

* Vergleiche Seite 170

** Rosenthal arbeitet dabei mit einem in seinem Institut entwickelten Test, genannt Profile of Non Verbal Sensitivity-Test (PONS). Dabei werden Versuchspersonen Tonfilmstreifen mit Serien von kurzen Szenen mimischen Gehaltes gezeigt; nach jeder Szene versuchen die Versuchspersonen zu deuten, was die Darstellerin in der jeweiligen Szene ausgedrückt haben könnte. Der Ton ist dabei so verzerrt, daß die den mimisch-gestischen Prozeß begleitenden Worte nicht verstanden werden können.

ein; der analytische Vorgang zersplittert den geschlossenen Gesamt-Erst-Eindruck.
(Vielleicht wäre dies ein Hinweis für die mögliche Richtigkeit einer gerne zitierten Weisheit europäischer USA-Besucher: »Amerika lernt man entweder in 14 Tagen kennen oder in vielen Jahren.« Dazwischen liegt eine nicht zu bewältigende Informationsflut, die verwirrt.)

- Frauen besitzen größere soziale Sensitivität als Männer. (Vielleicht bekommen wir hier eine späte Rechtfertigung eines alten Brauchs in schwäbischen Unternehmerkreisen:
  Vor der Neueinstellung – insbesondere bei leitenden Angestellten – wird der Kandidat erst einmal zum Mittagessen nach Hause eingeladen, damit die Ehefrau des Unternehmers den Bewerber begutachten kann.
  Diese rechtschaffenen Damen würden allerdings nicht verdienen, wenn der Leser bei dieser Mitteilung gedanklich auf Abwege geriete. Honi soit qui mal y pense.
  Diese recht praktikable Nutzung weiblicher Naturbegabung in Sachen Menschenkenntnis soll sich übrigens recht bewährt haben – die Erfolge schwäbischen Unternehmertums sind zumindest unbestreitbar...)

Eventuell könnte auch die Funktion der Frau als Mutter eine Erklärung für das bessere Abschneiden der Frau in Rosenthals Untersuchung abgeben, weil sie beim Kleinkind auf die Deutung mimischer Äußerungen angewiesen ist. Nicht zuletzt könnte sich hier auch ein altes Erfahrungsgut zeigen: Vor der Emanzipationsbewegung war ja die Frau in unserem Kulturkreis eher dem Manne (als dem Haupt der Familie) untertan. Ein Untertan jedoch wird stärker geübt in der Fähigkeit, dem Herrn die Wünsche »von den Augen abzulesen«. Rosenthal drückt das so aus: »Wer machtlos ist, muß phantasievoll leben...«(!)
Welche Rückschlüsse ließen sich eventuell hieraus ziehen bezüglich der mitmenschlichen Wahrnehmungsfähigkeit von Machtträgern in der Wirtschaft?

- Ähnlich gute Ergebnisse wie Frauen erzielen Männer, deren Berufserfolg weitgehend von der Fähigkeit zur Beobachtung von Menschen abhängt. So z. B. Künstler, Schauspieler, Psychiater, klinisches Pflegepersonal, Lehrer und andere. (Dabei ist noch nicht geklärt, ob dieses Ergebnis eventuell durch bevorzugten Zulauf von Menschen zustande kommt, die von vorneherein nonverbal-sensitiv begabt sind, oder ob sich hier eine Übungsfunktion anzeigt).

- Junge Versuchspersonen unter 19 Jahren waren weniger fähig zur Deutung der Mimik und Körpersprache als ältere.
- Industrielle Führungskräfte mit »aufgaben-orientiertem Führungsstil« schnitten besser ab als solche, die dem »mitarbeiter-orientierten« Stil zuneigen.
  Dieses Ergebnis überrascht.
  Auch Rosenthal konnte es sich nicht erklären.
  Vielleicht wissen aufgabenbezogene Führungskräfte aus leidvoller Erfahrung, daß sie nur durch die Mitarbeiter hindurch zur Erfüllung der Aufgaben gelangen und lernen dabei, sich Mitarbeiter im Hinblick auf diese Fähigkeit zur Aufgabenerfüllung genauer anzusehen?
- Lehrer mit mehr demokratischem Lehrstil waren in der Deutungsfähigkeit den Lehrern mit autoritärem Lehrstil überlegen.
- Versuchspersonen, die sehr wenige, aber tiefgehende und herzliche Freundschaften pflegten, erzielten bessere Ergebnisse als andere. Die Verringerung der Zahl der Freunde bei größerem Tiefgang der Beziehung deutet Rosenthal mit Hilfe eines Wortes von Erving Goffmann: »Wer schnell und genau auffaßt, bemerkt auf der Theaterbühne des Lebens Einzelheiten, die das Publikum eigentlich gar nicht mitbekommen soll.«
- Es besteht nur geringer Zusammenhang zwischen Intelligenzhöhe und guten Ergebnissen im Test.
- Menschen, die nicht nur senden, sondern auch empfangen können, waren im PONS gut zu erkennen: Wer fähig war, im Leben komplexe Prozesse zu erfassen und eine Vielzahl von Informationen über sich und andere zu folgerichtigen Urteilen zusammenzufügen, schnitt auch im PONS gut ab.
- Das entscheidendste Ergebnis scheint jedoch zu sein, daß offensichtlich die Fähigkeit zur zwischenmenschlichen Wahrnehmung und Deutung mimisch-gestischer Äußerungen durch Üben verbessert werden kann.

Diesen Schluß lassen auch die Arbeiten des Amerikaners N. Kagan (Michigan State University) zu, der mit Taubstummen non-verbale Deutungsversuche durchführte – in der Erwartung, daß die akustische Isolation das gesamte Sensorium des Taubstummen empfänglicher macht für mimische und gestische Äußerungen. Es zeigte sich dabei, daß tatsächlich die gesteigerte Sensitivität taubstummer Menschen die Wahrnehmungsfähigkeit auch für feinnuancierte Ausdruckssignale so intensiviert, daß Sinn und Zusammenhang komplexer Szenen nur über das Medium der Körpersprache empfangen und gedeutet werden konnten.
Ein anderer amerikanischer Verhaltensforscher, R. L. Birdwhistell untersuchte eine Gruppe von Jugendlichen unter dem Gesichtspunkt, welche Eigenschaften einen Jungen zum Führer der Gruppe macht. Die Gruppe hatte zwei Rädelsführer: Der eine war sehr eloquent, der andere sehr schweigsam.
Daß eloquente Jungen häufig »Wortführer« (!) und Rädelsführer werden, ist bekannt, deshalb galt das besondere Interesse Birdwhistels dem schweigsamen »Führer«.
Es zeigte sich, daß der Schweigsame immer schon ahnte, welche Absichten sich in der Gruppe anbahnten – und er führte sie genau dort hin. (Dieses Ergebnis entspricht übrigens genau den 20 Jahre vorher von Kurt Levin durchgeführten und berühmt gewordenen Untersuchungen zum autoritären, demokratischen und laissez-faire-Führungsstil, die er ebenfalls an Jugendgruppen vorgenommen hatte).
In der Untersuchung bei Birdwhistel zeigte sich außerdem, daß der schweigsame Führer eine besonders ausgeglichene, ja sparsame Körpersprache besaß – im Gegensatz zu den anderen Jungen, die das für ihr Alter übliche Dauernd-in-Bewegung-Sein zeigten.
Die sparsame, beherrschte und eher souveräne Körpersprache setzte der Junge gezielt ein, wenn dies seine Führungsrolle stützte; insbesondere signalisierten seine Äußerungen, daß er immer bereit sei zum Zuhören. Die anderen Jungen fühlten sich deshalb bei ihm angenommen und aufgehoben.
Es ist sehr berechtigt, anzunehmen, daß die Botschaften der Körpersprache eine erhebliche Rolle bei der Frage nach der Führungsbegabung spielen.

Es liegen hierzu jedoch noch keine ernstzunehmenden Nachweise vor, so daß wir noch nicht über praktikable Erkenntnisse verfügen können.

Philipp Lersch, Mitbegründer der Hochschulpsychologie in den dreißiger bis fünfziger Jahren und Verfasser der ersten deutschen Prüfungsordnung für Diplom-Psychologen, hatte schon 1930 phänomenologisch-experimentell versucht, Deutungskategorien für mimischen Ausdruck zu finden (Gesicht und Seele, München 1932)

> In einem für die damalige Zeit groß angelegten und originellen Versuch untersuchte er die mimischen Reaktionen von Personen, die er erst durch einen leichten elektrischen Schlag erschreckte und in einem anderen Versuch beim Ausziehen eines Expanders zu erheblicher Willensanstrengung aufforderte. In sehr detaillierter Form untersuchte er dann die Reaktionen im mimischen Gelände des Obergesichtes (Augen- und Stirnpartie) und des Untergesichtes (Nase, Mund und Kinn).

Birdwhistel nun geht in der Aufteilung in Einzelzüge wesentlich weiter und versuchte, anhand sorgfältig analysierter Filmaufnahmen kleinste, meßbare Grundelemente der Kinesik zu finden. Er nennt diese Grundeinheit »Kinon« (z.B. eine Zwinkerbewegung des Auges, kleinste Bewegungen des Mundwinkels, der Augenbrauen usw.)

Trotz aller mühevoll zusammengetragenen Einzelheiten und Forschungsansätze verfügen wir jedoch noch kaum über Methoden und Übersichten, die in der Manager-Praxis praktikabel anwendbar wären.

Wir können jedoch erkennen, welche Botschaften vorwiegend über nichtsprachliche Medien gesendet werden:

- Sympathie, Wohlwollen, liebende oder freundschaftliche Zuwendung

Bevorzugte Ausdrucksfelder für solche Signale sind das Gesicht, insbesondere das Zusammenspiel zwischen Auge und Mund, aber auch die Stimme, vor allem im Tonfall und der Stimm-Modulation.

- Antipathie, Mißtrauen, Drohung, Abwehr und Distanz
- Dominanz, Überlegenheit, Statusbetonung oder Unterstellung bzw. Unterwerfung

– Selbstsicherheit oder Unsicherheit
– Gespanntheit oder Verspanntheit
– Einbeziehung von Statussymbolen in das non-verbale Geschehen*

Eine Besonderheit, für die Welt des Managers von manchmal ausschlaggebender Bedeutung, ist die Körpersprache des Hierarchen in einer kopfgesteuerten Gruppe. Eine Problemlösungsgruppe, der ein Ranghöherer angehört, verliert häufig – und zwar vorwiegend aufgrund der Körpersprache der Teilnehmer – ihre ursprüngliche Kreativität und Spontaneität. Die übrigen Gruppenmitglieder richten sich unwillkürlich nach dem Ranghöchsten aus, insbesondere, wenn er sie beurteilen und über ihr Gehalt bzw. ihre Karriere entscheiden muß.

Wenn nun der Manager als Mann der Praxis nach der Nutzanwendung und Praktikabilität, also nach dem Know-how in der betrieblichen Tagespraxis fragt, dann stockt die Feder gleich zweimal: Einmal aus Gründen der Banalität und zum anderen wegen einer unübersehbaren Vielfalt.

Da ich selbst über eineinhalb Jahrzehnte in der Praxis des Managements stand, halte ich es für wenig sinnvoll, dem Praktiker ein paar Fragmente hinzuwerfen, was etwa ein voll geöffnetes Auge im Gegensatz zum abgedeckten, was der seitwärts schräg nach oben gerichtete Blick im Gegensatz zum seitwärts schräg nach unten gerichteten Blick bedeuten könnte etc. Abgesehen von der nicht der Realität entsprechenden Isolation solcher Einzelmerkmale und der kaum zu bewältigenden Vieldeutigkeit solcher Phänomene kommt mir solches Vorgehen vor, als ob man jemandem zwei Gläser voll Bodenseewasser auf den Tisch stellt mit der bedeutungsschwangeren Aufforderung: Nun stell' Dir mal den Bodensee vor.

Die sicheren Aussagen im Bereich der Kinesik sind jedoch sowieso

* Eine besonders »menschlich-allzumenschliche« non-verbale Äußerung im Sinne eines Grundsignals gab die Jugend in den sechziger Jahren und heute noch: Aus Protest gegen die Uniformierung durch einheitliches mausgrau der gepflegten Establishment-Kleidung wählte die Jugend Protest-Antikleidung –, um sich darin prompt wieder zu uniformieren. Man protestierte gegen das Uniformiertwerden durch Uniformierung. Parker, Jeans und Langhaar bekamen diese stereotype Signalwirkung. Das Langhaar wurde zunehmend uninteressant, je mehr sich diese Sitte auch im Establishment breit machte, wenn auch in gemäßigterer Form.

bekannt und von entwaffnender Banalität, so daß es schade wäre für die Zeit, solches zu lesen. Denn die Gebärde beispielsweise des Feldwebels, der breitbeinig mit den Händen in die Hüfte gestemmt vor der Kompanie steht, ist schlüssig in sich selbst und versteht sich auch für jeden von selbst. Daß man eine Todesnachricht nicht mit übergeschlagenen Beinen, lässig im Sessel hängend und Kaugummi kauend überbringt, weiß der Manager genauso wie jeder andere. Und daß fortgesetztes Wippen mit dem Fuß Nervosität oder Ungeduld anzeigt, braucht man ihm auch nicht erst zu sagen.

So müssen wir uns also wieder einmal um der Ehrlichkeit willen vorwiegend darauf einigen, nicht so sehr über die Anwendung von Methoden nachzudenken (weil sich ja auch die Experten darüber noch nicht einig sind), sondern unser Augenmerk mehr darauf zu richten, wo wir Fehler vermeiden können.

Es sind die bereits bekannten: Zu wenig Empfangsbereitschaft, zu wenig Interesse und Offenheit für den anderen.

Zu starke Reduktion und zu rasche Fixierungen von Teilerkenntnissen zu einem Gesamturteil.

Und ein wichtiger Fehler dazu: Sich von populärwissenschaftlicher Literatur spekulative und ungesicherte Rezepturen andienen zu lassen.

Wichtig wäre auf jeden Fall, die Übungsmöglichkeit zu nutzen und die eigene Naturbegabung zu entwickeln. Dazu eignen sich besonders die im Fernsehen übertragenen politischen Debatten, Interviews, Diskussionsrunden und auch die Talk-Show.

Durch die Vergrößerung des Gesichtsfeldes im Bild der heranfahrenden Kamera ist im allgemeinen eine viel deutlichere Beobachtungsmöglichkeit des mimischen Ausdrucksgeschehens gegeben als im normalen Alltagsgeschehen.

Man sagt nicht umsonst, die Fernsehkamera sei in dieser Hinsicht gnadenlos.

Solche Übungen gelingen besonders gut, wenn man sie gemeinsam im Familienkreise oder mit Freunden zusammen vornimmt und anschließend darüber spricht und Meinungen austauscht. Erst nach einer Phase solchen Übens möge man sich mit gebotener Vorsicht mit Fachliteratur beschäftigen.

Zum Beispiel auch mit den wissenschaftlichen Klassikern der Aus-

drucksdeutung: Lersch, Gesicht und Seele, München 1951 oder Strehle, H. Analyse des Gebarens, Berlin 1934.
Von den neueren Arbeiten bietet das Buch von Fast (Körpersprache, Hamburg 1974) als leicht zu lesende Lektüre einen gewissen Überblick über den gegenwärtigen Stand der Dinge, soweit sie den psychologischen Laien interessieren kann.

9. Graphologie

In der Frage der Anwendung der Graphologie zum Zwecke der Menschenkenntnis, insbesondere der Bewerberauswahl, finden wir uns zur Zeit in einer beinahe amüsanten Situation: Zwischen einem verhältnismäßig kleinen Stamm von Eingeschworenen und einem auf dem anderen Pol angesiedelten Kreis von Abgeschworenen, die das graphologische Tun als Sünde wider den Heiligen Geist empfinden, steht wohl die Mehrzahl der Manager mit einer symbolischen Marguerite in der Hand: »Soll ich oder soll ich nicht?«
Betrachtet man sich den derzeitigen Forschungsstand, erhält man kaum die Möglichkeit, dem Margueriten-Dilemma zu entfliehen: Zur Zeit sprechen etwa ebenso viel wissenschaftliche Beweise dafür, daß die Graphologie funktioniert, wie auf der anderen Seite etwa ebenso viele Belege zu finden sind, die nachzuweisen vermögen, daß es doch nicht geht.
Wie der englische Psychologe Eysenck z. B. das Gespräch und den ersten Eindruck für weitgehend wertlos hält, könnten wir uns auch bei der Schriftanalyse diesem Puritanismus anschließen und die Schriftdeutung ablehnen – wenn sie schon so ungesichert ist. Damit wären wir aber – ebenso wie beim Gespräch – in der paradoxen Situation, die sich ergäbe für die Autofahrer, wenn jemand am Rande der Autobahn ein Schild aufstellen würde mit der Aufschrift: »Beachten Sie nicht dieses Zeichen!«
Das dürfte wohl kaum gelingen.
Ob wir wollen oder nicht: wir reagieren auf Menschen und wir reagieren auch auf ihre »Spuren«, also ihr hinterlassenes Schriftbild. Wir können nicht Nicht-wahrnehmen, dem Psychologen zuliebe, der die Fährnisse kennt.

Also hilft wiederum nur die Flucht nach vorne.
Mein Werdegang hat die wahrscheinlich nicht allzu häufige Situation mit sich gebracht, daß ich während des Psychologie-Studiums Graphologie erlernen konnte, später in der Wirtschaft praktisch ausübte und – nach dem Hineinwachsen ins Management – selbst wieder graphologische Gutachten bei hauptamtlichen Graphologen bestellte.
Diese dreifache Sichtweise über einen Beobachtungszeitraum von ca. 15 Jahren läßt einen gewissen Abstand gewinnen im leidenschaftlich diskutierten »Für-und-Wider« und soll im weiteren Verlauf des Kapitels zu einer Reihe von Empfehlungen für den Manager in der Praxis führen.
Vorab: Ich halte es nicht für angebracht, für den Leser auch nur eine Zeile von »beispielhaftem« Schriftgut abzudrucken. Denn dazu könnte als Kommentar doch nur die alberne, aber nicht zu widerlegende Aussage dienen: »Ein bißchen schwanger geht nicht!«
Es wäre schade um die Zeit des Managers, die er zum Lesen verbraucht – es sei denn, er sollte dazu gebracht werden, zu bewundern, welch hübsche Wortmalereien man in einem Gutachten zu finden weiß und auf welch artige Weise man ein Bild vom anderen beschreiben kann. Dem Laien bleibt in solchen Fällen nur die ehrfürchtige oder skeptische Feststellung: »... du lieber Gott, was so ein Mann nicht alles weiß und alles kann.«
Wenn sich ein Manager ernsthaft für Graphologie interessiert – sei es aus privaten oder beruflichen Gründen –, dann bleibt ihm wahrhaftig nur übrig, sich einer gründlichen Ausbildung zu unterziehen, sich durch die einschlägige Fachliteratur durchzuackern und mindestens 5 Jahre praktisch zu üben.
Alles andere wäre Herumpfuscherei, die mit der Verantwortung des Managers für den arbeitenden Menschen im Betrieb keinesfalls vereinbar ist.

Es kommt hinzu, daß sich zur Zeit eine Entwicklung anbahnt, die dem seriösen Graphologen die Arbeit noch erschwert: Die Schriften junger Menschen scheinen immer weniger expressiv zu werden, weniger aussagefähig; sie verschleifen sich in zunehmendem Maße zu einheitlicheren Formen. Auch scheint sich in den Schriften junger Menschen eine allmähliche Verschiebung der Wertskala anzudeuten: Der Bezug zum Leistungswillen, also Ehrgeiz im herkömmlichen Sinne geht wahrscheinlich zurück zugunsten sozialer Interessen. Dies sind noch unbewiesene Eindrücke, die wohl erst in späteren Jahren deutlicher beurteilt werden können, aber die Fragen bleiben offen. Jedenfalls scheinen doch die Aussagemöglichkeiten für den Schriftdeuter immer abstrakter zu werden.

Man darf also nach allem, was heute aus der ernst zu nehmenden Literatur bekannt ist, davon ausgehen, daß die Graphologie – soweit sie von Fachpsychologen ausgeübt wird, die mit dem entsprechenden charakterologischen Gesamtrüstzeug und dem ergänzenden eignungsdiagnostischen Arsenal umgehen können – ein Testverfahren ist, das so gut und so schlecht ist wie die anderen Persönlichkeitstests auch.

Damit gilt eben für die Graphologie auch die schon fast bis zum Überdruß gepredigte Formel: *Ein* Test ist *kein* Test.

Abgesehen vom grundsätzlichen Interesse, daß die Treffsicherheit der Graphologie zur Lebensberatung, insbesondere zur Berufsberatung weiterentwickelt wird, ist unser Problem nicht so sehr die Graphologie selbst, sondern der Graphologe und in nicht geringerem Maße der Auftraggeber und seine Fähigkeit, Schriftgutachten richtig lesen und einsetzen zu können. Deren Zusammenspiel ist entscheidend.

Ein Beispiel:

Durch eine sehr genaue Analyse lernten wir das jeweilige Anforderungsprofil für Ingenieure, die in der Entwicklung von elektronischen Meßgeräten eingesetzt werden sollten, recht genau zu unterscheiden vom Anforderungsprofil für Ingenieure, die sich der Entwicklung von nachrichtentechnischen Geräten widmen sollten.

Dadurch versetzten wir den beratenden Graphologen in die Lage, danach zu suchen, ob und inwieweit sich das jeweilige Anforderungsprofil in einer Schrift wiedererkennen läßt. Die Ergebnisse wurden kontrolliert und verifiziert durch parallel laufende Serien mit anderen Tests. Auf diese Weise lernten wir mit hinreichender Genauigkeit diejenigen Strukturen im

Schriftbild zu erkennen, die zur Beratung des Bewerbers bezüglich seiner Einsatzplanung erste und wichtige Hinweise geben konnten.
Ohne intensives »Zusammendenken« zwischen Auftraggeber und Graphologe wäre vermutlich solches nicht möglich gewesen. (Daß hier auch der Auftraggeber graphologisch vorgebildet war, erleichterte zwar das ganze Verfahren; der Vorgang selbst ist jedoch keinesfalls an diese Voraussetzung gebunden).

Solche Beispiele könnten erhebliche praktische Bedeutung für den Betrieb bekommen. In diesem Falle: Die jungen Diplom-Ingenieure, direkt von der Hochschule kommend, konnten trotz ihrer Industriepraktika natürlich keine oder nur eine sehr vage Vorstellung davon haben, wo in einem großen Unternehmen mit den differenziertesten Möglichkeiten sie eigentlich ihren Berufsstart vollziehen sollten. Die Schlenkerbewegungen von Fehlstartern – leidvoll für sie selbst und teuer für den Betrieb – gaben uns zu denken; auch die Fragen von Bewerbern, was der Betrieb wohl meine, wo sie am besten zum Zuge kommen könnten (also die Feinabstimmung von Begabung und Aufgabe). Das Interesse konnte hier nicht oder nur in den seltensten Fällen steuernd wirken mangels Kenntnis der Möglichkeiten.
Nun die Empfehlungen aus der betrieblichen Praxis für den Umgang mit der Schriftdeutung:
Wir gehen dabei nach dem Grundmuster unserer Checklist (Seite 135) vor:

Bei *jedem* der Beteiligten ist die Frage notwendig:
Wie sehen seine *Methoden* und *Techniken* aus, wie seine *Organisation,* seine *Fähigkeiten* und *Kenntnisse,* sein *Verhalten,* seine *Einstellung* – und zwar jeweils gegenüber der Graphologie:
Beim Auftraggeber im Hinblick auf die Bestellung und die Verwertung des Schriftgutachtens,
beim Graphologen im Hinblick auf die Erstellung des Gutachtens selbst, und beim Begutachteten hinsichtlich der Zusammenstellung der Unterlagen.

Abbildung 29

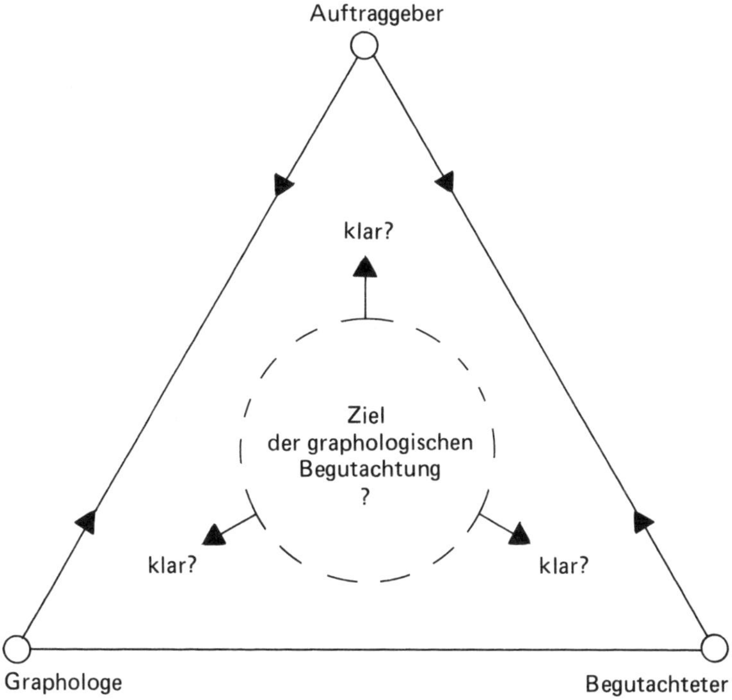

a) Einstellung und Verhalten beim Auftraggeber

Er soll das Gutachten als Teilaspekt der Menschenkenntnis betrachten. Es soll ihm vorwiegend helfen, charakterologische Dominanten zu sehen und Anregungen für weitere Fragen im Interview zu gewinnen. Es ist nicht gedacht als apodiktisches Urteil. So will es auch der seriöse Graphologe verstanden wissen.

Denken wir an Max Frischs Worte (Tagebuch): »In gewissem Grade sind wir wirklich das Wesen, das die anderen in uns hineinsehen, Freunde wie Feinde...«

Und an anderer Stelle: »Man macht sich ein Bildnis (vom anderen). Das ist das Lieblose, der Verrat.«...

Dieser »Verrat«, daß man sich also die Freiheit nimmt, über Ausdrucksmedien in den anderen eindringen und professionell nachdenken zu lassen – somit aber die »Sünde« der Reduzierung auf ein

»Bild von ihm« wagt, erscheint uns nur gerechtfertigt, wenn das Verfahren »beiden« hilft: Dem Betrieb, um mit der Feinanpassung Mensch-Arbeit besser fertig zu werden; dem Bewerber, um möglichst dort anlanden zu können, wo er mit seinen spezifischen Anlagen am besten zum Zuge kommt.

Der »Anfänger« in Sachen Menschenkenntnis fragt meist nur in plumper Form: »Ist der andere gut oder schlecht?«

Der »Fortgeschrittene« will jedoch über den anderen sagen können: »Er ist wahrscheinlich *so*, hat *dieses* Profil; *das* kann er, *jenes* nicht; er verhält sich vermutlich *hier so* und *dort so*.«

Im Falle des »Fortgeschrittenen« halten wir uns an das alte Prinzip Taylors: »Ein Mensch, der arbeitswillig ist, kann eigentlich nur ›gut‹ sein. Die Frage ist lediglich, an welcher Stelle.«

Für die Einengung einer großen Bewerberanzahl auf einen Personenkreis der engeren Wahl kann die Graphologie hilfreich sein, wenn sie im Kontext der anderen Möglichkeiten wie Analyse des Werdeganges, der Arbeitsproben, der Aufmachung der Bewerbung, des Zeugnisses (bzw. dem, was dort zwischen den Zeilen steht) angewendet wird.

Wenn es sich um die Besetzung einer Führungsposition handelt, von deren Qualifikation andere Menschen abhängen, dann ist allerdings größte Sorgfalt geboten! Das gilt heute mehr als je zuvor. Deshalb dazu folgende Überlegung:

Durch die sprunghafte technische Entwicklung nimmt die Arbeitsteiligkeit und Spezialisierung weiter zu, weil das Mehrwissen sich auf mehr Köpfe verteilen muß. Mit diesem Prozeß – mehr Spezialwissen, und dies immer feiner verteilt auf immer mehr Köpfe – wächst auch die Abhängigkeit der Mitarbeiter untereinander. Ebenso die Abhängigkeit der Abteilungen untereinander und sogar – das ist verhältnismäßig neu – auch die Abhängigkeit des Vorgesetzten von seinen Mitarbeitern.

Extremfall: Der Chef muß zu seinem Spezialisten kommen und ihn erst einmal fragen, was der Spezialist wohl meine, das er (der Chef) ihm (dem Spezialisten) »befehlen« solle...

Durch die Betriebe geht eine Art Machtrutsch von oben nach unten. Dieser Vorgang bedeutet auch, daß die komplizierter werdenden betrieblichen Systeme anfälliger, verletzlicher werden.

Wenn ein Programmierer nicht mehr »mitspielt« oder sich für schlechte Behandlung rächen will; wenn der Steuermann einer numerischen Werkzeugmaschine oder einer Walzstraße dem Betriebsingenieur eins auswischen will; wenn der Fernmeldemonteur sich an der Stadtverwaltung für eine abgelehnte Lohnforderung rächen will; der Deichschleusenwärter, der Fluglotse, der Bahnbeamte im Stellwerk, der Arzt, der Müllfahrer, der Lehrer, der...

Es tauchen geradezu apokalyptische Vorstellungen auf bei der Überlegung, was in allen solchen Fällen in einer extrem arbeitsteiligen Wirtschaft möglich geworden ist.

Und es wird deutlich, daß und warum die Schlüsselpersonen, die Führungskräfte also, wichtiger werden als Garanten für die Leistung und die Arbeitszufriedenheit der geführten Mitarbeiter.

Vor diesem Hintergrund ergibt sich die Pflicht für das Management, auf die sorgfältige Auswahl des passenden Mitarbeiters – insbesonders wenn er Menschen führen soll – größten Wert zu legen. Denn in einer Wirtschaft bzw. Technologieform, in der man in solchem Ausmaß voneinander abhängig wird und im Extremfall jeder jeden durch Gewalt oder aktive Störprozesse in Zucht nehmen kann, ist die Besetzung einer Führungsposition schon beinahe ein politischer Akt besonderer Art..

Von solchen Überlegungen aus dürfte auch die Hilfestellung durch den Einsatz einer Methode wie Graphologie zu empfehlen sein. Nur sieht man gerade an diesem Beispiel, wieviel Kreativität, Offenheit und Spielwitz beim Benutzen solcher eignungsdiagnostischen Verfahren notwendig sind und wieviel davon abhängt, ob und wie der Graphologe vom Auftraggeber richtig instruiert und ausgestattet wird; natürlich auch, ob der Auftraggeber in der Lage ist, anschließend das Gutachten richtig zu interpretieren.

Was stellt sich der Auftraggeber unter einer guten Führungskraft vor?

Was wird er dem Graphologen über den gesuchten Mann sagen?

> Ich erlebte einen leitenden Manager, der von 9 bis 11.30 Uhr einen Vortrag über den kooperativen Führungsstil vor dem mittleren Management des Hauses gehalten hatte und sich um 12 Uhr zu einem Arbeitsessen mit einem graphologisch geschulten Personalberater

traf wegen der Besetzung einer Führungsposition im mittleren Management.
Es lag auch ein schriftliches Anforderungsprofil vor. Aber der Manager machte nun dem Graphologen klar, welchen Mann er da brauche.
Es war beinahe grotesk. Denn seine Ausführungen, auf einen Nenner gebracht, bedeuteten: Such' mir einen ausgesprochen autoritären Haudegen, der sich durchsetzen kann um jeden Preis, denn in dieser Abteilung stinkt's hinten und vorn... Eine »doppelte Buchhaltung« eigener Art. Was will er nun wirklich?

Man kann sich lang und sehr »gelehrt« über Wert und Unwert der Graphologie streiten: Solange die Grundlage für das ganze Vorhaben in solcher Weise schwimmt, bleibt die Theoriediskussion nur sinnloses Gerangel im luftleeren Raum. Immer geht es zuerst um die Klärung der Frage:
Welche Führungskraft,
an welcher Aufgabe,
für welche Situation,
für welche Mitarbeiter,
für welchen Karriereweg usw. usw.
Es gibt nicht den idealen Vorgesetztentyp. Es gibt nur sehr variierende Aufgaben und sehr variierende menschliche Begabungs- und Verhaltensprofile.
Die Graphologie ist ein Verfahren, das im Kontext anderer Verfahrensweisen helfen kann, solche Variablen aufeinander einzuspielen.
Eine weitere Grundsatzfrage: Soll der Bewerber von der Gutachtenerstellung informiert werden?
Ich meine: Im Normalfall, ja. Es ist wiederum ein Gebot der *Fairneß*.
Was tun, wenn der Bewerber sich für den Inhalt des Gutachtens interessiert?
Auf jeden Fall dem Wunsch nach Information entsprechen. Gerade dieses Gespräch, das sich aus solcher Information ergibt, kann besonders aufschlußreich sein.

b) Einstellung und Verhalten beim Bewerber
Wenn der Bewerber in der Annonce durch die Bitte um eine Hand-

schriftprobe schon erkennen kann, daß die Graphologie zugezogen wird, sollte er die Flucht nach vorne antreten. Es ist dann auch für seine Sache das beste, einfach mitzuspielen. Denn er kann ja nicht durch Verbergen eine Position gewinnen wollen, in der er hinterher zum Scheitern verurteilt wäre.

Vor allem: Er sollte die Bewerbung vielfältig ergänzen durch andere Unterlagen: z.B. Arbeitsproben, Veröffentlichungen, Studien, Verbesserungsvorschläge etc., alles Unterlagen, aus denen man über den Bewerber lernen kann.

Die Schriftproben sollten umfangreich und in normaler Situation geschrieben sein. Am besten mehrere Briefbögen.

Man sollte unterschiedliche Schreibutensilien benutzen: Bleistift, Kugelschreiber, Füllfeder. Möglichst auch zu verschiedenen Zeiten; morgens – abends.

Auch »hingeworfene« Notizzettel könnten zur Ergänzung beigegeben werden.

Mit anderen Worten: Man helfe einfach dem Graphologen. Auch dadurch, daß man ihm die persönlichen Daten mitteilt. Natürlich auch Krankheiten, Verletzungen und Behinderungen, die sich auf das Schreiben auswirken. Wenn ein Bewerber die gotische (deutsche) Schrift oder noch z.B. die »Sütterlin-Schrift« gelernt hat und eventuell später wegen der Allgemein-Leserlichkeit auf lateinische Buchstaben umgestiegen ist, sollte er dies auch angeben und vielleicht von der alten und neuen Schrift Proben beilegen.

Je differenzierter das Material und je vollständiger die Angaben sind, um so eher kann der Graphologe »Wahrheit« finden. Um so eher kann er objektiv Rat geben.

Alles in allem: Zieht man nach den Kriterien »Aufwand und Effekt« die heute üblichen eignungsdiagnostischen Verfahren, wie sie von Fachpsychologen angewendet werden können, und die Schriftdeutung zu einem Vergleich heran, schneidet letztere nicht schlecht ab.

Alter und Geschlecht sind zwar aus der Schrift kaum zu bestimmen. Auch Hochbegabungen sind nicht sicher zu erkennen. Ebensowenig sind die Komponenten der Leistungsseite eines Bewerbers sicher zu diagnostizieren und auch sein Verhalten ist nicht mit genügender Sicherheit vorauszusagen.

Deutlich ist jedoch in der Schrift der Willensbereich zu erkennen, ebenso die emotionale Seite. Am deutlichsten jedoch wird in der Schrift die Führungsfähigkeit erkennbar, oder richtiger gesagt: die Führungsunfähigkeit, verursacht durch Störelemente im Persönlichkeitsbild und durch neurotische Züge.
Im Kreise der mehr statistisch-mathematisch orientierten Psychologen gehört es beinahe schon zum modischen Accessoir, die Graphologie zu verteufeln. Mir ist jedoch bei den Kritikern kein Fall bekannt, wo sich ein solcher ernsthaft mit Graphologie befaßt hat. Das Urteil solcher Kritiker wiegt dann natürlich nicht viel. Vielleicht ist gerade dies eine Erklärung dafür, daß der Mangel an eingehender Beschäftigung mit der Materie häufig durch eine kesse, hochmütig überlegene Sprachführung bei der Kritik an der Graphologie ausgeglichen wird.
Abschließend noch eine Empfehlung für den Bewerber:
Wer sich bei einer großen, renommierten Firma bewerben will, dürfte im allgemeinen einer qualifizierten Personalabteilung gegenüberstehen und einigermaßen sicher sein, daß – wenn überhaupt Graphologie benützt wird – auch ein seriöser Graphologe mitwirkt. Sollte der Verdacht auftreten, daß ein zweitklassiger »Auch-Graphologe« mitwirkt, dann empfiehlt es sich, gleich selbst ein Gutachten mitzuschicken von einem Fachmann, der als qualifiziert anerkannt ist.*

10. Menschenkenntnis und Entscheidungsfunktion

Von allen Managementeigenschaften haben wohl Entscheidungsfähigkeit, Entscheidungskraft, Entscheidungsschnelligkeit und Entscheidungsqualität die engste Beziehung zum Betriebserfolg.
Genau hier zeigt sich aber auch die Stelle, an der wir den größten Umbruch in der Führungsaufgabe erleben. Ein Umbruch, den unsere Zeit den Führungskräften bzw. Entscheidern aufzwingt.

* Hinweise auf qualifiziert ausgebildete Graphologen können eingeholt werden bei der Sektion Graphologie im Berufsverband Deutscher Psychologen e. V., Hauptgeschäftsstelle Heilsbachstraße 24, 5300 Bonn 1.

Die technische Entwicklung und die daraus resultierende Spezialisierung bzw. Arbeitsteiligkeit haben in bisher nie gekanntem Ausmaß bewirkt, daß zur Entscheidung von komplexen, variablenreichen Problemen oft eine Unsumme von Informationen bzw. Informationsdetails erkannt, verarbeitet, gewichtet, bewertet und kombiniert werden muß, um zu einer optimalen Entscheidung zu kommen. Als Problem allerersten Ranges zeigt sich hier die Schwierigkeit, daß – je länger desto weniger – ein einzelner Mensch kaum mehr in der Lage sein dürfte, komplexe, variablenreiche Probleme alleine zu entscheiden, weil das zur Entscheidung zu verarbeitende Wissen auf viele Informationsträger verteilt ist.
Es geht also darum, in höchst effizienter Weise Informationen und Wissensstoffe, die auf eine Vielzahl von Wissensträgern verteilt sind, rechtzeitig und richtig abrufen zu können und dabei sicher sein zu dürfen, daß die Lieferanten der einzelnen Wissensbausteine ihren jeweiligen Baustein richtig erkannt und richtig bewertet haben.
Führungstechnisch bedeutet diese Tatsache, daß wir in Zukunft doch sehr viel mehr im Betrieb miteinander sprechen müssen, um die für eine Problemlösung notwendigen unterschiedlichsten Informations- bzw. Wissensbausteine zusammenzutragen.

Ein Manager der Großindustrie berichtete mir vor kurzem, er habe zwei Wochen lang exakt messen lassen, wieviel Prozent des Arbeitstages er für Gespräche benötigt. Zu seinem Entsetzen sei er auf 85 % Reden gekommen, so daß nur noch 15 % für Arbeit zur Verfügung stand. Als wir gemeinsam die jeweiligen Zwecke des jeweiligen Redens untersuchten, stellten wir fest:
Bei einem Manager, der relativ hoch auf der hierarchischen Stufe angesiedelt ist, kann es nicht mehr sinnvoll sein, die Trennung zwischen Reden und Arbeiten zu vollziehen, weil eine Führungskraft weitgehend redend arbeitet oder als Arbeitsinhalt das Reden verstehen muß. Die Führungsaufgabe (Mitarbeiter auswählen und einsetzen, beraten und fördern, kritisieren und anerkennen, planen, organisieren, instrumentieren, kontrollieren, für Kooperation sorgen, für Koordination sorgen, motivieren usw.) ergibt das von »Natur aus«.

Die zunehmende Komplexität der Probleme und die immer weitergehende Spezialisierung bedingen zwangsläufig, daß die Notwendigkeit zum Miteinandersprechen in Konferenzen und in Arbeitsgesprächen zum Zwecke gemeinsamer Problemlösung und Entscheidungsvorbereitung immer noch mehr zunehmen wird. Der Praktiker wird bei dieser Überlegung erschrecken und sich sagen: Kaum auszuhalten! Noch mehr reden, noch mehr Zeitverlust durch endloses Gerede? Jeder Manager kennt dieses ungute Gefühl gestohlener Lebenszeit, das sich in der Magengrube einstellt, wenn man wieder einmal eine vierstündige Konferenz überstanden hat und sich fragt: Was war nun, was haben wir in dieser Zeit geschafft, erledigt; welche Erkenntnisse sind gekommen? Gähnende Leere ist das Gefühl. Man hat sich im Kreise gedreht. Es ist nichts herausgekommen; wir haben nur beisammengesessen und geschwatzt ohne Ergebnis, ohne Erkenntnis.

Und jetzt noch mehr reden?

Das Problem läßt sich auf eine ganz einfache Formel bringen:

Wir haben zuviel (schlechte) Konferenzen,
und wir haben zu wenig (gute) Konferenzen.

Menschenkenntnis für Manager läuft in diesem Kapitel auf die Frage hinaus: Wie lernen wir effizienter, sachlicher, problemorientierter miteinander reden? Wie können wir aus der zur Verfügung stehenden Redezeit in Arbeitskonferenzen und Arbeitsgesprächen schnellere, bessere, richtigere Problemlösungen und Entscheidungen herausrütteln?

Die Befragung von Managern, was ihnen an den Meetings und Arbeitskonferenzen besonders mißfällt, läßt sich etwa in folgende allgemeine Reihenfolge bringen:

Zu viele Monologe
Dauerredner
Vom Thema abkommen
Dominieren wollen bzw. Profilierungsbedürfnis
Es wird zuviel Unsinn geredet (wer bestimmt eigentlich, was Unsinn ist?)
Es wird so viel Unsachliches geredet (wer bestimmt eigentlich, was sachlich ist?)

Es wird so viel Nebensächliches geredet (wer bestimmt eigentlich, was nebensächlich ist?)
Die falschen Leute sitzen am Tisch
Es sitzen zu viele am Tisch (die gar nichts dazu zu sagen haben)
Die Teilnehmer sind nicht vorbereitet
Man ist sich über das Ziel der Konferenz nicht im klaren
Es kommt nicht zu Beschlüssen
Eventuelle Beschlüsse werden nicht durchgeführt
Die Konferenz ist nicht straff genug geführt
Die Konferenz ist zu straff geführt, der Diskussionsleiter manipuliert
Es reden immer nur einige wenige, der Rest schweigt.

Nun zur Frage der Menschenkenntnis: Wer sind eigentlich diejenigen, die solchen Ärger machen?
Wir natürlich nicht – es sind immer die anderen.
Merkwürdig ist nur, daß die anderen – auf diese Weise befragt – genau dieselben Klagen (über uns) führen.
Was ist hier los?
Eines ist klar: Es gibt kaum einen schlimmeren Zeitfresser als unsere Konferenzen und Arbeitsgespräche.
Und es gibt kaum eine ineffizientere Manageraktivität als unsere Konferenzen.
Warum ist das so?
Wir können davon ausgehen – wie schon im ersten Teil des Buches in verschiedenen Kapiteln angeführt –, daß die Natur uns mit einer ganzen Serie von Kommunikationsdefekten und Kommunikationshindernissen versehen bzw. belastet hat.
Und es ist in Sachen Menschenkenntnis schnell passiert, daß wir den anderen, der uns hier ärgert, abqualifizieren als unsachlich, töricht, unreif, ja auch dumm.
Machen wir uns einmal einige Hauptdefekte im Bereich der Kommunikation in Konferenzen klar:
1. Wir neigen dazu, in eine Problemlandschaft Zufalls- bzw. Manipulationsschneisen zu schlagen. (siehe Abbildung Nr. 30)

Die Konferenzteilnehmer schreiten z. B. in eine Problemlandschaft hinein. Der erste Wortführer schlägt nach seinen Vorstellungen eine bestimmte Schneise in diese Landschaft. Dann kommt man an eine Weiche, wo es verschiedene Möglichkeiten gäbe, weiterzumarschieren. Per Zufall oder aber auch durch Manipulation läßt man die verschiedensten Alternativen einfach stehen und geht auf einem bestimmten Wege weiter, der wiederum nur eine Schneise schlägt; kommt wieder an eine Weiche, nimmt wieder per Zufall oder Manipulation eine von möglichen Alternativen auf und gelangt so mehr oder weniger zufällig zu einem vorläufigen oder auch endgültigen Ergebnis und hat vielleicht sogar das Gefühl, das Problem recht gründlich bedacht zu haben. Es wird völlig übersehen, daß man an vielen Alternativen vorbeigegangen ist, daß es links und rechts der Schneise noch viel Informationsstoff gegeben hätte, der eventuell ganz andere Lösungen birgt.

2. Tonbandaufnahmen von Konferenzen zeigen oft sehr deutlich, daß wir weder interessiert daran noch in der Lage sind, an das Vorangegangene unseres Vorredners anzuknüpfen. Beim langsamen und wiederholten Abhören von Tonbandaufnahmen wird deutlich, daß unsere Konferenzen mehr oder weniger ein Aneinanderfügen von Monologen darstellen. Die einzelnen Gesprächsinhalte haben oft verzweifelt wenig miteinander zu tun. Es besteht auch keine Lernfähigkeit aneinander, weil man sich kaum zuhört. Dieselben Argumente werden nur immer wieder neu wiederholt, zum Teil mit anderen Facetten, aber es kommt zu keinem gemeinsamen Abgreifen des Problemstoffes. Das Ergebnis ist oft, daß die Konferenz sich in den Stil einer Kampfgruppe begibt: Jeder gräbt hinter sich eine Art geistigen Schützengraben, der Rest der Konferenz gleicht dem Werfen von verbalen Handgranaten – so lange, bis jemand gewinnt. Gewinnen muß nicht unbedingt der sachlichste Partner; es gewinnt oft der lautstärkste, der eloquenteste, der hierarchisch höchste oder – wenn geschickte Koalitionen geknüpft werden – wer sich mit den anderen verbündet. Man sieht an solchen Beispielen: Wir haben von Kindesbeinen mehr oder weniger Dialektik gelernt, die Kampfsprache in Gruppen. Was uns fehlt ist eine Kooperationssprache; die Fähigkeit zuzuhören, den anderen zu akzeptieren, seinen Worten nachzulauschen, sie zu verstehen. Zu

Abbildung 30

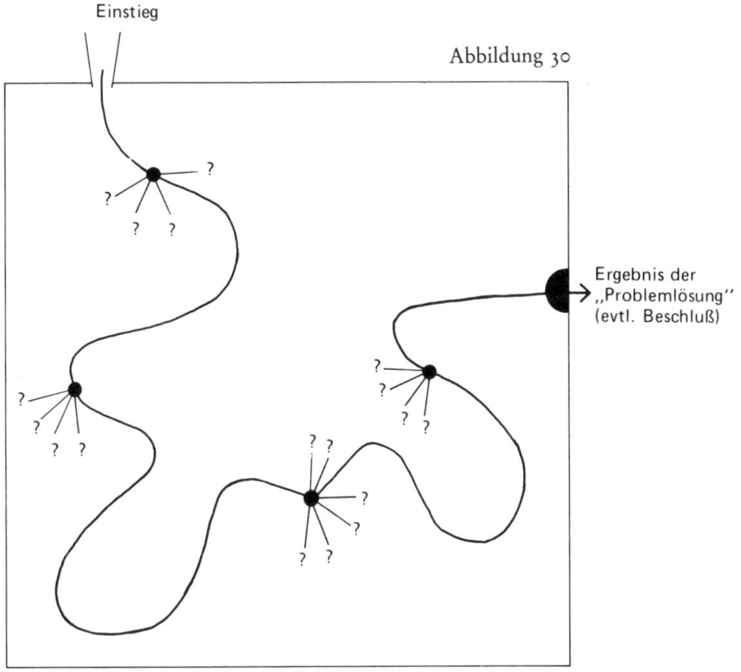

PROBLEMLANDSCHAFT

versuchen, sie einzufügen in das eigene Gedankengebäude, um dadurch zu lernen.

Die Gegenmeinung wird selten als Lernstoff benützt, häufig jedoch zum Zusammenschlagen.

3. Genauso, wie wir uns ein »Bild vom anderen machen« (Max Frisch), das sehr oft der Wirklichkeit nicht entspricht, genauso machen wir uns sehr häufig ein Bild von einem Problem, das nicht der Realität entspricht.

4. Konferenzen sind oft kopfgesteuert.
(siehe Abbildung Nr. 31)

Der Ranghöchste oder der Dominierende in einer Gruppe zieht alle Kommunikationslinien auf sich. Das ergibt eine Verarmung des Informationsaustausches. Die Gruppe kann sich nicht in einem Kreise von gemeinsamem Suchen, Austauschen und Finden bewegen, sondern richtet sich mehr oder weniger, bewußt oder unbewußt,

Abbildung 31

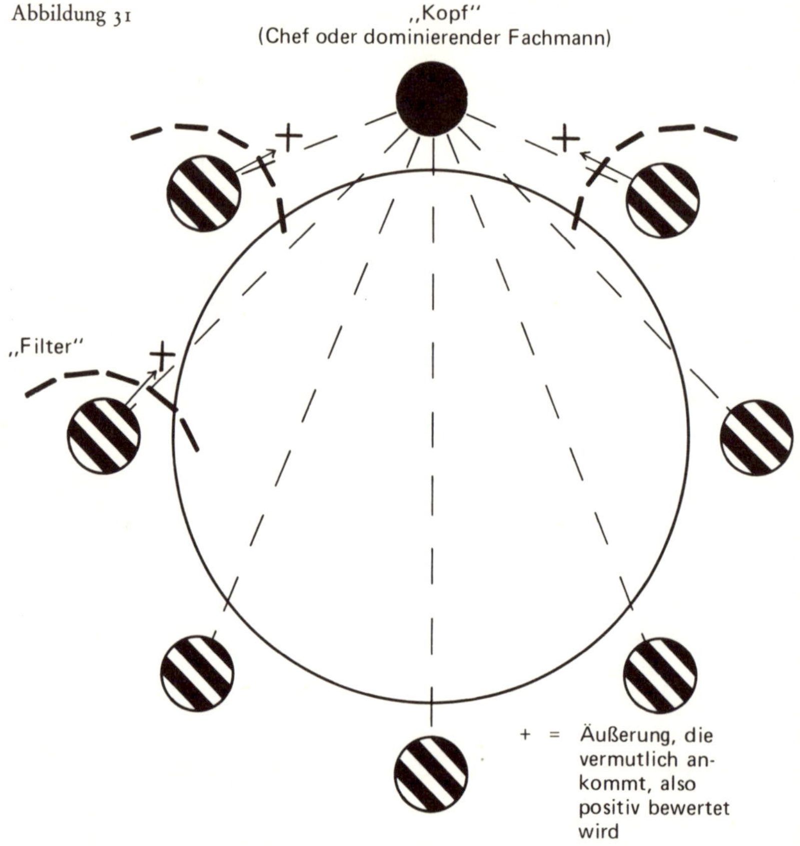

nach dem dominierenden Kopf aus. Im ungünstigsten Falle bekommt dieser Kopf nur eine Replik seiner eigenen Ansichten. Wenn die anderen von ihm abhängig sind in ihrer Karriere und ihrer Gehaltsbemessung, ist die Wahrscheinlichkeit groß, daß sie sich insofern »intelligent« und karrierebewußt verhalten, als sie sich einen Filter vors Gesicht setzen und durch diesen Filter nur solche Informationen hindurchlassen, die vermutlich vor dem Chef angenehm klingen, von ihm anerkannt bzw. gelobt werden. Was schlecht ankommen könnte, was zu Tadel führen könnte, läßt man zweckmäßigerweise weg. Damit aber verliert eine Gruppe sehr schnell ihre Natürlichkeit, Spontanität und ihre Kreativität. Dieses Modell könnte man nennen: »Wegwerfen von Gehirn«.

Solche Überlegungen machen wieder deutlich, wie relativ die Frage der Menschenkenntnis ist.
Unsere Menschenkenntnis verbessert sich jedoch erheblich, wenn wir uns solche (meist unbewußte) gruppendynamische Prozesse bewußt und deutlich machen. Nur so kann es gelingen, den anderen nicht zu schnell abzuqualifizieren, ihn für dumm zu halten, ihn des Monologisierens zu zeihen (warum monologisiert er, warum redet er dauernd: Fühlt er sich nicht angenommen? Drücken wir sein Problem nieder unter dem Motto, daß dies nicht zum Thema gehöre? Was treibt ihn denn, denselben Stoff immer wieder auf den Tisch zu legen?).
Stellen Sie einmal Ihre spontane Menschenbeurteilung in und nach Konferenzen zurück und versuchen Sie, eine Reihe von Empfehlungen anzuwenden:
a) Statt gleich loszupreschen, halten Sie sich den Mund zu und versuchen Sie, Ihre Zuhörfähigkeit zu steigern; fragen Sie notfalls noch einmal nach: Wie haben Sie das gemeint; ich habe es noch nicht richtig verstanden; sagen Sie mir es noch einmal mit anderen Worten; was ist eigentlich das Kernanliegen bei Ihrer Aussage? usw.
b) Versuchen Sie, die Gegenmeinung nicht zum Niederschlagen zu benützen, sondern als Lernstoff zur Anreicherung des Informationsstandes.
c) Versuchen Sie, weniger mit Aussagen, Behauptungen, also mit Ausrufungszeichen zu sprechen – dafür aber mehr mit Fragen zu arbeiten. Anstatt ein reichsgerichtliches Urteil zu fällen (»das ist doch Unsinn!«), könnte man ebensogut sagen: »Das verstehe ich jetzt nicht, ich kann im Moment den Sinn der Sache nicht erkennen, können Sie es mir noch einmal erklären?«
d) Versuchen Sie, eine Problemlösungskonferenz unter allen Umständen auf sieben Personen zu beschränken. Eine Gruppe, die größer ist, dreht sich meist im Kreise und verliert ihre Zeit. Das Verhältnis von Zeit, Problemkomplexität und »Drankommen« wird bei mehr als sieben Personen rapide ungünstig.
e) Nehmen Sie versuchsweise einmal Kritik nicht auf zum sofortigen Zurückschießen oder zur Verteidigung, sondern nehmen Sie Kritik gelegentlich als Symptom (Warum redet er so? Warum versteht er mich nicht? Müßte ich es ihm anders deutlich machen? Was

bedeutet es, daß er jetzt diese Kritik anbringt? Welche Verständnislücke zeigt diese Kritik an?).

f) Versuchen Sie, Ihre Statements und Darlegungen kürzer zu fassen. Wir überfordern in der Regel das Gedächtnis der anderen in freien Diskussionen total. Mehr als zwei grundsätzliche Gedanken sind im Normalfall nicht auf einmal zu verarbeiten. (Wenn jemand zu lange »gesendet« hat, so daß der Partner völlig überfordert wird und nun darum bittet, es noch einmal zu sagen, weil er es auf Anhieb nicht verstehen konnte: in solchem Falle erlebt man oft, daß der Sender beim Versuch, seine Sendung zu wiederholen, diese selbst nicht mehr zusammenbringt.)

g) Versuchen Sie, in Arbeitsgesprächen alle meßbaren Probleme von bewertungsbedürftigen Problemen zu trennen. Wir verlieren Stunden und Aberstunden durch Herumrätseln über Problemstoffe, die im Prinzip meßbar wären.

Diese Szene ist meist daran zu erkennen, daß entsprechende Sätze im zunehmenden Maße beginnen mit der Phrase: »Ich glaube...« Fragen Sie in diesem Falle ganz unbekümmert: Wer ist eigentlich hier für den Glauben zuständig? – und führen Sie das Problem einem Meßvorgang zu.

h) Wie schnell ist der andere abqualifiziert unter dem Motto: »Er kann nicht denken, kapiert nicht!« Versuchen Sie einmal die alte Weisheit anzuwenden: Ein Strich sagt mehr als tausend Worte. Man nennt diese Technik Visualisierung, also das Denken sichtbar machen. Wer sich darin noch nicht geübt oder diese Technik noch nicht ausprobiert hat, kann sich keine Vorstellung davon machen, wie hilfreich sie ist zur Verständigung. Eine kleine Skizze, die eine Problemlandschaft verdeutlicht, kann unter Umständen stundenlanges Aneinandervorbeireden verhüten.

i) In Konferenzen verlieren wir oft dadurch Zeit, daß wir uns von einem anderen angegriffen fühlen und nun in Rechtfertigungsrituale einsteigen. Auf dem Wege der gegenseitigen Verhaltenssteuerung wird durch dieses Verhalten der andere erst recht in seinen Angriff hineingetrieben, denn er muß ja nun auf Grund meines Rechtfertigungsversuches erst recht beweisen, wie richtig er mit seinem Angriff lag.

Dies wiederum zwingt mich erneut, nachzuweisen, daß meine

Rechtfertigung zu Recht gesagt wurde usw. usw. Mit anderen Worten: Solange wir uns in Rechtfertigungsritualen üben, in Angriff und Verteidigung während der Problemlösungssituation, so lange arbeiten wir nicht am Problem. Auch nicht die anderen Konferenzteilnehmer, weil sie ihren Spaß an dem sich nun entwickelten intellektuellen Florettkampf haben und genüßlich zuschauen, wie die beiden, im Rechtfertigungsritual verhaftet, ihre Klingen kreuzen und über die Runden zu kommen versuchen. Einer muß dabei auf der Strecke bleiben, was wiederum ein neues Verhaltensritual auslöst: Wer verlieren mußte, arbeitet wiederum nicht am Problem, weil er nun Rachepläne schmiedet. Er wartet nur auf den Moment, wo er dem »Sieger« eines auswischen kann. Verzichten Sie doch einmal in einem solchen Falle versuchsweise auf Rechtfertigung und beobachten Sie die Wirkung. Die Chance, daß der Gegner auf Aggression verzichtet und sich Ihren Argumenten mehr öffnet, ist groß.

So gibt es zahlreiche psychologische Mechanismen und Reaktionsmuster, die uns immer wieder von dem gemeinsamen Problemelösen, der Verständigung, vom gemeinsamen Abgreifen unbekannter Problemstoffe wegtreiben und uns in Rituale führen, die ungezählte sinnlose Minuten kosten, eine sachliche Problemlösung verhindern und außerdem noch dazu führen, daß wir als »Menschenkenner« zu Fehlurteilen kommen. Die konsequenten Anwendungen unserer Vorschläge bringen hier eine ganz erhebliche Verbesserung, und ich empfehle dringend, sie bei nächster Gelegenheit in einer Konferenz zumindest einmal versuchsweise auszuprobieren. Sie werden über die Effekte erstaunt sein. (Vorschlag: Versuchen Sie es zunächst beim nächsten Ehekrach?)

Wenn Sie in einer Konferenz solche Hilfen anbieten, kann sich spontan sehr viel mehr Kreativität und Problemlösungsfähigkeit entwickeln und Ihr Urteil über die Teilnehmer wird sich unter Umständen sehr viel positiver arrangieren als es vorher der Fall sein konnte.

Immer wieder ist zu sehen: Es ist für den psychologischen Laien ungleich effizienter und günstiger, als Interessent für verbesserte Menschenkenntnis auf die Beschäftigung mit mehr oder weniger zweifelhaften »Tests« zu verzichten und sich stattdessen mit solchen Fragen zu beschäftigen und mit solchen Techniken auszustatten, weil er damit bis zu einem gewissen Grade das Verhalten der Menschen verbessern kann. Diese Aktivität ist auch ungleich fruchtbarer und effizienter als die laienhafte Beschäftigung mit Typologien von Kretschmer, C. G. Jung oder wem auch immer. Weil es sich hier um Theoreme handelt und hypothetische Gedankengebäude, die selbst für den Fachmann in der Realität der Menschenbeurteilung nur von sehr begrenzter praktischer Bedeutung sind. Typologien und Charakterologien sind interessant als wissenschaftliche Grundlagenforschung, zu heuristischen Zwecken und eventuell noch als sekundäre Hilfen für den Fachpsychologen.

11. Charakter und Typus.

Die Charakterkunde als Disziplin der Psychologie – heute in der Entwicklung zu einer umfassenderen »Persönlichkeitspsychologie« – versucht das individuelle Gepräge des Menschen zu erfassen. Auf Grund dieser Prägungsform können wir den anderen »merken« und wir können ihn *uns* merken. Wir suchen also nach seinen individuellen »Merk-Malen«.

Die Fragerichtung der Persönlichkeitspsychologie zielt u. a. auf das voraussichtliche Verhalten und Handeln als Folge der individuellen Wesensprägung, die sich wiederum aus dem Aufbau und der Struktur der Eigenarten und Eigenschaften ergibt. Die gegenwärtige Situation der psychologischen Wissenschaft ist allerdings durch zwei sehr verschiedene (und auch im Sinne eines Methodenstreits disputierte) Methoden gekennzeichnet:

Einerseits die Vorgehensweise der sogenannten Schichtentheoretiker. Vom beobachtbaren Verhalten angeregt, nehmen sie »dahinter« ein strukturiertes System von Dispositionen (Verhaltensbereitschaften) an, die eben dieses Verhalten »machen« und steuern. Solche Dispositionen, also in einem Ordnungsgerüst denkbare Verhaltensbereitschaften, lassen sich in sogenannten Schichtenmodellen darstellen, die von der Vorstellung ausgehen, daß die Persönlichkeit als integriertes System von übereinander oder nebeneinander gelagerten Schichten erfaßbar sei.

Schichten, die sich gegenseitig bedingen, durchdringen und in einem strukturierten Integrationsgefüge zueinander stehen. Aus der Stärke, dem Verhältnis, der Spannung, der Harmonie bzw. Disharmonie solcher Schichten ergibt sich auch die Unterschiedlichkeit der Menschen. Als Erkenntnisquelle sind in dieser Disziplin neben phänomenologischer Sammlung, logischer Ableitung, Fremdbeobachtung und Selbstbeobachtung auch Evidenz und intuitives Verstehen zugelassen. In der ausgeprägtesten Form sehen wir diese Richtung bei Philip Lersch.*

Die Gegenrichtung vertreten die Anhänger der »faktoriellen Persönlichkeitspsychologie« auf der Basis des sogenannten Behaviorismus. Hier wird als Erkenntnisquelle nur das Verhalten (behavior) zugelassen.

Die Vielfalt beobachtbaren Verhaltens wird mit Hilfe mathematisch-statistischer Verfahren faktorenanalytisch untersucht und reduziert auf dahinterliegende Dimensionen oder Wirkfelder (»Faktoren«).

Die faktorielle Persönlichkeitspsychologie verzichtet dann aus Gründen der Objektivität darauf, daraus durch intuitive oder psychologische Denkakte dispositionelle Persönlichkeitsmodelle zu entwickeln, die verstehbar wären als vorwiegend anlagebedingte Architekturpläne des charakterologischen Aufbaues.

Deshalb ist der Denkansatz der Behavioristen auch geprägt durch die Vorstellung, daß Verhaltensweisen und Eigenschaften weitestgehend von Umwelteinflüssen abhängen. Wichtig ist für den Behavioristen deshalb das Studium der Lernvorgänge, weil ja in diesem Falle Verhaltensweisen und Eigenschaften von der Umwelt her »gelernt« werden können.

Es kann nicht übersehen werden, daß in diesen beiden Vorgehensweisen die uralte Wegscheide des deduktiven Vorgehens (Schichtentheorie) und des induktiven Vorgehens (Behaviorismus) zu erkennen ist. Keine der beiden Richtungen kann wohl Allgemeingültigkeit beanspruchen. Der schichtentheoretische Ansatz trägt die nicht zu unterschätzende Gefahr spekulativer Subjektivität, weltanschaulicher Einfärbung und Mangel an objektiver Nachprüfbarkeit in sich. Er bietet jedoch geschlossene und im Alltag auch recht praktikable Denkmodelle an.

---

* Vergl. Seite 59

Der behavioristisch-faktorielle Ansatz hingegen ist in begrenzten Teilaspekten wesentlich objektiver und nimmt deshalb auch den Status »wissenschaftlich« energisch und ausschließlich für sich in Anspruch. Dieser Ansatz hat jedoch den Nachteil, daß er in der Uferlosigkeit nicht mehr überschaubarer Detailfülle zu zerfließen droht und für den Psychologiebedarf der Wirtschaft mehr oder weniger unpraktikabel wird – ausgenommen die zahlreichen Untersuchungen über Intelligenz und Leistung.

Besonders kritisch ist die Ausgangsbasis des faktorenanalytischen Arbeitens: Die Ausgangsdaten müssen ja ebenfalls über (objektives?) menschliches Beobachten oder Erfragen (mit objektiven Ergebnissen?) eingeholt werden. Und hier liegen erhebliche Fehlerquellen bzw. Unschärferelationen. Die Urdaten sind in nicht zu unterschätzendem Maße der uns bekanntgewordenen Brüchigkeit und Unsicherheit aller menschlich-subjektiven Erfassungsarbeit unterworfen. Die danach folgende Arbeit ist mathematisch exakt.

Des weiteren kann nicht übersehen werden, daß die weitgehend von der Vorstellung der Umweltbedingtheit geprägte behavioristische Auffassung eher einem Weltbild entgegenkommt, in dem intelligentes Verhalten, ja Verhalten schlechthin als »machbar« betrachtet wird – man muß nur für »Chancengleichheit« sorgen und die lerntheoretischen Voraussetzungen schaffen. Die Machbarkeit einer heileren Welt durch lerntheoretische Konzepte und entsprechende Präparation der Umwelteinflüsse bietet sich natürlich in diesem theoretischen Ansatz an.

Demgegenüber basiert jedoch die schichtentheoretische Konzeption sehr viel mehr auf der Annahme anlagebedingter Dispositionen, die nur noch in begrenztem Umfang Änderungen zulassen. Sie kommt damit eher der konservativen Denkrichtung entgegen und entspricht insofern auch den herkömmlichen Schulsystemen.

Wir wollen jedoch den (zu Recht) nach Praktikabilität fragenden Manager nicht weiter mit Theoriestreitigkeiten konfrontieren. Es ging uns nur darum, den gegenwärtigen »Frontverlauf« in aller Kürze aufzuzeigen, auch »ideologische« Hintergründe sichtbar zu machen und den Praktiker in der Wirtschaft zum Denken anzuregen.

In beiden Richtungen ist das letzte Wort noch lange nicht gesprochen. Das mathematisch-statistische Vorgehen steht zur Zeit im Vordergrund. Dies entspricht einer natürlichen Entwicklung. Denn zu den Zeiten, als die großen subjektiv-spekulativen Theoriesysteme entworfen wurden (angefangen von den vier klassischen Temperamenttypen der Antike – cholerisch, sanguinisch, phlegmatisch, melancholisch – über Wundt, Jung, Spranger, Kretschmer bis zu dem umfassenden »Aufbau der Person« von Lersch als letzter Ausformung der Schichttheorie) standen die Möglichkeiten des Computers, die verfeinerten faktorenanalytischen und statistischen Techniken noch nicht zur Verfügung. Die vergangenen Jahre waren gekennzeichnet durch das – man möchte fast sagen: wissenschaftliche Genießen dieser neuen Möglichkeiten. Und man sieht heute sehr viel mehr.

Indessen stellte sich nun, wie es nicht anders sein kann, die entgegengesetzte Not ein. Waren die subjektiv-spekulativen Theorien in sich geschlossen und (beruhigend...) »sinnfällig« – obgleich unbeweisbar »behauptet« –, so stehen wir heute vor einer kaum mehr überschaubaren Fülle von Teiluntersuchungen. Sie enthalten großteils gutgesicherte Aussagen, aber ebenso erhebliche Widersprüchlichkeiten. Diese Masse, auch noch ohne sichtbares geistiges Band, noch ohne genügende Griffigkeit und Übersichtsmöglichkeit, ist für den Bedarf der Wirtschaft nicht praktikabel. Es ist zu erwarten, daß in absehbarer Zeit der Fortgang der Forschung zu einer Verwebung der beiden großen Theorieansätze führt, die noch bestehenden Meinungsverschiedenheiten großteils ausräumen kann und praktikable, übersichtliche Instrumentation zur Verfügung stellt.

> Ähnlich sieht übrigens die Situation auf dem Gebiet der Führungspsychologie aus: Wir haben eine kaum noch übersehbare Flut von Teil- und Felduntersuchungen. Der Erkenntniswert des geballten Materials läuft jedoch letztendlich auf die ernüchternde Erkenntnis hinaus, daß keine Untersuchung und kein Modell generelle Gültigkeit finden konnte. Überspitzt formuliert: »In unterschiedlicher Situation führen unterschiedliche Typen mit unterschiedlichen Einstellungen, Wertsystemen, Verhaltensweisen und Rollendimensionen bei unterschiedlichen Mitarbeitern zum unterschiedlichen Führungserfolg...«.*

* Küchle, E., *Mitarbeiterführung*, in: *Handwörterbuch des Personalwesens*, Herausgeber Gaugler E., Stuttgart 1975.

Ein Theoriestatus, der wohl in den kommenden Jahren dringend der praktikablen Übersicht und Geschlossenheit bedarf.

Es mehren sich inzwischen auch Anzeichen von Unsicherheit und beginnendem Verzicht auf »Alleinvertretungsanspruch«. In diesem Zusammenhang sei auf eine Veröffentlichung von Eysenck (London) hingewiesen, die in jüngster Zeit zu heftigen Diskussionen geführt hat:

Eysenck legt Untersuchungen vor, die ihn zu dem Schluß kommen ließen, daß in unserem Kulturkreis der anlagebedingte Teil der vererbten Disposition weit über 50 % liegt (bis zu 80 %). Er fand diesen hohen Vererbungsanteil z. B. bei der Intelligenz und in den individuellen Unterschieden der Extraversion und der Emotionalität.*

Diese Verunsicherung ist heilsam, denn sie kann die beiden Theorieansätze aufeinander zuführen. Beide waren notwendig, brachten eine Fülle von Erkenntnissen und haben ihre geschichtliche Bedeutung.

Sie sind jedoch jeweils nur Phänomene ihrer Zeit und insofern jeweils ergänzungsbedürftig.

12. Typologie.

Geht es Ihnen auch so:

Sie sitzen in der Bahn oder im Flugzeug, oder Sie stehen am Schilift in einer Warteschlange und lassen die Augen über die anderen Menschen schweifen. Plötzlich interessiert Sie einer besonders.

»Der sieht doch genauso aus wie XX«...

oder »An wen erinnert mich der bloß?«

oder auch: »Das ist doch der typische... (Gebirgler, Barkeeper, Steißtrommler, Boxer usw. usw.)

---

* *Extraversion:* »Positive Bewegung des subjektiven Interesses zum Objekt hin im Sinne einer Auswärtswendung der psychischen Energie. Der extravertierte Typus zeigt entgegenkommendes Wesen, das sich leicht in jede gegebene Situation findet, rasch Beziehungen anknüpft und sich oft unbekümmert und vertrauensvoll in unbekannte Situationen hinauswagt unter Hintansetzung etwaiger möglicher Bedenken.« (Zitiert nach C. G. Jung in »Lexikon der Psychologie«, Stichwort *Extraversion*, Freiburg 1976.)

Emotionalität: Bezeichnet die persönliche Eigenart der Gefühlsregungen, der Affekte und deren Verarbeitung.

Sie entdecken, daß Sie unentwegt vergleichend beobachten, sich an ähnliche Menschen erinnern, »Typisches« sehen, Gleichartiges erkennen.
Und damit treiben Sie unentwegt – sozusagen vorwissenschaftlich – Typologie.
Es hat die Menschen immer schon seit Urzeiten fasziniert, durch Typisierung ein Schnellverfahren zur Menschenkenntnis zu bekommen. Und wir sind oft allzu schnell dabei, einen anderen als bestimmten Typ anzusprechen – um dann gerne dabei zu bleiben. Auch hier ist größte Vorsicht am Platze.
Obwohl die erste Typologie auf das zweite Jahrhundert nach Christus zurückgeht, als der römische Arzt Galen die vier Temperamente cholerisch, sanguinisch, phlegmatisch, melancholisch beschrieben hat, ist der heutige Stand der Typologie immer noch so vorläufig, ungesichert und partiell, daß sich die Anwendung psychologischer Typbildungsversuche nur im Bereich der Wissenschaft zu heuristischen Zwecken eignet.
Für die Anwendung in der Praxis des Managers ist die Typologie kaum geeignet, weil noch zu voll von Widersprüchen.
Reine Typen kommen selten oder nie vor. Soll man jedoch den Mischtypus auf einem Kontinuum zwischen den beiden Extremtypen einordnen, tut man sich außerordentlich schwer. Die Quantifizierung und Kombination der typbildenden Anteile ist selbst für den Fachmann trotz der Anwendungsmöglichkeit psychologischer Tests ein äußerst schwieriges Unterfangen.
Im Rahmen der Praxis der Menschenkenntnis ist es sicher nützlich, sich von typologischen Überlegungen zum Nachdenken über andere Menschen anregen zu lassen – mehr nicht. Sonst stehen wir in der Gefahr, den anderen im wörtlichsten Sinne zu typisieren. Damit wird er zu Unrecht abgestempelt und in ein nicht zutreffendes Schema gepreßt.
Blenden wir uns einmal in verschiedene Unterhaltungen über andere Menschen ein.
»Das ist doch wieder typisch Frau!...«
»Mich beeindruckt an ihm seine so ausgeprägte soziale Gesinnung...«
»Ich finde kein Verhältnis zu ihm, er ist verschlossen, knöchern...«

»Er wird noch einmal von seinem Ehrgeiz zerfressen...«
»Ein Schmeichler wie er im Buche steht...«
»Er ist ein typischer Morgenarbeiter...«
In all diesen Aussagen wird ein bestimmtes Erscheinungsmerkmal psychischen Verhaltens als besonders dominant entdeckt und als typbildendes Merkmal herangezogen.
Da man nun den Menschen von den verschiedensten Seiten her betrachten kann, entwickelten sich auch mit der Zeit die unterschiedlichsten Typologien.
Man kann die Temperamentsrichtung betrachten (Galen, Kant), oder die Ausprägung und das Verhältnis männlicher und weiblicher Züge (bei beiden Geschlechtern). Man kann den Menschen als aktiven oder passiven Typ ansprechen. Oder den typischen Offizier, den typischen Lehrer, den typischen Fußballspieler suchen. Natürlich auch den typischen Manager.
Es wird dabei immer nach konstanten Verhaltensweisen gesucht, besser gesagt nach konstanten Verhaltensstrukturen oder konstanten Merkmalsanordnungen.

a) Die Körperbautypen nach Kretschmer.
Die wohl populärste Typologie unserer Zeit wurde die psychosomatische Typenbeschreibung nach Kretschmer (1888–1964), die als typbildendes Merkmal die Körperbauformen heranzieht.*
Da die Kretschmersche Typenlehre inzwischen als allgemein bekannt vorausgesetzt werden kann, möchte ich mich auf die wesentlichen Grundzüge beschränken, zur Erinnerung und besseren Übersicht, um dann auf die Anwendbarkeit in der Managerpraxis noch einmal zu sprechen zu kommen.
Kretschmer fand auf empirischem Wege zu seiner Typologie:
In seiner psychiatrischen Klinik fiel ihm auf, daß sich bestimmte Krankheiten – endogene Psychosen – bei bestimmten Körperbautypen häufen.
Die zirkulär Erkrankten (manisch-depressiv) besaßen sehr häufig den sogenannten »pyknischen« Habitus (griechisch: pyknos = fett): Mittelgroß gedrungen, breites Gesicht, starker Unterkiefer,

* Kretschmer, E., *Körperbau und Charakter*, 25. Auflage, Berlin 1967.

kurzer massiver Hals; weiche Muskulatur, tiefe gewölbte Brust, runde Formen, Neigung zu Fettansatz und Bauch; im ganzen gedrungene Erscheinung.
Schizophrenes Irresein häufte sich hingegen bei Menschen mit »leptosomem« Körperbau: Hochgewachsen, schlank bis mager, schmales Gesicht und schwacher Unterkiefer, schlanker Hals; schmalschultrig und flache Brust; mehr eckige Formen, knochige Glieder; im ganzen eher »hagere Erscheinung«.
Neigung zur Epilepsie trat vorwiegend beim »athletischen« Körperbau* auf: Mittel- bis großgewachsen, ovales, »männliches« Gesicht, kräftiger Hals, straffe, ausgeprägte Muskulatur, großer Brustkorb; eher »sportliche« Erscheinung.
Aus dieser Analogie zwischen Körperbau und psychischer Erkrankung zog Kretschmer den Rückschluß, daß Geisteskrankheiten als krankhafte Übersteigerung bestimmter normaler Veranlagungen zu verstehen sind. Dabei müßte sich bei Gesunden »hinter« einem bestimmten Körperbau ein bestimmtes und damit bestimmbares psychisches Merkmalsgefüge auffinden lassen.
Kretschmer nahm im Menschen eine Wirkkraft an, ein biotypisches Agens, das sich in körperlicher Manifestation seinen Körperbau, und in seelischer Manifestation seinen seelischen Habitus schafft. Dem pyknischen Körperbau ist beim Gesunden als seelische Entsprechung die normale Zyklothymie** zugeordnet. Der zyklothyme Formenkreis realisiert sich in drei Ausprägungen:

1. Tatkräftige Praktiker, bequeme Genießer, heiter Geschwätzige.
2. Ruhige Humoristen, Lebenskünstler.
3. Stille Gemütsmenschen.

Den Übergang zum krankhaften Bereich, als Zwischenbereich zu verstehen, bilden die »zykloiden« Menschen, bei denen der Wechsel von manischen und depressiven Phasen schon sehr viel deutlicher in Erscheinung tritt. Auch sie sind in drei Ausprägungen zu erkennen:
a) Hypomaniker (übernormal manisch-erregter Zustand; er geht von extremer Unternehmungslust, Phasen sprühender Einfälle bis zu exzessiven Handlungen.)

---

* Kretschmer, E., *Die Persönlichkeit der Athletiker,* Leipzig 1936.
** Griechisch: κύκλος = kreisförmig; θυμέω = zumute sein; gemeint ist die zirkulär abwechselnde Stimmungslage: einmal manisch erregt, dann wieder melancholisch gedrückt (»Himmelhoch jauchzend – zu Tode betrübt...«).

b) Umgängliche Einspänner.
c) Traurig-Schwerblütige.

Das Verhältnis des Zyklothymen (also des gesunden Angehörigen dieses typologischen Bereiches) zur Umwelt ist gekennzeichnet durch Unmittelbarkeit des Kontaktes, Weltoffenheit und Aufgeschlossenheit. Er ist der sachlichen Umwelt gegenüber im Sinne praktischer Behandlung und Bewältigung aufgeschlossen, gegenüber der mitmenschlichen Umwelt durch Resonanzbedürfnis und Resonanzfähigkeit gekennzeichnet.

Die seelische Entsprechung zum leptosomen Körperbau fand Kretschmer in der normalen »Schizothymie«.

Er findet sie vorwiegend in vier Formen ausgeprägt:

a) Vornehm Feinsinnige
b) Weltfremde Idealisten
c) Kühle Herrenmenschen
d) Trockene und psychisch Lahme.

Den Übergang zum Krankenbereich bildet der Zwischenbereich der schizoiden Menschen.

Auch hier wieder zwei Unterscheidungen:

a) Der schizoide Über-Ästhet.
b) Der anästhetische Schizoide (gefühlsarm, verschroben, Sonderling, kalt, despotisch, jähzornig, fanatisch, kalt-berechnend, egozentrisch).

Das Verhältnis des Schizothymen zur Umwelt: Die einfühlende Resonanzfähigkeit ist wenig entwickelt. Die autistische Tendenz führt einerseits zu mangelndem Resonanzbedürfnis, andererseits zu ganz eigener Vorstellung- und Gedankenwelt.

Der schizotyhme Formenkreis ist allgemein gekennzeichnet durch das unterschiedliche Verhältnis von Überempfindlichkeit und Unempfindlichkeit.

Seismographische Ansprechbarkeit von Gefühlen, Ekstase und Begeisterung können unmittelbar abwechseln mit Unempfindlichkeit und aristokratisch-unterkühlter Reaktion.

Dem athletischen Körperbau entspricht das sogenannte visköse Temperament (viskös = zähflüssig). In diesem Formenkreis ist positiv die Zuverlässigkeit, die Treue, das Gleichmaß und die Beharrungskraft angelegt. Der Athletiker ist bedächtig, besonnen im Extrem pedantisch; er wirkt wuchtig, setzt sich durch, nüchtern, klar, aber ohne Phantasie.

Seiner Veranlagung entspricht die fixierende Aufmerksamkeit im Gegensatz zur fluktuierenden, d. h. er hat keinen »Nerv« für Differenzierungen und Zwischentöne.

Die Bewegungen sind langsam, bedächtig, eher schwerfällig. Der ganze Bewegungsstil zeigt Schwere und Kraft. Auch die Sprechweise ist trocken, zähflüssig, gemessen. In seinem Gefühlsbereich fehlt die Reagibilität, aber sie ist durch große Stabilität und Dauerhaftigkeit gekennzeichnet.

Es fehlt die innere Spannung des Leptosomen, er wirkt eher als »Gemütsathlet«, mitunter auch als Phlegma.

Wie das Gefühlsleben des Zyklothymen zweipolig ist im Sinne von manisch und depressiv, ebenso beim Schizothymen sich die Polarität Überempfindlichkeit – Unempfindlichkeit findet, so zeigt auch der Athletiker polare Möglichkeiten: Entweder Gemütsruhe oder Neigung zu Kurzschlußreaktionen, massiven Gefühlsentladungen im Stile besinnungslosen Jähzorns.

Die Kretschmersche Typologie besticht durch ihre unerhört plastischen Persönlichkeitsbilder, die man auch in der Realität in der Tendenz wiedererkennt, z. B. im Vergleich zwischen Savonarola und Luther, Chamberlain und Churchill, zwischen Adenauer und Ludwig Erhard, zwischen Karl Valentin und Weiß Ferdl.

Die Praktikabilität der Typologie zerbricht jedoch an der Tatsache, daß höchstens 10 % aller Menschen »reine« Typen sind. Ansonsten kommen die drei Formenkreise in Mischungen vor, was man sich auf Grund des Erbganges ja leicht vorstellen kann.

Die Mischungsverhältnisse sind – bis heute – kaum zu differenzieren. Außerdem kann in einem Menschen die zyklothyme, schizothyme oder visköse Veranlagung abwechselnd vorrangig in Erscheinung treten. Die Entsprechung zwischen Körperbau und der »dazu gehörenden« Wesensart ist ebenfalls nicht zwingend. Umweltreize können zyklothyme oder schizothyme Veranlagung in verschiedener Weise provozieren und in verschiedenen Graden zur Ausformung bringen. Somit verschwimmt die praktische Anwendungsmöglichkeit in der Uferlosigkeit aller erdenklichen Mischverhältnisse.

Wir möchten jedoch den praktischen Wert dieser Typologie, die ja auch auf die Wissenschaft ungemein anregend gewirkt und eine Fülle von weiteren Untersuchungen nach sich gezogen hat, nicht völlig verneinen. Sie kann bei der Menschenkenntnis eine wertvolle Hilfe sein, wenn man sich klar darüber ist, daß diese Typologie die Totalität des Lebens nicht zu erfassen vermag und man sich davor hütet, sie zum Abstempeln zu benützen. Diese Typologie ist hilfreich, wenn man sie wiederum nur als Anregungspotential zur Fragestellung heranzieht; wenn man sie in völlig offener fragender Form als Grobraster benützt, insbesondere dann, wenn sich äußere Erscheinungsformen mehr den typologischen Urbildern, wie sie Kretschmer beschrieben hat, nähern.

Man muß sich aber immer darüber im klaren sein, daß man damit höchstens Umrisse gewinnen kann. Denn in einem deutlich leptosomen Körperbau können sich durchaus zyklothyme Züge entwikkeln.

Interessant ist übrigens, daß sich die Grundgültigkeit der Kretschmerschen Typologie auch über rassische Zonen hinweg erstreckt. Sie trifft z. B. auch auf den Japaner zu.

b) Die Pfahler'sche Typologie.*

Pfahler versucht im Anschluß an Kretschmer, die deskriptive, konkrete Vorgehensweise Kretschmers auf psychologische Grundfunktionen zurückzuführen, also auf nicht mehr reduzierbare Eigenschaften psychischen Lebens, die als zentrale Wirkkräfte die Persönlichkeitsstruktur im ganzen bestimmen. Er meint: »Jeder Mensch ist seelisch zentral bestimmt durch eine bestimmte psychische Grundfunktion bzw. durch ein Grundfunktionsgefüge.« Psychische Grundfunktionen sind bei ihm:

1. *Die Aufmerksamkeit.* Sie kann fluktuierend sein (weite, breite Erfassung des Begegnenden, aber geringe Beständigkeit) oder fixierend (eng, festgelegt; scharfe Auffassungsfähigkeit, wobei aber vieles außer acht gelassen wird).

---

* Pfahler, G., *Vererbung als Schicksal,* Leipzig 1932.

2. *Perseveration.* Darunter versteht Pfahler das Festhalten und die Haftung von seelisch Erlebtem.

Ist der Grad der Perseveration groß, ergibt sich ein Festkleben an Vorstellungen, Meinungen, Gefühlen – insofern Beharrungstendenz und Zähigkeit. Ist die Perseveration gering, kommt es zu raschem Wechsel seelischer Vorgänge und Vorstellungen.

3. *Gefühlsansprechbarkeit.* Sie unterscheidet sich wiederum nach dem Grad (groß oder gering) oder nach der Richtung (Lust oder Unlust).

4. *Die Lebensenergie.* Pfahler versteht darunter die Lebenskraft, die seelische Dynamik des Menschen. Sie kann stark oder schwach sein.

Aus der Kombination dieser vier Grundfunktionen ergeben sich für Pfahler die Möglichkeiten zur Bestimmung der Gesamtpersönlichkeit im Sinne eines Grundfunktionsgefüges. Er kommt durch die Kombination zu folgenden Typen:

● *Typus der festen inneren Gehalte mit starker Perseveration und fixierender Aufmerksamkeit.*

Die Verhaltensweise gegenüber der Umwelt ist gekennzeichnet durch geringe Beeinflußbarkeit, feste Grundsätze, schwer umzustimmende Meinungen und Überzeugungen. Hang zu schroffen Urteilen, Tendenz zu law and order, zu konsequenter Haltung und Genauigkeit, zu Regelmäßigkeit.

Gegenüber der Umwelt wird Abstand gehalten. Es kommt auf Grund der Härte zu Unbeugsamkeit und Eigenwilligkeit, oft auch zu starken Spannungen. Gefahr der Starrheit.

● *Typus der fließenden Gehalte.*

Er ist durch fluktuierende Aufmerksamkeit und geringe Perseveration gekennzeichnet, d. h. weite Aufmerksamkeit. Neue Eindrücke verwischen schnell die alten; er ist unbeständig, paßt sich leicht an, wird leicht von den Verhältnissen der Umwelt beeinflußt.

Er paßt sich der Wirklichkeit an, verzichtet auf Prinzipienreiterei und nimmt die Dinge so wie sie sind. Wo nötig, ändert er auch sein Urteil und besitzt einen starken Wirklichkeitssinn. Er geht auf Grund seiner Anpassungsfähigkeit und Selbstbeherrschung mit Einfühlungsvermögen auf andere Menschen ein. Der Schmiegsamkeit, Anpassung und dem Wirklichkeitssinn steht die Gefahr entgegen, sich von äußeren Einflüssen zu stark bestimmen zu lassen.

Der Typ der festen Gehalte entspricht weitgehend dem schizothymen Typ von Kretschmer, der Typus der fließenden Gehalte eher dem zyklothymen.

Auch für die Typologie Pfahlers gilt, daß sie die Totalität des menschlichen Lebens nicht erfassen kann. Seine Typen sind allgemeiner als die Kretschmerschen, aber auch flacher und blasser. Auch für Pfahlers Typologie gilt, daß die Nennung und Beschreibung des Typus gleichbedeutend ist mit einer Ansiedelung auf extremen Polen. Dazwischen sind alle möglichen Kombinationen und fließende Übergänge denkbar, die in der Realität ebenfalls kaum zu differenzieren sind.

*c) Die Konstitutionstypen nach Sheldon.**

Sheldon (Harvard-University) trieb die Arbeit Kretschmers weiter. Er stößt sich jedoch an der Tatsache, daß Kretschmer zu seinen Aussagen durch die Beobachtung von Geisteskranken gekommen ist. Sheldon führte an gesunden Menschen großangelegte Untersuchungsreihen durch. Auf der Basis des Grundlagenmaterials von 12000 Fotografien und mit Hilfe der Faktorenanalyse und der Anwendung exakter meßtechnischer Verfahren kommt er zu einer umfassenden Typographie menschlichen Wesens und zu sehr viel stärkeren Differenzierungsmöglichkeiten.
Sheldon geht nicht von der Frage aus, welche körperlichen Formen welchem seelischen Habitus entsprechen, sondern versucht, Einzelelemente zu finden, aus denen sich die Vielfalt menschlicher Erscheinungsweisen erkennen und erklären lassen. Solche Einzelelemente des Körperbaues nennt er »Komponenten« und versteht sie als formbildende Wuchstendenzen.

In Anlehnung an die Entwicklung der drei Keimblätter, dem Endoderm, dem Mesoderm und dem Ektoderm, unterscheidet er drei Körperbau-Komponenten:
Endomorphie, Mesomorphie und Ektomorphie.
Endomorphie: Charakteristisch ist die weiche Rundlichkeit der Körperteile. Der Leib ist voluminös, die Extremitäten kurz und klein.

* Sheldon, W. H., *The Varieties of Human Physique*, New York 1940; *The Varieties of Temperament*, New York – London, 1942.

Mesomorphie: Wuchstendenz zur starken Ausprägung der Muskeln und Knochen. Schwerer Körperbau.
Ektomorphie: Lineare Wuchstendenz, hochgewachsene schlanke Formen, wenig entwickelte Muskulatur, flacher Leib, schmale Schultern.
Es ist nicht zu verkennen, daß sich hier – auf anderem experimentellen Wege gewonnen wie bei Kretschmer – wieder die alten Kretschmerschen Typen zeigen: Die Endomorphie entspricht weitgehend dem Erscheinungsbild des Pyknikers, die Mesomorphie dem des Athletikers und der Ektomorphe entspricht dem Leptosomen.

Sheldon geht aber nun weiter und versucht nachzuweisen, daß in jedem Menschen alle drei Komponenten angelegt sind. Die Individuen unterscheiden sich nur durch den unterschiedlichen Ausprägungsgrad der Komponenten.
Durch diese Zerlegung in »Körperbausteine«, die differenziert wahrgenommen und kombiniert werden können, gelingt es Sheldon, in das riesige Feld der Mischtypen etwas mehr Licht und mehr diagnostische Möglichkeiten hineinzubringen. Sheldon gibt jeder dieser drei Wuchstendenzen (Komponenten) Ausprägungsgrade von 1 bis 7.
1 ist schwach ausgeprägt, 7 stark ausgeprägt.
Endomorphie 7, Mesomorphie 1 und Ektomorphie 1 entspräche z.B. dem reinen pyknischen Habitus;
Endomorphie 1, Mesomorphie 2 und Ektomorphie 7 ergäbe den reinen Leptosomen.
Ein Mensch mit der (für unser Auge) Idealfigur müßte die Ausprägungsgrade 4 -4 -4 haben. Die jeweilige Zahlenkombination, also der Ausdruck für das jeweilige Ausprägungsverhältnis nennt Sheldon »Somatotyp«.
Diesen drei Wuchstendenzen entsprechen nach Sheldon drei bestimmte seelische Konstellationen bzw. Verhaltensmuster:
Der Endomorphie entspricht die Viscerotonie: Lebendiger Kontakt zur Umwelt, soziale Verbundenheit. Freude am Essen und Genießen, im Extrem Gefräßigkeit, Neigung zur Bequemlichkeit.
Auch dieser Typ entspricht wieder dem Zyklothymen von Kretschmer.
Der Mesomorphie entspricht die Somatotonie:
Energisch, aktiv, anstrengungsbereit; Tätigkeitsdrang (»Die Welt bewältigen«); männlich. Diesem Typ kommt Kretschmers Athletiker nahe.

Der Ektomorphie entspricht die Cerebrotonie:
Zur Umwelt distanziert, autistische Tendenz; durch seelische Spannungen gekennzeichnet. Dieser Typ ähnelt im großen und ganzen dem Schizothymen.

Die Ausprägungsgrade der viscerotonischen, somatotonischen und cerebrotonischen seelischen Komponente lassen sich wiederum durch die Ziffern 1 bis 7 ausdrücken.

Ob man nun zuerst die Ausprägungsgrade der körperlichen Komponenten, also des Somatotyps erfaßt oder die Ausprägungsgrade der drei Temperamentkomponenten: Man müßte immer zu sehr ähnlichen Ziffernkonstellationen kommen, weil Sheldon der Nachweis der engen Entsprechung zwischen Endomorphie und Viscerotonie, zwischen Mesomorphie und Somatotonie, zwischen Ektomorphie und Cerebrotonie gelungen ist. Obwohl sie zu einem umfassenden Wesensbild kommt und reichhaltige Differenzierungen ermöglicht, ist auch bei der Typologie nach Sheldon die Anwendbarkeit begrenzt, denn die Vielfalt und Buntheit menschlicher Erscheinungsweisen entzieht sich auch diesem Versuch, eingefangen zu werden. Es gibt viele Fälle, die mit seinem System nicht zu erfassen sind und sich gegensätzlich zu den Sheldonschen Typen darstellen.

*d) Die Integrationstypologie von E. R. Jaensch.**

Die Integrationstypen von Jaensch erlangten nicht die Bedeutung und den Bekanntheitsgrad der bisher beschriebenen Typenlehren. Sie gehört jedoch als interessanter historischer Baustein in unsere »Sammlung«. Jaensch wurde durch die Untersuchungen seines Bruders Walter Jaensch im Bereich der Wahrnehmung über die »eidetische« Anlage zu seiner Typenlehre angeregt (mit Eidetik bezeichnet man die Fähigkeit, Erinnerungsbilder in der Vorstellung so frisch und lebendig zu vergegenwärtigen wie die ursprüngliche Sinneswahrnehmung). Diese Fähigkeit ist vorwiegend im jugendlichen Entwicklungsalter zu beobachten.

Klinische Untersuchungen zeigten, daß sich im Bereich der Eidetiker zwei Personenkreise deutlich voneinander unterscheiden lie-

---

* Jaensch, E. R., *Grundformen menschlichen Seins,* Berlin 1929., *Studien zur Psychologie menschlicher Typen,* Leipzig 1930.

ßen: Eidetiker, die ihre Erinnerungsbilder willkürlich heranholen und wieder ablenken konnten, und andere, bei denen sie unwillkürlich auftraten.
Die erstere Gruppe unterschied sich von der zweiten in ihrem Gesamtverhalten dadurch, daß sie eher durch lebhaften Blick gekennzeichnet waren, weiche, harmonische Bewegungen, lebhafte gelokkerte Gestik – im Gegensatz zur anderen Gruppe, die eher gehemmt wirkte, mit eckigen Bewegungen und verspanntem Mienenspiel.

Die hier für Jaensch sichtbar gewordene Polarität gab ihm den Ansatz zur Unterscheidung des »integrierten« vom »desintegrierten« Typus.
Unter Integration versteht Jaensch die »wechselseitige Durchdringung und das ungehemmte Zusammenwirken der seelischen Funktionen«.
Typusstiftendes Merkmal sind für Jaensch die verschiedenen Ausprägungsgrade der Integration.
Seine Typenskala reicht vom Vollintegrierten bis zum Desintegrierten. Auf diese Weise entsteht allerdings keine Typologie im engeren Sinne, sondern nur eine abnehmende Skala eines bestimmten Ausgangs-Typus. Der Desintegrierte wäre somit kein Typus in sich, sondern eine abartige Form im Sinne eines extremen Mangels an Integration.
Der Vollintegrierte wäre also »mit sich und der Welt eins«. Die hohe Integration aller innerseelischen Funktionen lassen ihn in eine harmonische, weltoffene Beziehung zur Umwelt treten.
Durch diesen Umweltbezug – der übrigens auch charakteristisch ist für das Kind – gibt es keinen Zwiespalt zwischen Realität und Ideal, zwischen Außenwelt und Innenwelt.
Die Integration der Funktionen Wahrnehmung und Gefühl bewirken auch ein hohes Maß an Einfühlungsvermögen.
Diese Art von Umweltbezug führt nach Jaensch zu einer »maximalen Querschnittseinheit«. Damit meint er die harmonische, bejahende Verbundenheit mit der jeweiligen Umwelt. Diese Lebensform erfordert natürlich erhebliche Anpassung an die Umwelt, Bereitschaft zum Wechsel der Einstellungen. Das kann Verlust der Eigenständigkeit bedeuten und die Anpassungsfähigkeit als Voraussetzung für die Bewältigung der verschiedensten Situationen kann von außen betrachtet als Unbeständigkeit und Unzuverlässigkeit charakterisiert werden.

Auch hier ist wiederum nicht zu übersehen, daß der vollintegrierte Typus in den Grundzügen dem zyklothymen Formenkreis bei Kretschmer entspricht.

Demgegenüber sind die Merkmale des Desintegrierten die Tendenz zur nüchternen Objektivität, die Neigung zum starren Denken in Maximen und Regeln – unterstützt durch einen scharfen Verstand, der sich unbeeindruckt durch Gefühlsregungen isoliert entfalten kann. Daraus entwickelt sich beim Desintegrierten ein erhebliches Beharrungsvermögen, Festigkeit in allen Reaktionen. Er wird nicht oder kaum beeinflußt durch Gefühle, durch Stimmungen. Er kann zum nur-Logiker werden, der »von des Gedankens Blässe angekränkelt ist«. Ein Beispiel für den Desintegrierten wäre das Zerrbild eines Beamten, der nur in kausallogischen juristischen Zusammenhängen lebt und sie wie eine Maschine anwendet ohne Orientierung an irgendwelchen anderen Werten des Daseins.

Auf der offenen Skala zwischen vollintegriert und desintegriert greift Jaensch noch zwei Zwischentypen heraus: Dem nächsten Typus-Schritt nach der Voll-Integration entspricht weitgehend der Jugendliche in der Pubertät. Er steht nicht mehr in der Kohärenz zur Umwelt im Sinne der Querschnittseinheit wie das Kind, sondern öffnet sich nur unter gewissen Bedingungen, nämlich dann, wenn er von der Umwelt in seiner Eigenart angesprochen wird. Ein fester innerer Kern persönlicher Eigenart ist und bleibt konstant.

Je mehr die Außenintegration abnimmt und der Kern persönlicher Eigenart sich festigt bzw. verfestigt, desto eher kann man vom nächsten Zwischen-Typus sprechen, der auf der Skala schon in die Nachbarschaft zum Desintegrierten rückt. Er steht nicht mehr durch die Integration und nach außen in der Querschnittseinheit zur Umwelt, sondern ist durch »Innenintegration« gekennzeichnet, die Jaensch mit dem Begriff »Längsschnitteinheit« benennt. Dieser Typus hält seine Einstellung durch. Er ist im eigenen Wesen gefestigt. Die Folge ist eine größere Spannung zur Umwelt, weil er ihr selbständig und damit auch abständig gegenübersteht. Er paßt sich der Welt nicht an, sondern will sie verändern, oft auch verbessern, d.h. nach der Maxime verändern, die er als »Verbesserung« betrachtet. Bei ihm können das Reale und das Ideale auseinanderfallen.

Im Vergleich mit den anderen Typologien zeigt der vollintegrierte Typus Verwandtschaft mit dem Menschen fließender Gehalte (Pfahler) und dem zyklothymen Typus Kretschmers. Der dem Desintegrierten nähere Zwischentypus ist dem Menschen fester Gehalte (Pfahler) verwandt und entspricht weitgehend dem schizothymen Typ Kretschmers. Die integrierte Struktur zeigt eher die Formen kindhaften Lebens; die desintegrierte Persönlichkeitsstruktur entspricht eher dem alternden Menschen.

*e) Die Typenlehre Carl Gustav Jungs.**

Die Hauptbegriffe der Typologie von C. G. Jung, nämlich »extravertiert« und »introvertiert«, sind weitgehend in unsere Umgangssprache eingegangen.

Auch seine Typologie zeigt wieder enge Verwandtschaft zu den Typologien von Kretschmer und Jaensch.

> Im Rahmen der Fähigkeit, psychische Erlebnisse zu haben, richtet der Extravertierte seine seelische Energie ganz auf die Außenwelt. Er ist offen, will sich in alles verbreiten und lebt auf die Außenwelt hin. Er kann sich deshalb in seiner Beziehung zur Umwelt vorzüglich anpassen. Gerade deshalb bekommt er von der Umwelt meist Bestätigung und Anerkennung. Das wirkt sich stabilisierend und ausweitend auf sein Selbstbewußtsein aus. Er fürchtet das Festsitzen am Schreibtisch, muß überall dabeisein, wo es Betrieb gibt. Er organisiert gern, jedoch nicht so sehr im Stile präziser Generalstabsarbeit, sondern liebt es, im Hauruck-Verfahren ad hoc etwas aufzubauen, auch wenn es stark durch Improvisation gekennzeichnet ist.
> Prinzipienreiterei ist ihm fremd.
> Der Introvertierte wendet sich ab von der Welt. Er ist scheu, schwer zu durchschauen und macht oft den Eindruck eines Sonderlings. Er lebt in seiner Innenwelt, die bei ihm in der Regel reichhaltiger entwickelt ist als bei Extravertierten. Er neigt mehr zur Theorie und zur Tüftelei. Er kennt Prinzipientreue bis hin zur Prinzipienreiterei. In Konferenzen und Gruppenarbeiten zeigt er sich oft als etwas eigenbrötlerischer und rechthaberischer Partner, der auch lange schweigen kann und das Gespräch den Eloquenteren, Extravertierten überläßt. Er zieht sich gerne in seine eigene Welt von Ideen und Idealen zurück.
> Diese Zurückgezogenheit des Wesens führt oft zu Spannungen zwischen Realität und Ideenwelt. Der Extravertierte kann sich an die

* Jung, C. G., *Psychologische Typen,* 2. Auflage, Zürich 1926; *Seelenprobleme der Gegenwart,* Zürich 1931; Jakobi, J., *Die Psychologie* von C. G. Jung, Zürich 1972.

Objektwelt verlieren, dem Introvertierten ist sie eher fremd und er neigt dazu, sich zurückzuziehen.
Diese typologischen Beschreibungen sind wiederum nur als polare Ausprägungen zu verstehen. Jeder Mensch verfügt über beide Einstellungen. Typbildend wird dann das Überwiegen einer von beiden Einstellungen. Das deutlichere Hervortreten der einen oder anderen Haltung kann sich ändern, z. B. durch Umwelteinflüsse. Das heranwachsende Schulkind schreitet mehr und mehr in die Außenwelt hinein, zeigt also mehr extravertierte Züge. Der Jugendliche in der Reifezeit ist eher durch eine Gegenbewegung gekennzeichnet, weil er sich selbst entdeckt, mehr nach innen wendet. Erst später kommt dann in der Regel der anlagebedingte Typus deutlicher zum Vorschein. Man kann jedoch nicht davon ausgehen, daß es rein extravertierte oder rein introvertierte Typen gibt. Durch Lebensumstände oder stark eingreifende Erlebnisse kann sich auch eine Verlagerung ergeben.
Neben diesen beiden Grundeinstellungstypen greift C. G. Jung zur weiteren Klassifikation vier psychologische Grundfunktionen als Persönlichkeitsmerkmale heraus:
Denken, Fühlen, Empfinden und die Intuition.
Durch die Überschneidung bzw. Kreuzung der zwei Grundeinstellungen und vier Funktionstypen ergeben sich insgesamt acht verschiedene Typen:
Denktypus, Fühltypus, Empfindungstypus, intuitiver Typus – jeweils extravertiert oder introvertiert orientiert.

Daß Jung nun genau diese vier Funktionen als Grundfunktionen unseres psychischen Seins bezeichnet ohne Herleitung und Beweismöglichkeit, ist bezeichnend für den oft ärgerlichen Kritikansatz der neueren psychologischen Schulen gegenüber dieser Art von spekulativ-subjektivem Vorgehen. Gleichwohl ist die Lektüre von Jungs Arbeiten ungemein anregend und der Reichtum seiner Gedankenwelt macht doch deutlich, daß er zu den bedeutendsten Köpfen der ersten Hälfte unseres Jahrhunderts gehört. Jungs Typologie ist ein sehr komplexer Versuch, mit der psychischen Wirklichkeit fertig zu werden. Spätere Untersuchungen ergaben, daß beim extravertierten und introvertierten Typus ebenfalls Beziehungen zu Erkrankungsformen bestehen:
Hysterie (als neurotische Erkrankung) häuft sich bei Extravertier-

ten, Psychasthenie bei introvertierten Persönlichkeiten. Durch spätere Untersuchungen (Eysenck 1947) wurden diese Annahmen bestätigt. Im großen und ganzen besteht wieder deutliche Gleichartigkeit zwischen Intraversion und Schizothymie bzw. Extraversion und Zyklothymie.

f) Die Typologie Eduard Sprangers

Eduard Spranger (Universität Tübingen) kommt zu seiner Typologie auf einem anderen Wege als alle bisher vorgestellten Autoren. Er will keine Typen beschreiben oder auffindbar machen, die »vorkommen«, sondern mehr oder weniger einen Maßstab geben, ob und in welcher Weise in den Kulturgütern der Wissenschaft, der Kunst, der Wirtschaft, der Religion, der Politik und der sozialen Gemeinschaft sich Menschen in besonderer Weise verwirklicht haben. Für Spranger dient der Mensch hier als Werkzeug einer höheren Macht.

Immer wieder sind Menschen aufgerufen, sich mit ihrer ganzen Kraft der Verwirklichung von Kulturwerten zu widmen. Als typbildende Werte wählt Spranger aus der Vielfalt der Möglichkeiten die theoretischen, ästhetischen und religiösen Akte als individuelle Akte aus, Herrschafts- und Sympathieakte als soziale Akte. Daraus gewinnt und unterscheidet Spranger sechs Lebensbereiche bzw. Totaltypen: den theoretischen, den ökonomischen, den ästhetischen, den religiösen, den Macht- und den sozialen Menschen.

1. *Der theoretische Mensch.*
Er will Erkenntnis; will intellektuell die Welt verstehen als ein Gefüge theoretischer Werte. Er ordnet, verallgemeinert, sucht Gesetzmäßigkeit und Allgemeingültigkeit. Er bringt alles, was ihn interessiert, in Systeme und Begriffe.
Zu diesem Lebensbereich sind Menschen wie z. B. Kant oder Schopenhauer zu rechnen.

2. *Der ökonomische Mensch.*
Erkenntnis ist für ihn nicht ein Akt per se, sondern ein Mittel zum Zweck, die Umwelt nutzbar zu machen. In seinem Leben herrscht das Nützlichkeitsprinzip vor. Er kann mit Kraft und Zeit umgehen, um zu einem Maximum an nützlicher Wirkung zu kommen. Ästhe-

tische Werte interessieren ihn nur dann, wenn sie auch als Wertobjekte in seine Nützlichkeitsüberlegungen einbezogen werden können. Theorie ist nur interessant, wenn sie praktisch angewandt werden kann.
Zu diesem Lebensbereich gehören die großen Ökonomen, vorwiegend auch Unternehmer und Kaufleute.

3. *Der ästhetische Mensch.*
Dieser Typ sucht sich vor allem in der Formung zu verwirklichen. Er läßt sich von der Welt stark beeindrucken und verarbeitet den Eindruck wieder zum Ausdruck im Sinne eigener Schöpfung.
In dieser Lebensform ist natürlich der Künstler am häufigsten anzutreffen.

4. *Der religiöse Mensch.*
Sein Erleben ist vorwiegend religiöses Erleben, er lebt im Suchen nach dem Sinn und Wert des Daseins. »Der religiöse Mensch ist derjenige, dessen ganze Geistesstruktur nur dauernd auf die Erzeugung des höchsten, restlos befriedigenden Erlebnisses gerichtet ist.«

5. *Der soziale Mensch.*
Für ihn ist das Erlebnis des Wertes seines Mitmenschen das Grundelement des Daseins. Die ganze Lebensausrichtung dient dazu, dem anderen zu helfen.
In allen pflegerischen und sozialen Berufen finden wir viele Menschen dieser Typrichtung. In reiner Ausprägung sicherlich Albert Schweitzer.

6. *Der Machtmensch oder politische Mensch.*
Er will herrschen und strebt um jeden Preis nach der Fügungsgewalt über den Mitmenschen. Erkenntnis, Wissen, Kunst, Ökonomie – alles steht bei ihm im Dienste der Macht. Wie beim sozialen Menschen vorwiegend die Fremdbejahung das zentrale Prinzip darstellt, so beim Machtmenschen die Selbstbejahung.

Wir finden in dieser Typologie reine Werttypen vor. Mehr oder weniger deutliche Annäherungen an diese idealtypischen Beschreibungen sehen wir im Alltag immer wieder. Die Sprangersche Typologie besitzt für die Praxis der Menschenkenntnis keinen unmittelbaren, direkten Wert. Sie kann eventuell im Einzelfall und in groben Umrissen Richtung weisen. Natürlich dienen die Spranger'schen Typen auch als gesellschaftliche Normgeber, an denen man sich messen oder messen lassen kann.

*g) Bioklimatik und die K- und W-Typen nach Manfred Curry**

Wieder einen anderen und nach der Veröffentlichung (1947) vieldiskutierten Weg war der Arzt und Bioklimatiker M. Curry (Dießen/Ammersee) gegangen. Als typbildendes Merkmal untersuchte er die verschiedenen Reaktionen auf den wetterbedingten Chemismus der Luft.

Angeregt durch eine eigene schwere Erkrankung, die ihn zur Beobachtung der Abhängigkeit von Befinden und Wetter brachte, bestimmte er mit Hilfe eines Teams von Ärzten, Meteorologen, Physikern und Chemikern aufgrund jahrelanger Meßreihen als auslösenden Faktor den natürlichen aktiven Sauerstoff der Atmosphäre (Ozon) und nannte ihn »Aran« – um ihn vom künstlich hergestellten Ozon zu unterscheiden. »Das Ozon... beeinflußt durch ein Zuviel oder Zuwenig fast alle im Körper vor sich gehenden biologischen Reaktionen.«

Im Wettergeschehen unserer Zone wechseln Warmfronten (Vorderseite eines Tiefdruckgebietes) und Kaltfronten (Rückseite) ab. Nach Curry geht nun die Wetterwirkung auf den Menschen weder vom Luftdruckwechsel noch von Temperaturschwankungen, Feuchtigkeitsunterschieden oder irgend einem anderen meteorologischen Faktor aus, sondern ausschließlich vom Oxydationswert der Luft, der beim Durchgang einer Front starken Veränderungen unterliegt: bei Kaltfront zunehmende Arankonzentration, bei Warmfront abnehmende.

Curry verglich u. a. in Langzeituntersuchungen die zeitlich fixierbaren Befindensveränderungen der Patienten mehrerer Krankenhäuser mit der Oxydationskurve des betreffenden Tages. Gegen Ende der Vierzigerjahre hatte er schon über 800000 Oxydationsbestimmungen an verschiedenen Orten Europas und Amerikas durchgeführt.

Seine grundsätzliche Erkenntnis:** »... Daß es zwei Gruppen von

---

* Curry, M: »Der Schlüssel zum Leben«. Zürich 1947

** ebenda, S. 23

Menschen gibt, von denen die eine empfindlich gegen niedere und die andere gegen hohe Aranwerte ist. Dies ... bedingt verschiedene, meist gegensätzliche Reaktionen des Körpers und damit verschiedene Lebensgewohnheiten, einen verschiedenen Charakter und einen wesentlich voneinander verschiedenen Gesichtsausdruck.«
Daraus gewinnt er zwei Konstitutionstypen: den W-Typ (warmluftempfindlich), der mehr Luft braucht (Aran) und den K-Typ (kaltluftempfindlich). Dazwischen die G-Typen als gemischte Formen.
Hier beispielhaft eine stichwortartige Auswahl von Indikatoren, die tendenziell die Richtung zur Typ-Feststellung nach Curry weisen:

W-Typ	**K-Typ**
Aussehen:	
Rundes, eher molliges Gesicht; weiche Züge	Scharf geschnittenes Gesicht; harte Züge
Breite Nase, Nasenflügel gewölbt; große, runde Nasenlöcher	Lange, spitze Nase, schmale Naseöffnungen
Gute Gesichtsfarbe; gut durchblutet	Blaß
Volle, geschwungene Lippen; »lachender Mund«	schmale Lippen, meist nach unten gezogen; »energischer Mund«
Kurze, fleischige Hände	Lange, schlanke Hände
Ausdruck:	
Freundlich, gütig, offen, entspannt	überlegen, intelligent, bedeutend, energisch; gespannt, »Gesicht unter Kontrolle«
Vital, Bewegungsdrang	Gebundene Bewegung, formiert, steif
Kleidung:	
Eher nachlässig	Eher gepflegt, »steifer Kragen«, korrekt
Gang:	
Füße gerade oder einwärts gesetzt (»Seemannsgang«)	Füße mit Spitzen nach außen gesetzt

Wirkung des klimatischen Lebensraumes:

Empfindlich gegen Südwind; fühlt sich wohl bei rauhem Nordwind	Empfindlich gegen Nordwind, fühlt sich wohl bei mildem Klima
Sucht immer erhöhte Luftzufuhr: Höhenklima; offenes Schlafzimmerfenster; kaltes Wasser; Bewegung; leichte Kleidung, offenes Hemd	Kleidet sich warm; bevorzugt Sonne und heiße Bäder

Verhaltensstil:

Neigt bei Erfolg zu Zufriedenheit, Güte, Freundlichkeit;	Neigt bei Erfolg zu Arroganz und steigenden Ansprüchen;
bei Konflikten zu Versöhnlichkeiten und abwägendem Bedenken	bei Konflikten zu energischer, aber eher einseitiger Schnell-Klärung
Tendenz: Weisheit und Vernunft; intuitiv vorgehend	Tendenz: intellektuelles Durchdringen; diskursiv-systematisch vorgehend

Stimmungsplage:

Pendelt im Extremfall zwischen heiter und traurig	Pendelt im Extremfall zwischen reizbar und stumpf

Asoziale Reaktionsformen:

Bei Verbrechern mehr der Typ des haltlosen (Gelegenheits-)Verbrechers, zu Affekthandlungen geneigt	Eher der heimtückische, berechnende, grausame Asoziale, der zu geplanten Verbrechen neigt

Trotz einer Fülle von plastischen Persönlichkeitsbeschreibungen, die oft in kleinste Einzelheiten gehen, fehlt bei Curry doch ein psychologisch-begriffliches Ordnungssystem.

Und wie schon in anderen Typologien, so ist auch bei Currys Konstitutionstypen die Entsprechung zu den Kretschmer'schen deutlich. Interessant macht die Sache, daß beide Forscher trotz unterschiedlicher Ausgangsbasis – der eine nimmt die Wetterfühligkeit, der andere die Disposition zu bestimmten Geisteskrankheiten als typisches Merkmal – zu ähnlichen typologischen Formenkreisen kommen.
Die praktische Anwendung der Typologie nach Curry?

Obwohl seine Veröffentlichungen seinerzeit großes Echo ausgelöst hatten – besonders auch in der »wetter-intensiven« Schweiz – ist es wieder still um diese Entdeckung geworden. Denn – so interessant auch die mit unerhörtem Fleiß zusammengetragenen Daten und die Ergebnisse von Teiluntersuchungen sind – im Alltag scheitert die Anwendung immer wieder an der schon bekannten Tatsache, daß die Typenbeschreibungen nur entgegengesetzte Extremwerte auf einer Skala bedeuten, die in solcher Reinkultur selten oder nie vorkommen.
Somit verschwimmt auch diese Typologie in der Uferlosigkeit aller erdenklichen Mischformen und verbleibt mehr oder weniger im Bereich des interessant-anregenden Gesprächsstoffes über Charakterologie im allgemeinen – aber ohne wirkliche Anwendungsmöglichkeit in der Management-Praxis, über eine Anregung zum Fragen in bestimmter Richtung nicht hinausgehend.

h) Weitere typologische Ansätze

Immerhin lassen solche Anläufe eine Ahnung aufkommen, wie unübersehbar reichhaltig und damit auch geheimnisvoll die Erscheinungsformen menschlichen Wesens sind. Und es hat vielleicht auch sein Gutes, daß sich die Natur durch eben diese Reichhaltigkeit immer wieder dem kategorisierten Zugriff des Forschers entzieht und den Schleier über dem Menschen, diesem unbekannten Wesen, bewahrt.
Ähnlich steht es mit neueren Versuchen, typologische Unterschiede bei unterschiedlichen Blutgruppen herauszufinden.
Es ist ja bekannt, daß die verschiedenen Blutgruppen A, B, AB und C bei den verschiedenen Völkern Europas z. B. in unterschiedlicher Häufigkeit auftreten. Dabei ist nicht auszuschließen, daß sich daraus einmal Ansätze zu völkercharakterologischen Deutungen finden ließen. Zur Zeit jedoch verfügen wir noch nicht über greifbare Ergebnisse. Stattdessen ist zu beobachten, daß sich populärwissenschaftliche Versuche, charakterologische Aussagen aufgrund der Blutgruppen-Zugehörigkeit zu machen, zum Teil eklatant widersprechen.
Soviel als kurzer Überblick über die wichtigsten »klassischen« Typologien in unserem Sprachraum.

Neben diesen Ansätzen hatten die Holländer G. Heymans und E. Wiersma (Groningen) schon zu Anfang dieses Jahrhunderts zum erstenmal mit einer großangelegten Sammlung von Daten für die Erstellung eines Klassifikationssystems zur Persönlichkeitsbeschreibung und Bestimmung der Charakterstruktur begonnen.
Heymans fand 3 Grunddimensionen, die für ihn das Grundgerüst des Charakters darstellen:

1. Das Maß an Emotionalität
2. Das Maß an Aktivität
3. Die Art der Resonanz auf Erlebnisse

Bei der letzteren Dimension unterscheidet er den rasch und heftig reagierenden, aber schnell vergessenden Verhaltenstyp («Primärfunktion«) von dem langsam, aber nachhaltig reagierenden (»Sekundärfunktion«).
Diese dritte Dimension ist mit der Unterscheidung »Extraversion« – »Introversion« verwandt.
Heymans Arbeit wurde nach 1945 in Frankreich durch R. Le Senne und G. Berger weitergeführt, kam aber in unserem Raum zu keiner Bedeutung.
Heymans kannte die modernen statistischen Techniken noch nicht und hatte seine Daten durch eine Umfrage bei Ärzten in der »Sprache des Volkes« gewonnen.
Die erst später einsetzenden Möglichkeiten der Faktorenanalyse öffneten in der Persönlichkeitsforschung und Typologie neue Tore durch das induktive Sammeln und Verarbeiten riesigen Datenmaterials.
R.B. Cattel (Illinois) beispielsweise errechnete – nachdem er über 17000 Eigenschaftsbegriffe des psychologischen Lexikons von Alport neu geordnet, reduziert und zu 50 »verwandten« Gruppen verdichtet hatte – aus diesem Ausgangsmaterial durch Korrelationsbildung und Faktorenanalyse 16 Persönlichkeitsfaktoren (source traits). Sie sind jeweils als Gegenpole auf einer Skala angelegt (z.B. intelligent – schwachsinnig) und geben für ihn – noch weiter differenziert – eine Art Grundmuster des psychologischen Bauplanes einer Person ab.
Mit Hilfe eines Fragebogens von 187 Fragen, die von Cattell unter Zugrundelegung der 16 Grundeigenschaften entwickelt wurde, läßt

sich (immer vorausgesetzt, der Bogen wird »richtig« [!] ausgefüllt) ein Psychogramm erstellen, also eine Persönlichkeitsbeschreibung. Die Krux zeigt sich hier – wie immer bei der Anwendung von Fragebogen – in der Erhebung der Ausgangsdaten. Wenn auch das nachfolgende Rechenwerk exakt ist, bleibt doch die Unsicherheit des »Start-Plateaus«.

Die insbesondere im angelsächsischen Raum sehr verbreitete Fragebogen-Anwendung zur Gewinnung von Test-Daten für die Bewerberauslese entpuppt sich allzu oft als Anwendung eines »verkappten Intelligenztests«: Er läßt lediglich ahnen, wie schlau der untersuchte Bewerber war, dahinterzukommen, welche Antwort gut ankommen wird. Auch das ist natürlich eine Art von Ergebnis; man weiß nur nicht genau, was man eigentlich getestet hat.

Zusammenfassend läßt sich sagen:

Typologien als Grobraster zur Deutung von Grundformen seelischer Eigenart können beim gegenwärtigen Forschungsstand nie mehr sein als Verallgemeinerungen von seelischen Strukturen. Ihre Anwendung im Management wird deshalb immer begrenzt sein, sobald es in der Praxis auf die genauere Bestimmung eines Einzelfalles geht. Denn wie wir immer wieder gesehen haben: Die Abweichungsmöglichkeit vom typologischen Grundmodell (Extremfall) ist sehr groß, die Bestimmung der Mischformen sehr schwierig. Doch auch hier – wie schon so oft auf unserem gemeinsamen Weg zum anderen – dürfen wir sagen: Immerhin...

Immerhin geben typologische Grundmuster Denkanstöße und auch insofern praktische Hinweise, daß sie Kontrollfragen oder Suchfragen anbieten.

Dabei scheint nach wie vor die Typenlehre von Kretschmer – und in der erweiterten Form von Sheldon – dieser praktischen »Immerhin-Bedeutung« am nächsten zu kommen.

Anregungen sind möglich z. B. beim Arbeitseinsatz, aber auch bei der Partnerwahl und der Zusammenstellung von Arbeitsgruppen.

Im allgemeinen werden Außendienstler, Kundenkontakter und Träger ähnlicher Aufgaben mit sehr umweltorientierten Inhalten eher dem zyklothymen bzw. extravertierten bzw. W-typischen Formenkreis angehören.

Stabsaufgaben, strategische Planung, Verwaltung und theoretische

Forschung jeder Modifikation wohl eher dem schizothymen bzw. introvertierten bzw. K-typischen Formenkreis.
Insbesondere scheint mir von praktischer Bedeutung die oft zu beobachtende Tatsache, daß sich für komplexe Aufgaben – in letzter Konsequenz zur Führung eines Unternehmens – zwei Gegen-Typen finden und in dieser sich gegenseitig ergänzenden Kombination besonders erfolgreich sind. Gegensätzliche Typen also, die ihre Gegensätzlichkeit nicht darin verschleißen, sich gegenseitig auf die Nerven zu fallen, aneinander zu leiden und sich wechselseitigen Umbiege-Versuchen zu widmen, sondern gerade in der Polarität eine Ergänzung sehen und bewußt bejahen. Wenn solche »Paare« die notwendige Lebensreife und Toleranzbreite haben, um zu einem »Gespann« zusammenzuwachsen, ist der Erfolg in der Regel programmiert.
Es fehlen zu diesem Thema noch systematische Untersuchungen. Aber es ist für jeden, der beobachten gelernt hat, allzu auffällig, wie dieses Prinzip der gelungenen Ergänzung in erfolgreichen Betrieben oder Betriebsteilen sichtbar wird. (Übrigens stellte Curry bei seinem Beobachtungsmaterial fest, daß auch in der Partnerwahl zur Eheschließung offensichtlich das Prinzip gilt: »Gegensätze ziehen sich an.«
Er fand in über 95 % der Fälle, daß sich bioklimatisch entgegengesetzte Typen heiraten. Es gibt nur selten Ehen, die zwei ausgeprägte W-Typen oder zwei profilierte K-Typen vereinen).
Der Ausspruch eines Unternehmers aus meinem Umkreis, der mit seinem ausgesprochen gegen-typischen Geschäftspartner zusammen – nach einer Phase des Zusammenraufens – ein Leben lang erfolgreich war und mit ihm zusammen in einer Generation eine Weltfirma aufbaute, mag diese Beobachtung plastisch kommentieren:

> »Wenn ich allein gewesen wäre, hätten wir heute wahrscheinlich die 5fache Größe, wären aber schon siebenmal pleite gegangen. Wenn mein Partner allein gewesen wäre, stünde hier sicher auch eine solide Firma, aber wahrscheinlich sehr viel kleiner als jetzt.«

Der eine Partner verkörperte das unruhig-treibende phantasierende Element, der andere das kraftvoll konsolidierend-bewahrende.

13. Schlußbemerkung

Bessere Menschenkenntnis ist also einmal die Frage nach besseren Methoden zum Erkennen und Durchblicken (ein diskursiver Ansatz) und zum anderen eine Frage des Erkennens eigener Fehler beim Erfassen des anderen; damit aber auch eine Frage der persönlichen Reife, die weiser machen sollte.

Ausloten wird man den Menschen (Gott sei Dank?) nie. Und man ist auch (zum Glück?) nie vor Überraschungen sicher, trotz aller Bemühungen der Psychologie.

Mehr Menschenkenntnis bringt außerdem auch immer mehr Fragen: »Je größer die Insel des Wissens, desto länger die Küsten des Zweifels...«

Anfang und Ende ist jedoch immer die Bereitschaft, lernoffen zu bleiben gegenüber dem anderen – und tolerant. Damit wir nicht den »Verrat« begehen, uns allzuschnell ein »Bild« von ihm zu machen. Wer um bessere Menschenkenntnis bemüht ist, der möge seinen Ausgangspunkt nehmen von dem chinesischen Sprichwort:

> »Solange Du dem anderen sein Anderssein noch nicht verziehen hast, bist Du noch weit entfernt vom Pfade der Weisheit.«

Ab hier beginnt Menschenkenntnis.

Und das Ziel? Es ergibt sich aus der wohl bedeutsamsten Entdekkung auf unserem Wege zum anderen: daß der Ort, an dem wir ihn finden und erkennen, nicht fixiert, sondern beweglich ist – beweglich durch *uns selbst*.

Der Misanthrop hat seine eigene Menschenkenntnis – der Philanthrop ebenso.

In diesem Bereich menschlichen Erkennens stehen wir vor dem einzigartigen Phänomen, daß ein beobachtetes »Subjekt« durch die Beobachtung oder den Beobachter verändert werden kann. Bis zu einem gewissen Grade »macht« hier der Schütze erst das Ziel, das er anschließend zu treffen versucht.

Daß wir den anderen in seiner vollen, in seiner wirklichen Größe zu erkennen vermögen – dies zumindest zu versuchen –, daran mag uns ein Wort des greisen Hebbel erinnern:

»Und der ich bin,
grüßt traurig den,
der ich könnte sein...«

Menschenkenntnis?
Erkennen wir doch nicht nur den Menschen, wie er »ist«, sondern wie er *gemeint* ist.
Erkennen wir nicht nur das Menschliche,
sondern auch das *Menschen-Mögliche*.

Stichwortverzeichnis